EIN LEBEN VOLLER SEGEN

Über die Freude am Geben

Stimmen zu *Ein Leben voller Segen*

Aus den Tiefen, Höhen und Weiten seiner Arbeit präsentiert uns dieser Pastor ein Buch, das uns allen helfen wird zu begreifen, wie tief, hoch und weit Gottes Liebe ist. Wer *Ein Leben voller Segen* liest, wird es für gut befinden – wer darüber hinaus wagt, es auf sein Leben anzuwenden, wird Gott hautnah erleben! Lassen Sie sich noch heute dazu bewegen, dieses Buch zu lesen und vor allem, das Gelesene umzusetzen. Gott schenke Ihnen ein Leben voller Segen!

Wayne Cordeiro
Autor von Rising Above *und* The Seven Rules of Success
Hauptpastor der New Hope Christian Fellowship in Honolulu/ Hawaii, USA

Robert Morris ist es meisterhaft gelungen zu zeigen, dass Gott sich für jeden Einzelnen und für jede Familie ein wahrhaft reiches Leben wünscht. Ich kann bezeugen, dass Robert selbst alles umsetzt, was er in diesem Buch beschreibt. Er hat mich dazu inspiriert, mutiger zu glauben und Gott zuzutrauen, dass er mich noch mehr als bisher segnen kann. Ich empfehle *Ein Leben voller Segen* jedem, der sich das Beste wünscht, das Gott ihm für sein Leben geben kann.

Jimmy Evans
Gemeindeältester in der Trinity Fellowship Church in Amarillo/ Texas, USA

In seinem großartigen Buch *Ein Leben voller Segen* erklärt Robert Morris gut verständlich, was es heißt, im Geist des Gebens zu leben. Der Leser wird begreifen, dass Großzügigkeit etwas mit Beziehung zu tun hat, nicht mit materiellen Dingen. Robert bringt Ausgewogenheit in einen Bereich, der von extremen Positionen auf beiden Seiten geprägt ist. Ich kann dieses Buch nur wärmstens empfehlen.

Willie George
Hauptpastor der Church on the Move in Tulsa/Oklahoma, USA

Befähigt durch den Heiligen Geist darf Robert Morris für seinen engagierten Dienst als Pastor eine klare Stimme innerhalb der Gemeinde sein. Was er über das Geben lehrt, lenkt unser Augenmerk genau dahin, wo es hingehört: auf Gott, seine Verheißung und das Ziel, das er verfolgt, wenn er uns dazu aufruft, geben zu lernen und täglich zu üben. Ich möchte Sie ermutigen, dieses Buch zu lesen. Entdecken Sie die guten Prinzipien darin und setzen Sie sie in die Praxis um.

Dr. Dutch Sheets
Autor von Intercessory Prayer
Gründer von Dutch Sheets Ministries in Hamilton/Alabama, USA

Robert Morris schließt Wahrheiten auf, die Christen helfen werden, Armut und Mangel hinter sich zu lassen. Sein Zeugnis ist eine Inspiration für den Glauben und bringt Hoffnung. Sie werden Antworten finden, die Sie zu neuer finanzieller Freiheit und Freude führen können. Jedem, der sich Gottes Segen wünscht und von Gott zum Segen für andere gebraucht werden möchte, kann ich dieses Buch nur empfehlen.

Barbara Wentroble
Autorin von Prophetic Intercession *und* Praying With Authority
Gründerin von International Breakthrough Ministries

Robert Morris setzt das um, was er predigt! Hin und wieder, aber nur sehr selten, erscheint ein Buch, in dem Gottes Handschrift so sehr sichtbar ist, dass es den Leser dauerhaft verändert. *Ein Leben voller Segen* ist ein solches Buch.

Clark Whitten
Hauptpastor der Grace Church in Orlando/Florida, USA

Titel der Originalausgabe: The Blessed Life
Originalverlag: Bethany House Publishers, Minnesota, U.S.A.

DaviD
Agentur für Medienkommunikation GmbH
Humboldtstr. 62
D – 22083 Hamburg
www.vollersegen.de
hallo@vollersegen.de
Tel. +49 (0) 40/410 09 66-0

Print Paperback: 978-3-9818489-0-8 (ISBN)
Print Hardcover: 978-3-9818489-1-5 (ISBN)
E-Book-Version: 978-3-9818489-2-2 (ISBN)

Bestellungen bitte an die oben stehende Adresse richten.
3. Auflage, April 2018

Alle Bibelzitate wurden, wenn nicht anderweitig gekennzeichnet, folgender Bibelausgabe entnommen:
Neues Leben. Die Bibel © 2002 und 2006 SCM R.Brockhaus im SCM-Verlag GmbH & Co. KG, Witten.

Sonstige verwendete Bibelausgaben:
Revidierte Elberfelder Bibel (Rev. 26) © 1985/1991/2006 SCM R.Brockhaus im SCM-Verlag GmbH & Co. KG, Witten (mit ELB gekennzeichnet)

Die Bibel nach Martin Luthers Übersetzung, revidiert 2017 © 2016 Deutsche Bibelgesellschaft, Stuttgart (mit Luther 2017 gekennzeichnet).

Übersetzung: Doris C. Leisering
Lektorat: Esther Keith

Satz: Satz & Medien Wieser
Druck und Verarbeitung: CPI books GmbH, Leck

Inhalt

Vorwort

Es war wie ein frischer Wind für meine Frau Betty und mich, als wir Robert Morris, Pastor der Gateway Church in der Gegend von Dallas/Fort Worth, so wirkungsvoll, biblisch und zutreffend über das Thema Geben predigen hörten. In meinen Augen hat Robert direkt ins Schwarze getroffen und es ist ihm gelungen zu vermitteln, was Gott am Herzen liegt.

Offen gesagt haben mich die manipulativen Taktiken mancher christlichen Werke so enttäuscht und schockiert, dass ich sehr gezögert habe, über das zu sprechen, wovon ich bezüglich Geben und Empfangen zutiefst überzeugt bin.

Fest steht: Das Gesetz von Saat und Ernte ist unumstößlich; wir *werden* ernten, was wir säen. Allerdings halte ich nichts davon, Menschen dazu zu bringen, nur auf ihren eigenen Gewinn zu sehen, ohne zu verstehen, wie viel Freude es macht, von Herzen zu geben und zu teilen. Jesus selbst hat gesagt: »Es ist segensreicher zu geben als zu nehmen« (Apg. 20,35). Deshalb verblüfft es mich, wenn Pastoren und Evangelisten hauptsächlich vom Empfangen und immer wieder vom Empfangen sprechen. Eine solche Lehre vermittelt Menschen den Eindruck, dass sie einen Goldesel »ernten«, wenn sie nur geben oder »säen«. Das ist ein bisschen wie geistliches Bingo oder Lotto zu spielen.

In den 40 Jahren unserer Ehe hatten Betty und ich stets große Freude am Geben und ich kann ohne Übertreibung sagen, dass wir *nie* etwas für eine Person, ein christliches Werk oder ein bestimmtes Anliegen gegeben und dabei daran gedacht haben, dass wir sicher dafür belohnt werden. Selbst wenn es sich nicht »auszahlen« würde, sollte die reine Freude zu geben und dann die positiven Auswirkungen zu sehen, in uns den Wunsch zum Geben wecken.

Besteht irgendein Zweifel daran, dass diejenigen, die aus

dem richtigen Grund und mit der richtigen Herzenshaltung geben, oft im Gegenzug etwas dafür bekommen? Keineswegs. Das Problem ist die Ausrichtung des Herzens. Wo unser Herz ist, da ist auch unser Schatz zu finden (siehe Mt. 6,20-21).

Gott möchte uns das Herz eines Landwirts geben. Ein Landwirt bereitet den Boden vor, pflügt, pflanzt, überwacht sorgfältig und versucht zu schützen, was er gepflanzt hat. Gleichzeitig vertraut er darauf, dass Gott zur rechten Zeit das Gedeihen schenken wird. Wenn es nicht zur erwarteten Zeit geschieht, weiß er doch, dass es zur rechten Zeit kommt. Geht ihm die Ernte durch Hagel, Regen, Sturm oder Dürre verloren, macht er trotzdem weiter, weil er das Herz eines Landwirts hat. Es wird viel von der Verheißung einer »hundertfachen« Ernte gesprochen (siehe Mt. 13,8.23). In Wahrheit erlebt nicht jeder Landwirt diese Art von Ernte.

Oft durchleben wir Widrigkeiten, Prüfungen und Anfechtungen, die fast unerträglich sind – dennoch bleiben wir unserem Herrn weiter treu. Allerdings müssen wir anerkennen, dass alles, was wir haben, Gott gehört und wir lediglich die Verwalter sind. Was einem anderen gehört, das setzen wir leichter an den richtigen Stellen ein. Wenn wir aber die Haltung des reichen Narren haben und versuchen, unseren Besitz zu hüten, zu horten, zu schützen, zu behalten und immer nur an uns selbst denken, entspricht das nicht dem Herzen Gottes.

Wer zum Geben befreit werden und lernen möchte, was es mit dem Vers »Wenn ihr gebt, werdet ihr erhalten. Was ihr verschenkt, wird zusammengepresst und gerüttelt, in einem vollen, ja überreichlichen Maß zu euch zurückfließen« (Lk. 6,38) tatsächlich auf sich hat, der sollte lesen, was Robert Morris in diesem Buch zu sagen hat. Der Fokus liegt dabei aber auf Gott und den Mitmenschen und kaum auf dem eigenen Ich.

Heißt das, dass es uns gleichgültig sein sollte, ob wir etwas zurückbekommen oder nicht? Bedeutet es, dass wir uns keine Hoffnungen auf eine »Ernte« machen dürfen? So sicher, wie der Landwirt auf die Ernte hofft und darauf vertraut, dass sie zur rechten Zeit kommt, spielt auch die Ernte im übertragenen Sinn eine Rolle. Allerdings sollte unser Blick nicht starr darauf gerichtet sein. Wir müssen aufhören, ständig auf uns selbst zu schauen, und den Wert von Geben und Teilen begreifen, um wie ein Fluss leben zu können.

Ein sehr erfolgreicher Geschäftsmann sagte einmal bei einem Mittagessen zu einer kleinen Gruppe: »Ich habe das Gefühl, ein Fluss zu sein. Ganz gleich wie viel ich gebe, ich habe nie weniger; und ganz gleich wie viel ich empfange, ich habe nie mehr.« Was er empfängt, gibt er an das Reich Gottes weiter. Das bedeutet nicht, dass dieser Mann nicht ein schöneres Auto, einen teureren Anzug oder ein größeres Haus haben darf. Es bedeutet einfach, dass er nicht von dem beherrscht wird, was Gott ihm anvertraut und was er empfangen hat. Er lässt immer wieder los, was Gott ihm gibt, und ist so zu einem Kanal und einem lebendigen Ausdruck von Gottes Liebe geworden.

Ich wünsche Ihnen Gottes Segen beim Lesen dieses Buches!

James Robison
Gründer und Vorsitzender von LIFE Outreach International in Fort Worth/Texas, USA

Dank

Ich möchte den ehren und dem danken, der in Zimmer 12 von »Jake's Motel« das Herz eines rebellischen jungen Mannes berührt und ihn gerettet hat – Jesus Christus.

Ich möchte meiner besten Freundin Debbie danken, meiner geliebten Ehefrau, die immer zu mir steht und mich unterstützt und Jesus besser repräsentiert als jeder andere Mensch, den ich kenne. Ohne dich könnte ich nicht sein und arbeiten.

Danke auch meinen wunderbaren Kindern Josh, James und Elaine. Ich liebe euch von ganzem Herzen, bedingungslos und für immer. Ich bin so stolz auf jeden von euch und so froh, dass ich sehen darf, wie ihr im Glauben und in eurer Liebe zu Jesus wachst.

Ich danke meinen Eltern, Jearl und Rosalie Morris. Ich bin, wer ich bin, weil ihr gelebt habt, wie ihr gelebt habt. Die Worte in diesem Buch spiegeln die Prinzipien wider, die ihr umgesetzt und mir beigebracht habt.

Außerdem danke ich James und Betty Robison, die mich und Debbie schon seit über 20 Jahren mit ihrer Liebe, Hilfe und Ermutigung begleiten. Danke, dass ihr mich dazu angehalten habt, dieses Buch zu schreiben, um so viele Menschen wie möglich zu erreichen. Danke für euer Vorbild und euer dienendes Herz. Danke, dass ihr die Hungrigen dieser Welt mit Nahrung versorgt – sowohl körperlich als auch geistlich.

Danke, Jimmy und Karen Evans, dass ihr Debbie und mich und die Gateway Church in so vielerlei Hinsicht unterstützt. Ihr habt dazu beigetragen, dass wir gewachsen sind und etwas bewirken konnten. Ich kann euch gar nicht genug für das danken, was ihr in unser Leben investiert habt. Danke, dass ihr meine Mentoren und Freunde seid.

Danke, Olen und Syble Griffing, dass ihr euer Leben in uns investiert und uns viele der Prinzipien nahegebracht habt, die wir leben. Durch euer Vorbild werden wir für immer Jesus von Herzen loben und anbeten.

Danke, Steve und Melody Dulin, für eure Liebe, Unterstützung und Freundschaft. Ihr seid die größten Geber, die ich kenne, und ihr werdet Anteil an dem haben, was dieses Buch an Frucht hervorbringt.

Danke, George und Jan Grubbs, für eure Freundschaft und beständige Ermutigung. Euer Lohn und Schatz im Himmel wird groß sein.

Danke, Rick und Cammi Patterson. Ich habe noch nie zwei Menschen erlebt, die Gott schneller gehorchen oder sich mehr darum bemühen, ihm zu gefallen.

Danke, Jeff und Jenny Drott. Debbie und ich könnten unsere Arbeit ohne euch nicht tun. Ihr seid für die Gateway Church und für uns unschätzbar wertvoll.

Danke, Kevin und Lynda Grove. Euer Vorbild und eure Freundschaft bedeuten uns mehr, als wir euch überhaupt sagen können.

Danke, David und Tracy Holland, dass ihr verstanden habt, was mir am Herzen liegt, und mir geholfen habt, es zum Ausdruck zu bringen. Ohne euch wäre mir das nicht so gut gelungen.

Danke, Brady und Pam Boyd, Thomas und Mary Beth Miller, Preston und Holly Morrison, Marcus und Lexa Brecheen, Todd und Blynda Lane, Ken und Mary Jackson, Paul und Leda Rupert, Don und Judy Woodliff, Brandon und Karla Leathers, Mabrie Jackson, Frank und Terri Lugenheim, Harvey und Patty Cox, Stephen und Karen Andrada, Braxton und Lisa Corley und Jason Tam. Ihr seid das beste Team, das ein Pastor haben kann.

Danke, Gateway Church. Ich habe noch nie eine Gruppe wie euch erlebt, die solch ein offenes und hungriges Herz für Jesus hatte und bereit war, sein Wort zu empfangen und danach zu leben. Ihr habt seine Wahrheit angenommen und Gott erlaubt, wunderbar in euch zu wirken. Es ist unglaublich schön, das mit ansehen zu dürfen. Ihr seid ein Vorbild für Christen auf der ganzen Welt. Ich danke Gott jeden Tag für euch und dafür, dass er mich dazu bestimmt hat, euer Pastor zu sein.

Durch alle Menschen, die ich hier genannt habe, darf ich ein wahrhaft gesegnetes Leben führen!

Einleitung

Ich bin mir hundertprozentig sicher, dass es dem Teufel lieber wäre, wenn Sie dieses Buch nicht lesen. Zweifellos würde der Feind unserer Seelen am liebsten alles tun, um Sie daran zu hindern, Gottes Prinzipien für den Umgang mit Geld, Geben und Segen zu entdecken. Warum? Weil es Ihr Leben zum Besseren verändern kann. Es wird sich in Ihren Finanzen niederschlagen; aber vor allem wird es sich auf das Reich Gottes auswirken.

Wenn jeder Christ die einfachen Prinzipien, die ich in diesem Buch darstelle, verstehen und anwenden würde, würde es der Welt im wahrsten Sinne des Wortes neues Leben einhauchen. Jedes Gemeindegebäude, das gebraucht wird, könnte gebaut werden. Jeder Missionar, der eine Berufung von Gott und ein williges Herz hat, könnte ausgesandt und reichlich versorgt werden. Das Evangelium könnte jede Kultur auf unserem Planeten durchdringen.

Je besser es den Menschen ginge, die zu Jesus gehören, umso mehr Geld würde in die Arbeit am Reich Gottes fließen. Doch viel wichtiger ist, dass es unsere Herzen verändern würde!

Darum freue ich mich so sehr (und der Teufel überhaupt nicht), dass Sie dieses Buch zur Hand genommen haben. Durch die wunderbaren Wahrheiten, die ich im Folgenden erklären möchte, wird Gott etwas in Ihrem Inneren bewirken. Er wird Sie verändern – und ich kann Ihnen versprechen, dass Ihnen diese Veränderungen gefallen werden.

Niemand ist von Natur aus ein Geber. Wir alle sind von Geburt an Nehmer. Wir kommen mit einer sündhaften Natur auf diese Welt, die im Kern zum Egoismus neigt.

Gott hingegen ist ein Geber. Der wohl bekannteste Vers der Bibel sagt uns:

Denn Gott hat die Welt so sehr geliebt, dass er seinen einzigen Sohn hingab, damit jeder, der an ihn glaubt, nicht verloren geht, sondern das ewige Leben hat.

Johannes 3,16

Gott ist großzügiger, als wir es uns vorstellen können. Satan hingegen wurde wegen seiner Selbstsucht und seines Hochmuts aus dem Himmel verstoßen.

Viele Menschen in unserer Kultur sind der Meinung, dass es genau anders herum ist. Sie betrachten Gott als knauserig und den Teufel als jemanden, der mit Gefälligkeiten um sich wirft. Sollten Sie also in dieser Frage jemals durcheinanderkommen, kann Ihnen vielleicht eine kleine Eselsbrücke helfen: »Gott« und »großzügig« beginnen beide mit »G«; »Satan« und »selbstsüchtig« beide mit einem »S«. Das wird Ihnen bestimmt helfen, sich an die richtige Zuordnung zu erinnern!

Aber ganz im Ernst: Ich freue mich sehr für Sie. Sie stehen am Anfang einer Entdeckungsreise. Ich kann Ihnen aus eigener Erfahrung sagen, dass es kein größeres Abenteuer auf der Welt gibt, als das großzügige, überreiche Leben zu führen, das allen Menschen offensteht, die zu Gott gehören – das aber nur wenige zu leben wagen. Es ist eine lohnende Reise. Es ist *ein Leben voller Segen.*

Lesen Sie weiter und lassen Sie sich auf das Abenteuer ein!

KAPITEL 1

Ein unerwartetes Abenteuer

Der Kilometerzähler auf unserem »sehr erfahrenen« Kombi zeigte über 213.000 Kilometer an, als ich an die Zapfsäule einer kleinen Tankstelle in Oklahoma rollte. Es war 1984 und ich war ein junger Evangelist. Damals fuhren meine Frau Debbie und ich gern fast überall hin, wo ich eine Gelegenheit zum Predigen hatte.

Wir befanden uns an jenem Tag in zweierlei Hinsicht auf einer Reise. Ja, wir waren unterwegs im Dienst des Evangeliums. Aber diese kleine Tankstelle war auch eine Zwischenstation auf einer Entdeckungsreise, die etwa einen Monat zuvor begonnen hatte. Es war ein Weg zu der Kraft und der Freude des vom Heiligen Geist gewirkten Gebens.

Als ich in den Verkaufsraum ging, um das Benzin zu bezahlen, sagte die Dame hinter dem Tresen: »Das ist schon erledigt.«

»Wie bitte?«, fragte ich etwas verwirrt.

»Es ist erledigt«, wiederholte sie. »Sie schulden mir nichts für das Benzin.«

Ich verstand gar nichts mehr. »Wie kommt das denn?«

Ganz sachlich antwortete sie: »Als Sie an der Zapfsäule hielten, sagte Gott zu mir, dass Sie ein Evangelist sind und ich für Ihr Benzin zahlen soll. Also ist es erledigt.«

Immer noch verblüfft bedankte ich mich bei ihr und zog meines Wegs.

Dieser Zwischenstopp war nur ein kleiner, aber bedeutsamer Meilenstein auf der bereits erwähnten Reise. Der Gedanke, dass Gottes Geist eine Person ansprechen und sie beauftragen würde, etwas zu spenden, war mir nicht neu. Genau genommen war diese Begebenheit ein perfektes Beispiel für das, was Gott seit einiger Zeit immer mehr zum Kernstück meines Dienstes und meines Lebens als Christ machte.

Die nächste Stufe

Als reisender Evangelist stammte mein gesamtes Einkommen aus den Kollekten der Gemeinden, in denen ich predigte. In jenen Jahren konnte mein »Gehalt« in der einen Woche 800 und in der nächsten 200 Dollar betragen. Debbie und ich wussten es vorher nie. Doch schon sehr früh in unserer Ehe hatten wir gelernt, in Bezug auf unsere Finanzen Gott zu vertrauen.

Wir gaben regelmäßig unseren Zehnten. Gott hatte uns bereits Jahre zuvor das Prinzip des Zehnten deutlich gemacht. Und seit wir begonnen hatten, Gott zu ehren, indem wir das erste Zehntel all unserer Einnahmen ihm gaben, hatte er uns immer versorgt, manchmal sogar durch Wunder. Das ist bis heute so. Allerdings wussten wir zu diesem Zeitpunkt nicht, dass Gott uns nun auf die nächste Stufe stellen würde.

Wie erwähnt, tat Gott etwa einen Monat vor dem überraschenden Segen an der Tankstelle etwas Bemerkenswertes, um mich auf die Frage des Gebens aufmerksam zu machen.

Ich hatte einen Predigttermin in einer Gemeinde, aber nur an einem Abend, und das war für den ganzen Monat mein einziger Predigttermin. Finanziell bedeutete das nur eine Kollekte statt der üblichen vier, fünf oder sechs. Obwohl Debbie und ich schon gelernt hatten, Gott zu vertrauen und dabei ganz ruhig zu bleiben, sah das Ganze nach einer großen Herausforderung für unser Budget aus.

Am Ende des Gottesdienstes wurde in der Gemeinde eine Kollekte eingesammelt, die für mich bestimmt war. Kurz danach kam der Pastor mit einem Umschlag auf mich zu.

Er sagte: »Robert, ich freue mich und bin selbst ganz erstaunt! Das ist die größte Kollekte, die in unserer kleinen Gemeinde je zusammengekommen ist. Gott hat Sie gebraucht, um uns heute Abend zu segnen, und ich bin sehr froh, dass ich Ihnen das hier geben kann.«

Als ich den Umschlag öffnete, fand ich darin einen Scheck über etwa den Betrag unseres gesamten Monatsbudgets. In nur einer Veranstaltung hatte Gott durch ein Wunder das geschenkt, was normalerweise in mehreren Veranstaltungen zusammenkam. Das war eine große Lektion für uns – doch die Lektion war noch nicht beendet.

Als ich mit dem Scheck in der Hand dastand und mich im warmen Schein von Dankbarkeit und Staunen sonnte, geschah etwas, das den Kurs und die Qualität meines Lebens dauerhaft änderte.

Im gleichen Abendgottesdienst hatte ein Missionar ein kurzes Zeugnis gegeben und der versammelten Gemeinde von Neuigkeiten aus seiner Arbeit berichtet. Als ich jetzt durch den fast leeren Raum schaute, fiel mein Blick auf ihn. Dabei hörte ich Gottes unverkennbare Stimme in meinem Herzen: *Gib ihm das Geld aus der Kollekte – das* ganze *Geld.*

Augenblicklich wurde aus meiner Begeisterung fast so etwas wie Panik. *Herr, das kann doch nicht deine Stimme sein! Ich meine … immerhin … ich … du … du hast doch hier gerade erst ein Wunder getan, um uns zu versorgen!*

Daraufhin kam die Anweisung noch einmal, behutsam, aber deutlich. *Gib ihm das Geld.*

Wie ein kleiner Junge, der nicht hören will, was sein Bruder sagt, hätte ich am liebsten die Finger in die Ohren gesteckt und gesungen: »La la la la la …! Was? Ich kann dich nicht hören!«

Gib ihm die ganze Kollekte. Vertrau mir.

Ich konnte es nicht abschütteln. Ich versuchte zu argumentieren. Ich versuchte zu verhandeln. Ich versuchte zu betteln. Der Eindruck wurde nur immer stärker.

Am Ende schwenkte ich die weiße Fahne und sagte: »In Ordnung, Vater. Ich vertraue dir.« Ich unterschrieb auf der Rückseite des Schecks, faltete ihn in der Mitte und schaute mich rasch im Raum um, ob mich auch niemand beobachtete.

Dann ging ich zu dem Missionar und sagte in etwa: »Danke für Ihr Zeugnis heute Abend. Bitte erzählen Sie es nicht weiter, aber ich möchte Ihnen meine Kollekte schenken. Der Scheck ist auf mich ausgestellt, aber ich habe ihn auf Sie übertragen.« Ich reichte ihm den Scheck und ging.

Eine Stunde später saß ich mit ungefähr 20 Mitgliedern jener Gemeinde in einer Pizzeria. Mir gegenüber saß ein gut angezogener Mann, den ich kaum kannte. (Wir hatten uns bei anderer Gelegenheit nur einmal kurz getroffen.)

Nach einer Weile beugte er sich über den Tisch in meine Richtung, schaute mir in die Augen und stellte mir eine schockierend persönliche Frage: »Wie hoch war Ihre Kollekte heute Abend?«

Natürlich brachte mich seine Frage in Verlegenheit. Das hatte mich noch nie jemand gefragt, besonders nicht jemand, der quasi ein Fremder war. Seine Unverfrorenheit überrumpelte mich derart, dass ich nichts anderes tun konnte als ihm zu antworten. Also nannte ich ihm den Kollektenbetrag. Ich weiß noch, wie ich hoffte, dass sich die Sache damit erledigt hatte. Hatte sie aber nicht.

In demselben bestimmten Ton stellte er mir eine weitere Frage. »Wo ist der Scheck?« *Der Mann hat ja Nerven!*, dachte ich. *Was hat er denn vor?*

Den Scheck hatte ich natürlich nicht mehr, aber das wollte ich ihm unter keinen Umständen sagen. Also log ich (wie ich zu meiner Schande gestehen muss). »Ähm … meine Frau hat ihn«, sagte ich nervös. Sie saß am anderen Ende des langen Tisches – schön weit weg in sicherer Entfernung. *Können wir jetzt bitte das Thema wechseln?!*

»Holen Sie ihn. Ich will ihn sehen.« Der Mann ließ nicht locker! Da ich nicht wusste, was ich sonst tun sollte, stand ich auf, ging zu meiner Frau und tat so, als würde ich sie nach dem Scheck fragen. Ich beugte mich zu ihr herunter und flüsterte ihr ins Ohr: »Wie ist deine Pizza?« »Gut«, erwiderte sie mit einem etwas erstaunten Blick. »Super. Gut zu wissen. Ich wollte nur nachfragen«, murmelte ich und ging wieder zurück an meinen Platz.

Dann hörte ich mich erneut lügen. »Sie hat ihn draußen im Auto liegenlassen.« Ich versuchte es so klingen zu lassen, als wäre das Auto sehr, sehr weit weg. (Nun versuchte ich nicht nur zu verhehlen, dass ich meine ganze Kollekte verschenkt hatte, sondern auch dass ich – der Evangelist, der gerade den ganzen Abend lang verkündigt hatte, dass Jesus der Weg, die Wahrheit und das Leben ist – eben gelogen hatte!)

Mir trat der Schweiß auf die Stirn. Da beugte sich der Mann über den Tisch und kam mir unangenehm nahe. »Der Scheck ist nicht im Auto, Robert«, sagte er leise.

»Woher wollen Sie das wissen?«, erwiderte ich und versuchte ein wenig beleidigt zu klingen.

»Weil Gott es mir gesagt hat – und er hat mir noch etwas anderes gesagt.« Und dann folgten Worte, die seitdem wie ein Donnerschlag durch mein Leben dröhnen. »Gott wird Ihnen etwas über das Geben beibringen, das Sie dann der Gemeinde weitergeben sollen.«

Mit diesen Worten schob er ein zusammengefaltetes Stück Papier über den Tisch. Es war ein Scheck. Der Betrag war – auf den Cent genau – das Zehnfache von dem, was ich vor ungefähr einer Stunde verschenkt hatte.

Das Zehnfache – auf den Cent genau.

An jenem Abend begann die Reise.

Von Gott versorgt

»Gott will Ihnen etwas über das Geben beibringen, das Sie dann der Gemeinde weitergeben sollen.« Diese Worte waren Debbie und mir in den spannenden Monaten, die darauf folgten, stets präsent. Wir waren offen für alles, was Gott uns beibringen wollte. Und infolgedessen erlebten wir immer wieder, wie Gott uns auf wunderbare Art und Weise versorgte.

Manchmal forderte uns Gott auf, ihm zu vertrauen und etwas zu spenden. In anderen Situationen gebrauchte er Menschen, um uns einen unerwarteten Segen zukommen zu lassen.

Nicht lange nach jenem Abend, der unser ganzes Leben veränderte, saßen Debbie und ich zum Beispiel in einem Hauskreis und unterhielten uns mit einem Ehepaar, das bald auf eine Missionsreise gehen wollte. Sie hatten uns darum gebeten, vor ihrer Abreise für sie zu beten. Besonders baten sie um Gebet für die finanzielle Situation. »Wir haben noch nicht alles Geld für diese Reise zusammen«, sagten sie uns. Sie erwähnten nicht den Betrag, den sie brauchten, aber beim Beten hatte ich den starken Eindruck, dass es sich um 800 Dollar handelte.

Zu dieser Zeit waren 800 Dollar eine Menge Geld für uns. Aber wir besaßen es, weil wir damals in der Pizzeria das Zehnfachwunder erlebt hatten.

An jenem Abend konnten wir nach dem Treffen zu unserem Auto gehen und einen Scheck ausstellen. Wir fingen das besagte Ehepaar ab, bevor sie wegfuhren, und überreichten ihnen den Scheck. Und tatsächlich war es genau der Betrag, den sie für ihre Missionsreise noch brauchten.

Offen gesagt hatte ich noch nie etwas Spannenderes getan. Wir begannen rasch zu entdecken, wie aufregend es ist, etwas geben zu können, wenn Gott einen dazu auffordert.

Einige Wochen später kam es zu der Begegnung an der Tankstelle, von der ich am Anfang dieses Kapitels berichtet habe.

Kurz danach gingen wir mit einem Mann essen, der gerade einen neuen Kleinbus gekauft hatte. Wir alle fuhren damit zum Restaurant und unterhielten uns darüber, wie schön der Wagen war und wie sehr wir uns für ihn freuten. Als wir zu seinem Haus zurückfuhren, sagte er: »Helft mir bitte mal, meinen Kram aus dem Bus zu räumen.« Also sammelte ich seine Kassetten ein und andere Gegenstände, die er nannte. Nach ein paar Touren fragte ich ihn: »Willst du auch den Regenschirm hier aus dem Bus haben? Warum bringen wir eigentlich den ganzen Kram ins Haus?«

Er antwortete: »Weil ich euch den Bus schenke. Aber meinen Regenschirm brauche ich noch.« »Wie bitte?«, fragte ich. Er wiederholte: »Ich schenke euch den Kleinbus. Gott hat uns gesagt, dass wir das tun sollen.«

Natürlich waren wir sprachlos, dankbar und begeistert. Der brandneue Kleinbus hatte einen Wert von über 25.000 Dollar!

Aus diesem Geschenk ergab sich folgende Frage: Was sollten wir mit unserem Kombi machen, jetzt, da wir den Kleinbus hatten? Er war nicht mehr besonders schön, aber ein gutes, zuverlässiges Transportmittel.

Nachdem wir eine Weile darüber gebetet hatten, hatten wir den Eindruck, dass Gott uns sagte, wir sollten den Kombi einer Familie schenken, von der wir wussten, dass sie kein Auto besaß.

Fast sofort schenkte uns jemand, den wir nicht einmal kannten, ein weiteres Auto. »Gott hat uns gesagt, wir sollen das tun«, lautete die Erklärung, die uns nun bereits vertraut war.

Nach weiterem Gebet verschenkten wir auch dieses Auto. Bald bekamen wir als Ersatz ein weiteres und noch eines und noch eines. Sobald ein Auto in unserer Einfahrt landete, verschenkten wir es. Und jedes Mal kam ein anderes Auto nach.

Mitten in dieser erstaunlichen Reihe von Ereignissen tat Gott etwas, das uns zunächst verwirrte. Bei einem der Autos, das uns geschenkt wurde, sagte uns Gott als Antwort auf unsere Gebete: *Verschenkt es nicht. Verkauft es.*

Zunächst waren wir uns unsicher, ob wir Gott richtig verstanden hatten. Wir baten ihn um Bestätigung: »Herr, sollen wir diesen Wagen wirklich verkaufen? Wir fanden es schön, die Autos einfach zu verschenken.«

Die Antwort war deutlich. *Nein, verkauft den Wagen, und zwar für 12.000 Dollar.*

Am Wochenende kam in unserer Gemeinde ein Mann auf mich zu und fragte: »Robert, möchtest du dieses Auto verkaufen?« Ein wenig verblüfft erwiderte ich: »Ja. Ich glaube, ich soll es verkaufen.« Dann sagte der Mann: »Ich habe den Eindruck, dass ich dir 12.000 Dollar dafür geben soll. Ist das okay?« Natürlich verkaufte ich ihm den Wagen.

In der darauffolgenden Woche war ein Missionseinsatz nach Costa Rica geplant, also zahlten wir die 12.000 Dollar auf der Bank ein und warteten auf Anweisungen von Gott, was wir damit tun sollten.

Einige Tage später waren wir auf Costa Rica in dem altersschwachen Kleinbus des Missionars, dem wir helfen wollten, unterwegs. Ich war ernsthaft besorgt und fragte mich, ob wir unser Ziel wohl erreichen würden.

Irgendwann fragte ich den Missionar: »Warum kaufst du dir keinen neuen Bus? Ich glaube, dieser hier klopft schon an die Himmelstür.«

»Ich werde mir tatsächlich bald einen neuen Kleinbus kaufen«, erwiderte der Missionar begeistert. »Letzte Woche fuhr ich an einem Parkplatz mit Gebrauchtwagen vorbei, und Gott sagte zu mir, ich solle mal anhalten. Dann zeigte er mir einen Kleinbus und sagte: ›Den will ich dir schenken. Bete darum.‹ Das habe ich auch getan. Ich weiß noch nicht, wie Gott das machen wird«, fuhr er fort, »aber ich weiß, dass er es tun wird!«

Ich spürte die Hand Gottes und fragte den Missionar: »Wie viel soll er denn kosten?« Und sicher können Sie sich die Antwort schon denken: 12.000 Dollar. Mit großer Freude konnten meine Frau und ich bei unserer Heimkehr gleich den Scheck über 12.000 Dollar ausstellen.

Mehr geben als Gott?

In dieser bemerkenswerten Phase des Gebens erlebten wir auch enormen Segen. Unser Einkommen schoss in die Höhe. Es kam uns so vor, als gäbe Gott uns umso mehr, je mehr wir selbst gaben. Es war, als lebten wir nach dem alten Sprichwort: »Man kann nicht mehr geben als Gott.«

Über jene 18 Monate durften wir neun Autos verschenken.

Außerdem konnten wir bis zu 70 Prozent unseres Bruttoeinkommens spenden. Wir lebten bequemer von 30 Prozent, als wir vorher von 90 Prozent gelebt hatten.

Man kann nicht mehr geben als Gott.

Wo wir auch hinsahen, wir begegneten einfach dem Segen Gottes. Hinter jeder Wegbiegung lernten wir Neues darüber, was es heißt, sich beim Geben vom Heiligen Geist leiten zu lassen. Und immer, wenn wir dachten, wir würden so radikal spenden, wie es uns möglich war, forderte Gott uns ein bisschen mehr heraus.

Beispielsweise trug Gott uns am Ende jener 18-monatigen Phase auf, beide Autos zu verschenken, die wir besaßen. Er sagte: »Verschenkt beide. Ich werde euch das Ehepaar zeigen, dem ihr sie schenken sollt. Ach, und noch etwas. Verschenkt euer Haus; und nehmt alles Geld, was ihr auf der Bank habt, und verschenkt auch das.«

Natürlich fiel uns das schwer. Wir beteten: »Herr, du verlangst von uns, dass wir alles verschenken, was wir haben. Bist du dir ganz sicher, dass du das genau so meinst?« Und Gott sagte immer wieder: »Ja, ich bin mir ganz sicher.«

Also taten wir es. Gott zeigte uns die Empfänger und wir verschenkten unsere Autos. Wir verschenkten alles Geld, das wir auf unseren Konten hatten. Und wir hielten eifrig Augen und Ohren offen für Anweisungen, an wen wir das Haus verschenken sollten. Im Herzen hatten wir es bereits verschenkt. Wir hatten es losgelassen. Wir mussten nur noch wissen, welcher Familie wir die Besitzurkunde und die Schlüssel überreichen sollten.

Da saßen wir nun – ohne Fortbewegungsmittel und ohne einen Dollar, um irgendetwas zu kaufen. Als ich in meinem Haus saß (das ich gar nicht mehr als mein Haus betrachtete), muss ich zugeben, dass mir doch einige sehr menschliche Gedanken kamen.

Ich weiß noch, wie ich bei mir dachte: *Ha! Jetzt habe ich ihn. Dieses Mal habe ich Gott mehr gegeben als er mir.*

Ich erinnere mich auch an eine sehr offene und ehrliche Diskussion mit Gott. »Herr, weißt du, ich glaube, dieses Mal habe ich dich übertroffen. Ja, jedes Mal, wenn wir ein Auto verschenkt haben, hast du uns ein anderes gegeben. Aber dieses Mal habe ich beide Autos und all mein Geld verschenkt! Dieses Mal habe ich dich erwischt, Herr. Ich habe dir mehr gegeben als du mir.«

Im gleichen Moment spürte ich innerlich, wie Gott zu mir sagte: *Ach, wirklich?* Und dann klingelte das Telefon. Am anderen Ende der Leitung war ein Mann, der sagte: »Robert, Gott hat mir aufgetragen, Ihnen ein Fortbewegungsmittel zu verschaffen.« (Dazu müssen Sie wissen, dass – abgesehen von den Empfängern – niemand außer Debbie und mir wusste, was wir verschenkt hatten. Dieser Mann wusste nicht, dass wir unsere Autos weggegeben hatten.)

Mein erster Gedanke war: *Das ist ein Segen! Dieser Mann wird uns ein Auto schenken.* Ich ging einfach davon aus, dass das inzwischen altbekannte Muster sich wiederholen würde. Ich muss auch gestehen, dass ich dachte: *Herr, selbst wenn er uns ein Auto schenkt, haben wir immer noch* zwei *Autos, unser ganzes Geld und im Prinzip unser Haus verschenkt. Ich glaube immer noch, dass ich dich im Geben übertroffen habe.*

Also fragte ich den Mann am Telefon: »Was hat Gott Ihnen denn aufgetragen?« Er antwortete: »Gott hat gesagt, ich soll Ihnen ein Flugzeug kaufen.« Ich war sprachlos.

»Gesegnet« sein bedeutet, dass sich eine übernatürliche Macht für uns einsetzt.

Er fuhr fort: »Genau genommen habe ich das Flugzeug heute gekauft *und* es am Flughafen geparkt, *und* ich werde für den

Hangar bezahlen, *und* ich werde den Treibstoff bezahlen, *und* ich werde Versicherung und Instandhaltung für das Flugzeug zahlen, *und* ich habe einen Piloten angestellt. Ich werde sein Gehalt zahlen, also wenn Sie irgendwo hinmüssen, rufen Sie ihn einfach an und er wird Sie hinfliegen. Ich kümmere mich um alle Kosten.«

Und während ich stotternd und fassungslos dastand, hörte ich Gottes leise, sanfte Stimme in meinem Inneren sagen: »Erwischt!«

Wir können Gott nicht mehr geben als er uns.

Gott bietet die einzigen wirklich garantierten finanziellen Resultate, die es auf dieser Erde gibt. Doch es gibt auch gewisse Prinzipien, denen wir folgen müssen, um Gottes größte Belohnungen zu erleben. Sie sind der Schlüssel zu einem Leben voller Segen.

Segen oder Fluch?

Bevor wir weitermachen, möchte ich einige Begriffe definieren. Was meine ich mit einem »Leben voller Segen«? Wie sieht so ein Leben aus?

»Gesegnet« sein bedeutet, dass sich eine übernatürliche Macht für uns einsetzt. Im Gegensatz dazu bedeutet »verflucht« sein, dass eine übernatürliche Macht *gegen* uns wirkt.

Das Leben eines gesegneten Menschen ist angefüllt mit göttlichen »Zufällen« und himmlischer Bedeutung. Ein gesegneter Mensch kann nach weltlichen Maßstäben reich sein oder nicht, aber er genießt eine Lebensqualität, um die die meisten Milliardäre ihn beneiden würden.

An vier verschiedenen Stellen in 5. Mose verspricht Gott den Menschen, die ihm gehorchen, dass er alles segnen wird, woran sie Hand anlegen (siehe 5. Mose 14,29; 15,10; 23,21; 28,8.12). Das ist ein Leben voller Segen. Alles, was man anpackt, gelingt.

Segen durchdringt jeden Aspekt im Leben eines Menschen – Gesundheit, Beziehungen, Arbeit, Familie, Gefühle und Gedanken.

Klingt das gut? Dann lesen Sie weiter. Sie werden entdecken, wie man ein Leben voller Segen führen kann.

KAPITEL 2

Zuallererst Gott

Wir haben diesen Spruch sicher schon oft gehört: Das Wichtigste zuerst.

In diesem Klischee steckt eine Menge biblische Wahrheit. Was ist also das Wichtigste in einem Leben voller Segen? Überlegen wir einmal:

In der Bibel finden wir mehr als 500 Verse über das Gebet und fast 500 Verse über den Glauben, aber über 2.000 Verse zum Thema Geld und Besitz. In 16 von seinen 38 Gleichnissen spricht Jesus über Geld. Offenbar müssen wir Geld und unseren Umgang damit von der Bibel her verstehen. Warum? Weil Geld eine Prüfung von Gott ist.

Wie wir mit Geld umgehen, verrät unglaublich viel über unsere Prioritäten, Bindungen und Neigungen. Tatsächlich hat es großen Einfluss darauf, wie gesegnet wir durchs Leben gehen (oder auch nicht).

Das erste Prinzip des Gebens, das man verstehen muss, ist das Prinzip der ersten Erträge oder »Erstlinge«. Man kann es auch das Prinzip der Erstgeburt oder des Zehnten nennen.

Offen gesagt haben viel zu viele Christen eine falsche Vorstellung vom Zehnten und dem Prinzip der Erstlinge. (Bitte schalten Sie jetzt nicht ab, legen Sie das Buch nicht weg und überspringen Sie die nächsten Seiten nicht, weil Sie meinen, Sie hätten schon alles über den Zehnten gehört. In dem, was ich gleich erklären will, liegt eine lebensspendende, befreiende Wahrheit. Lassen Sie sich das nicht entgehen!)

Geopfert oder freigekauft?

Einen wichtigen finanziellen »Präzedenzfall« finden wir in 2. Mose 13. In diesem Abschnitt sagt Gott:

> *»Weiht mir alle erstgeborenen Söhne der Israeliten und jedes erstgeborene männliche Tier. Sie gehören mir!«*
>
> 2. Mose 13,2

Hier erklärt Gott eindeutig, dass alle Erstgeborenen ihm gehören. Diese Aussage findet sich übrigens 16 Mal in der Bibel! Zum Beispiel heißt es in 2. Mose 13,12-13:

> *Dann sollt ihr dem Herrn eure erstgeborenen Söhne weihen. Jedes erstgeborene männliche Tier sollt ihr außerdem dem Herrn opfern. Jeden erstgeborenen männlichen Esel sollt ihr mit einem Lamm loskaufen. Wenn ihr ihn jedoch nicht loskaufen wollt, müsst ihr ihm das Genick brechen. Eure erstgeborenen Söhne dagegen müsst ihr loskaufen.*

Es ist wichtig, dass wir das Prinzip der Erstgeborenen verstehen: Nach dem alttestamentlichen Gesetz mussten alle Erstgeborenen entweder geopfert oder freigekauft werden. Es gab keine dritte Möglichkeit. Jedes Mal, wenn ein Nutztier das erste Junge zur Welt brachte, musste man es opfern, oder, wenn es für unrein erklärt wurde, mit einem reinen, makellosen Lamm freikaufen. Zusammengefasst heißt das, die reinen Erstgeborenen mussten geopfert und die unreinen Erstgeborenen freigekauft werden.

Mit diesem Gedanken im Hinterkopf wollen wir uns einmal den Bericht im Neuen Testament ansehen, als Johannes der Täufer am Jordanufer Jesus begegnete. Johannes war eines Tages dort und taufte. Plötzlich sah er Jesus auf sich zukommen. Johannes rief aus: »Seht her! Da ist das Lamm Gottes, das die Sünde der Welt wegnimmt!« (Joh. 1,29).

Mit dieser von Gott inspirierten Aussage definierte Johannes genau, in welcher Rolle Jesus auf die Erde gekommen war. Jesus war Gottes Erstgeborener. Er war rein – in jeder Hinsicht perfekt und makellos. Auf der anderen Seite wurde jeder von uns unrein geboren. Wir alle wurden als Sünder mit einer aktiven sündigen Natur geboren.

Denken wir nun zurück an das Prinzip der Erstgeborenen aus 2. Mose. Nach dem Gesetz musste das erstgeborene Tier, sofern es rein war, geopfert werden. Doch wenn das Erstgeborene unrein war, musste es mit einem reinen Tier freigekauft werden.

Erkennen Sie die symbolische Parallele? Jesus Christus war Gottes Erstgeborener und er war rein geboren – als reines, makelloses Lamm. Doch jeder von uns wurde unrein geboren; deshalb wurde Jesus geopfert, um uns freizukaufen.

Als er uns durch sein Opfer freikaufte, brachte er uns zurück zu Gott. Er war buchstäblich ein Erstlingsopfer.

Gott gab Jesus im Vertrauen, noch bevor wir glaubten. *Bevor* wir glaubten. In Römer 5,8 heißt es:

> *Gott dagegen beweist uns seine große Liebe dadurch, dass er Christus sandte, damit dieser für uns sterben sollte, als wir noch Sünder waren.*

Unsere »Erstlingsgabe« – unseren Zehnten – müssen wir in der gleichen Art und Weise geben. *Bevor* wir Gottes Segen erfahren, geben wir sie im Vertrauen.

Gott gab Jesus in der Zuversicht, dass »sein Sohn der Erstgeborene unter vielen Geschwistern werde« (Röm. 8,29). In diesem Sinn ist Jesus Gottes Erstlingsgabe. Gott gab Jesus zuerst, »auf guten Glauben«, als wir noch Sünder waren – sogar, als wir ihn verspotteten und ihm ins Gesicht spuckten, während er starb.

Gott wartete nicht ab, ob wir uns zuerst ändern oder Buße tun oder uns angemessen verhalten würden. Gott handelte nach dem Prinzip »das Wichtigste zuerst«.

Haben Sie sich schon einmal gefragt, wie Gott es rechtfertigen konnte, in der letzten Plage, die in 2. Mose beschrieben wird, das Leben aller ägyptischen Erstgeborenen zu nehmen? Er tat es, weil alle Erstgeborenen ihm gehören. Gott hatte ein »gesetzliches« Recht darauf, alle Erstgeborenen zu nehmen, weil jeder ägyptische und israelitische Erstgeborene ihm gehörte!

Jesus war Gottes »Erstlingsgabe«.

Doch die Erstgeborenen Israels starben nicht in jener Nacht. Warum nicht? Weil ein Lamm geopfert wurde, um sie freizukaufen. Ein makelloses, perfektes Lamm trat an ihre Stelle.

Sicher erinnern Sie sich, dass Gott Mose auftrug, das Blut des Opferlammes an den Türrahmen jedes Hauses zu streichen. Sie sollten das Blut auf den oberen Türbalken und auf die Türpfosten auftragen (siehe 2. Mose 12,7).

Stellen Sie sich vor, Sie stehen vor einer dieser Türen und tauchen einen Ysopzweig in das Blut des Lammes. Sie tragen es auf den Türrahmen auf – erst auf die linke Seite, dann bewegen Sie den blutgetränkten Zweig hinüber auf die rechte Seite, und schließlich strecken Sie sich und streichen das Blut in die Mitte des oberen Türbalkens, obenauf, damit das Blut nach unten tropfen konnte.

Ist Ihnen aufgefallen, dass Sie auf diese Art und Weise mit dem Blut die Form eines Kreuzes beschrieben haben? Die Israeliten wurden durch das Blut des Lammes in der Form eines Kreuzes gerettet. Und genau so wurden wir gerettet. Gott hat uns auf die gleiche Art freigekauft – indem er seinen erstgeborenen Sohn opferte.

Das Prinzip der Erstlingsgabe ist sehr wichtig. Jemand sagte einmal, alles »Erste«, das man gibt, ist nie verloren, und alles »Erste«, das man nicht gibt, ist immer verloren. Mit anderen Worten: Was wir Gott geben, verlieren wir nicht, weil Gott es uns »wiedererstattet« oder für uns freikauft. Doch was wir Gott vorenthalten, werden wir verlieren. Jesus bezog sich ebenfalls auf dieses Prinzip:

> *Wer versucht, sein Leben zu behalten, wird es verlieren. Doch wer sein Leben für mich aufgibt, wird das wahre Leben finden.*
> Matthäus 16,25

Das Erste gehört Gott. Dieses Prinzip finden wir überall in der Bibel. Wir können Gott das Erste von unserer Zeit geben. Wir können ihm das Erste von unseren Finanzen geben. Genau darum geht es im Grunde beim Zehnten – unser Erstes Gott zu geben. Damit sagen wir: »Gott, ich gebe dir das Erste und vertraue darauf, dass du den Rest freikaufst.«

Anders ausgedrückt: Wenn bei Schafen ein erstes Lamm geboren wird, lässt sich unmöglich voraussagen, wie viele weitere Lämmer das Mutterschaf zur Welt bringen wird. Trotzdem sagt Gott nicht: »Lasst das Mutterschaf erst neun Lämmer zur Welt bringen und gebt mir dann das nächste.« Nein, er sagt: »Gebt mir das erste.«

Es ist immer Glauben nötig, um das Erste zu geben. Darum erleben nur so wenige Christen den Segen des Zehnten; denn es bedeutet, Gott etwas zu geben, bevor man weiß, ob man genug hat. Mit dem Zehnten sagen wir im Grunde zu Gott: »Ich erkenne zuallererst dich an. Ich setze dich in meinem Leben an die erste Stelle und vertraue darauf, dass du dich um den Rest kümmern wirst.«

Darum ist es von großer Bedeutung, den Zehnten zu geben. Es ist eine wichtige Möglichkeit, zum Ausdruck zu bringen, dass Gott an erster Stelle steht.

Der erste Teil ist der erlösende Teil. Mit anderen Worten, wenn wir Gott den ersten Teil geben, ist der Rest freigekauft. Eine Möglichkeit, Gott den ersten Teil unserer Zeit zu geben, ist, am ersten Tag der Woche in die Gemeinde zu gehen.

Leider betrachten manche Menschen den Montag als Beginn ihrer Woche. Sie denken: *Ich muss diese Woche einen guten Start hinbekommen. Ich muss Geschäfte machen und Geld aufs Konto bringen.* Damit widmen sie den ersten Teil ihrer Woche dem Geld.

Andere meinen, ihre Woche beginnt am Freitag. Sie sagen: »Dieses Wochenende mache ich Party und habe so richtig Spaß.« Diese Menschen geben den ersten Teil ihrer Zeit für ihre Freizeit her.

Als Menschen, die zu Gott gehören, sollten wir den ersten Teil unserer Woche Jesus widmen. Die neutestamentliche Gemeinde versammelte sich sonntags, weil sie die Auferstehung des Herrn Jesus Christus feierten. Im Gottesdienst gaben sie Gott den ersten Teil ihrer Zeit.

Das Erste vom Ersten

Doch nicht nur das Erstgeborene gehört Gott, sondern alle »Erstlinge«. In 2. Mose 23 lesen wir:

> *Bringt das Beste [wörtlich: das Erste] von den ersten Erträgen der Ernte in das Haus des Herrn, eures Gottes.*
>
> V. 19

Dieser Vers geht sogar noch weiter und sagt, Gott möchte das Erste von den ersten Früchten. Das bedeutet, das Letzte von den Erträgen ist nicht akzeptabel; und es geht auch nicht um den *zehnten* Teil der ersten Erträge, sondern um den *ersten* Teil. Lesen Sie den Vers ruhig noch einmal:

> *Bringt das Beste [wörtlich: das Erste] von den ersten Erträgen der Ernte in das Haus des Herrn, eures Gottes.*

Dabei ist beachtenswert, dass die Bibel »das Haus des Herrn« als den angemessenen Ort für die Erstlinge nennt. Es steht nicht da, »Gebt sie an eine christliche Organisation, deren Sendungen ihr im Fernsehen seht« – obwohl ich viel davon halte, gute christliche Mediendienste zu unterstützen. Es heißt auch nicht, »Gebt das Erste von euren ersten Erträgen an einen Missionar«, obwohl Gott (und auch mir) die Unterstützung von Missionaren sehr wichtig ist. Dort steht nicht, »Gebt das Erste von euren ersten Erträgen, wohin ihr wollt«, sondern »bringt sie ins Haus des Herrn, eures Gottes«.

Wir sollten immer zuerst in das Haus Gottes geben. Diesen Aspekt am Prinzip der Erstlinge sollten wir begreifen. Darum heißt es in Sprüche 3:

> *Ehre den Herrn mit deinem Besitz und schenke ihm das Beste, was dein Land hervorbringt. Dann werden sich deine Scheunen mit Korn füllen, und deine Fässer von Wein überfließen.*
>
> V. 9-10

Dieser Abschnitt legt nahe, dass zu den Gaben für das Haus des Herrn auch gehört, Gott mit unserem Besitz und dem ersten Teil aller unserer Erträge zu ehren.

Im Alten Testament waren die meisten Menschen Bauern. Für ihren Lebensunterhalt züchteten sie Tiere und bauten Pflanzen an. Der Ertrag war die Ernte und die Tiere, die geboren wurden. Heute sind wir Bankkaufleute oder Rechtsanwälte oder Lehrer oder Bauarbeiter. Unsere Erträge kommen aus unserer Arbeit.

Doch ganz gleich woher sie kommen: Die Bibel sagt deutlich, dass wir Gott mit dem ersten Teil unserer Erträge ehren sollen. Wenn wir das tun, werden – so die zitierte Bibelstelle – sich unsere »Scheunen mit Korn füllen« und unsere »Fässer von Wein überfließen« (Spr. 3,10).

Erinnern Sie sich an den Bericht über den Fall von Jericho im Buch Josua? Dort gab Gott die strenge Anweisung, dass die Israeliten keine Beute für sich behalten sollten. Alles davon gehörte ihm.

Warum bestimmte er, dass alles Silber und Gold aus Jericho

ans Haus des Herrn gehen sollte? Weil es die *erste* Stadt war, die im Verheißenen Land erobert wurde. Es waren die »Erstlinge«.

Gott sagte damit: »Bringt alles Silber und Gold aus Jericho in mein Haus; dann könnt ihr den Rest haben.« Er sagte *nicht*: »Erobert zehn Städte und gebt mir die Beute aus der zehnten Stadt«, sondern im Prinzip sagte er: »Gebt mir das Erste und ihr könnt den Rest haben.« Das erforderte natürlich Glauben – ebenso wie das Geben des Zehnten.

Vielleicht erinnern Sie sich auch, dass eine Person unter den Israeliten Gottes klare Anweisungen ignorierte. Die Israeliten sollten das Silber und Gold Gott weihen (siehe Jos. 6,19), doch ein Mann namens Achan nahm einiges davon für sich selbst und wurde »ins Unglück gestürzt« (Jos. 6,18).

Das sollte uns nachdenklich machen. Als die Beute Gott gegeben wurde, wurde sie für Gottes Haus »geweiht« oder ausgesondert. Doch nachdem ein Mann etwas davon für sich selbst genommen hatte, brachte er damit Unglück über Israels Bemühungen, das Verheißene Land einzunehmen.

Geweiht oder ins Unglück gestürzt – darum geht es in der ganzen Bibel beim Zehnten. Er ist Gott geweiht und für sein Haus bestimmt. Doch wenn wir ihn für uns selbst behalten, wird er uns zum Unglück, weil er gestohlen ist.

In Maleachi 3 macht Gott deutlich, dass wir ihn berauben, wenn wir den Zehnten für uns behalten. Was für ein ernüchternder Gedanke, dass man von Gott stehlen und damit unter einen Fluch geraten kann.

> *»Darf ein Mensch Gott betrügen? Ihr habt mich betrogen! Und dann fragt ihr noch: ›Womit sollen wir dich betrogen haben?‹ Mit dem Zehnten und den Abgaben. Ihr seid verflucht, denn das ganze Volk hat mich betrogen.«*
>
> Maleachi 3,8-9

Es erstaunt mich, wie viele Menschen versuchen, diese Bibelstelle zu überlesen oder wegzuerklären. Manche sagen: »Das ist eben das Alte Testament.« Doch im gleichen Kapitel von Maleachi sagt Gott: »Ich bin der Herr und ich habe mich nicht geändert« (V. 6).

Würden Sie jemandem glauben, der behauptet, dass Ehebruch, weil er unter dem Gesetz verboten war, jetzt unter der Gnade akzeptabel ist?

Wir haben bereits festgestellt, dass Gott die Erstgeborenen (siehe 2. Mose 13,2) und die ersten Erträge (siehe 2. Mose 23,19) für sich beansprucht. Außerdem haben wir eben gelesen, dass der Zehnte ihm gehört (siehe Mal. 3,8-9).

Nun ist meine Frage an diejenigen, die behaupten, das Prinzip des Zehnten sei nicht mehr gültig: Wenn Gott sagt »Ich ändere mich nicht« (Mal. 3,6), wann haben sich diese Dinge dann angeblich geändert? Wann hat Gott sich geändert?

Der Zehnte, die Erstgeborenen und die ersten Erträge gehören alle Gott. Das ist kein Gesetz, sondern ein unveränderliches Prinzip, das von einem unveränderlichen Gott aufgerichtet wurde.

Viele sagen: »Der Zehnte war unter dem Gesetz, deswegen muss ich ihn nicht mehr geben. Wir leben jetzt unter der Gnade.« Denen entgegne ich, dass es unter dem Gesetz viele Dinge gab, die auch weiterhin Gottes Prinzipien sind.

Würden Sie jemandem glauben, der behauptet, dass Ehebruch, weil er unter dem Gesetz verboten war, jetzt unter der Gnade akzeptabel ist? Würden Sie das Argument akzeptieren, dass Stehlen, weil es unter dem alttestamentlichen Gesetz verboten war, jetzt unter der Gnade des neuen Bundes in Ordnung ist? Natürlich nicht.

Im Wort Gottes gibt es verschiedene zeitlose Prinzipien, und der Zehnte gehört dazu. Dieses Prinzip zieht sich von der Schöpfung bis zur Offenbarung durch.

Der Zehnte gehört Gott. Die Erstgeborenen gehören Gott. Und die ersten Erträge gehören Gott.

In meiner Zeit als Evangelist und Pastor habe ich immer wieder gestaunt, wie übereinstimmend die Zeugnisse von Menschen über das Geben des Zehnten ausfallen. In über 20 Jahren Dienst hat mir jeder, der den Zehnten gibt, etwas Ähnliches erzählt – aber auch die Zeugnisse derjenigen, die den Zehnten *nicht* geben, gleichen sich. (Vergessen wir dabei nicht das biblische Prinzip, dass alles auf der Aussage von zwei oder drei Zeugen beruhen soll; siehe 2. Kor. 13,1.)

Ohne Ausnahme bezeugen mir Menschen, die den Zehnten geben: »Ich bin gesegnet« oder »Gott hat mich gesegnet«. Im Gegensatz dazu hat mir noch jeder, der nicht den Zehnten gibt, gesagt: »Ich kann es mir nicht leisten, den Zehnten zu geben.«

Lassen Sie diese beiden Aussagen auf sich wirken und denken Sie daran, von welchen Personen sie kommen: Alle, die den Zehnten geben, bezeichnen sich als gesegnet und alle, die den Zehnten nicht geben, behaupten, sie könnten sich den Zehnten nicht leisten.

Selbst Forrest Gump könnte hier ein Muster erkennen und er würde wahrscheinlich sagen: »Ich bin kein kluger Mann, aber ich werde den Zehnten geben. Und das ist alles, was ich dazu zu sagen habe.«

Wohlwollen für Abel

Die Prinzipien des Zehnten, der Erstgeborenen und der ersten Erträge sind biblisch und zeitlos. Wenn wir unser Leben und Handeln an ihnen ausrichten, werden sie uns unweigerlich Gottes Segen bringen.

Ein wunderbares Beispiel dafür finden wir in 1. Mose 4,3-5:

Nach einiger Zeit opferte Kain dem Herrn einen Teil seiner Ernte. Und auch Abel opferte ihm von den erstgeborenen Lämmern aus seiner Herde und von ihrem Fett. Der Herr sah wohlwollend auf Abel und nahm sein Opfer an, Kain und sein Opfer jedoch wies er zurück. Da wurde Kain sehr zornig und er blickte grimmig zu Boden.

Seit Jahrhunderten fragen sich Menschen, warum Gott Abels Opfer wohlwollend ansah, Kain und sein Opfer jedoch nicht. Die Bibel betont, dass Abels Opfertiere von den Erstgeborenen seiner Herde kamen. Es steht aber nirgendwo, dass Kain die ersten Erträge seiner Ernte opferte.

In dem zitierten Abschnitt heißt es »nach einiger Zeit«. Mit anderen Worten baute Kain seine Pflanzen an, brachte Gott aber erst »nach einiger Zeit« ein Opfer. Indirekt lässt sich daraus schließen, dass er nicht die ersten Erträge opferte. Könnte es sein, dass Gott deshalb Kains Opfer nicht wohlwollend ansah? Ich glaube ja.

Abel hingegen brachte Gott die Erstgeborenen seiner Herde als Opfer dar, und Gott sah es wohlwollend an.

Daraus können wir eine Lektion für uns ableiten. Gott schaut uns ins Herz, wenn wir etwas geben. Und wenn wir unsere ersten Erträge oder unseren Zehnten geben, nimmt Gott diese Gaben wohlwollend an. Der Zehnte ist unsere »erste Frucht« – er muss an erster Stelle kommen. Die Bibel sagt es deutlich:

Ein Zehntel aller Erträge des Landes, sei es Getreide oder Früchte, gehört dem Herrn und ist heilig.

3. Mose 27,30

So, wie die Erstgeborenen und die ersten Erträge Gott gehören, so gehört auch der Zehnte ihm. Doch wie die anderen beiden muss er *an vorderer Stelle* stehen. Immerhin sagt Gott: »Ein Zehntel aller Erträge des Landes … gehört dem Herrn und ist heilig« (3. Mose 27,30).

Von Mike Hayes, Pastor der Covenant Church in Carrollton/ Texas, habe ich einmal einen guten Vergleich dazu gehört:

Wenn ich zehn Ein-Dollar-Scheine zu geben hätte und zwei konkrete Fragen dazu stellen würde, würden die meisten Christen die erste wohl richtig beantworten und sich bei der zweiten am Kopf kratzen.

Stellen Sie sich vor, ich gebe Ihnen zehn Ein-Dollar-Scheine und lege sie vor Ihnen auf einen Tisch. Meine erste Frage ist nun: »Wie viel von diesem Geld ist der Zehnte?« Ich glaube, jeder würde das richtig beantworten. Der Zehnte von *zehn* Dollar ist natürlich *ein* Dollar. Aber hier ist die schwierigere Frage. *Welcher* von den Ein-Dollar-Scheinen ist der Zehnte? »Natürlich der erste«, sagen Sie vielleicht. Aber *welcher* ist der erste? Der rechts von Ihnen oder der links von Ihnen?

Angenommen, Sie haben am Donnerstag Ihr Gehalt bekommen und bezahlen sofort alle Rechnungen, kaufen dann Lebensmittel und überweisen anschließend Ihren Zehnten an Ihre Gemeinde. Haben Sie damit den ersten Ertrag Ihrer Einkünfte gegeben? Ist es möglich, volle zehn Prozent des Einkommens zu geben und trotzdem nicht nach Gottes Prinzip zu handeln? Ja.

Zum besseren Verständnis kommen wir noch einmal auf unser Beispiel von den Ein-Dollar-Scheinen zurück. Welcher Dollar ist der Zehnte? Ich kann Ihnen eine kleine Entscheidungshilfe geben. Der Zehnte ist der erste, den Sie ausgeben oder spenden. Das erste Geld, das Sie ausgeben, verkörpert Ihre »Erstlinge«. Mit anderen Worten, wenn Sie Ihr Gehalt bekommen, sollten Sie als Erstes den Zehnten überweisen.

Ist es wirklich ein Glaubensakt, zehn Prozent zu geben, wenn alle anderen Rechnungen bereits bezahlt sind? Was sagt das über unsere Prioritäten, wenn wir bereitwillig erst alle anderen bezahlen und dann schauen, ob noch genügend übrig ist, um Gott seinen Teil zu geben?

Der erste Teil, den wir ausgeben, sollte der Zehnte sein. Das ist der erste Ertrag. Und nach 2. Mose 13 ist dieser erste Teil der

Teil, der den Rest auslösen oder freikaufen kann. Das ist im Grunde Paulus' Aussage in Römer 11,16 (Elberfelder):

Wenn aber das Erstlingsbrot heilig ist, so auch der Teig; und wenn die Wurzel heilig ist, so auch die Zweige.

Mit dem Geben des Zehnten geht viel Segen einher, aber der »Zünder« für den Segen ist das Prinzip, Gott an die erste Stelle zu setzen und ihm zu vertrauen. Dies ist der Auslöser.

Der erste Teil ist der Teil, mit dem der Rest freigekauft wird. Auf dem ersten Teil liegt der Segen. Darum sollte der erste Teil nicht für die Hauskreditrate draufgehen. Leider fürchten viele Christen offenbar das Finanzamt und die Bank mehr als Gott.

Menschen, die den Zehnten geben, sagen hingegen: »Ja, ich habe einen Stapel Rechnungen hier, aber ich werde zuerst Gott seinen Teil geben und ihm vertrauen, dass er zu dem Rest seinen Segen gibt.«

Als Abraham seinen erstgeborenen Sohn Isaak opfern wollte, stand viel mehr auf dem Spiel als Geld. Abraham wartete nicht erst, ob er zehn Söhne bekommen würde, bevor er seinen ersten Sohn gab. Und Gott ging auch nicht zu Abraham, als er nur Isaak hatte, und sagte: »Wenn du vier oder fünf weitere Söhne hast, werde ich kommen und einen von ihnen von dir verlangen.«

Nein, Gott verlangte den ersten Sohn, als dieser noch der einzige war! Abraham hatte nur die Verheißung auf weitere Söhne. Abraham brauchte Glauben, um Isaak zu opfern. Und Glauben ist genau das, was das Geben des Zehnten erfordert. Es bedeutet, im Glauben Gott den ersten Anteil zu geben.

Wenn Gott das erstgeborene Lamm verlangte, musste man es im Vertrauen geben und nur auf die Verheißung und Hoffnung hin, dass das Mutterschaf noch weitere Junge tragen würde. Viele Menschen *beteuern*, Gott an die erste Stelle zu setzen, doch beim Zehnten zeigt sich die Wahrheit. Hier können wir praktizieren, was wir behaupten.

Wer mir sagt, dass Gott in seinem Leben an erster Stelle steht, den frage ich nach seinen Kontoauszügen. Dann werden wir sehen, wer in seinem Leben wirklich an erster Stelle steht. Die Bank mit dem Haus- oder Autokredit? Oder zeigen seine Ausgabegewohnheiten tatsächlich, dass Gott den ersten Platz einnimmt?

Wenn Satan mit unseren Ängsten spielt und sagt: »Du gehst pleite. Deine Ehe geht den Bach runter. Deine Gesundheit steht auf dem Spiel«, können wir mit Nachdruck antworten: »Nein. Ich gebe meinen Zehnten und in der Bibel steht über Menschen, die den Zehnten geben, dass Gott zu ihnen sagt: ›Euretwegen werde ich den Fresser bedrohen.‹ Ja, auch *meinetwegen!* Gott steht in meinem Leben an erster Stelle, und Gott wird alles andere in meinem Leben freikaufen und schützen.«

Möchten Sie mit 100 Prozent Ihres Einkommens durchs Leben gehen – und alles davon ist verflucht? Oder würden Sie lieber mit 90 Prozent auskommen und alles davon ist von Gott gesegnet, freigekauft und geschützt?

Das ist offenbar eine Frage, die sich viele Christen stellen sollten. Vor Kurzem hörte ich von einem Pastor einige alarmierende Zahlen:

Im Jahr 1998 hatten alle Christen auf der Welt zusammengenommen ein geschätztes Einkommen von umgerechnet 15,2 Billionen US-Dollar. Der Gesamtbetrag, der für christliche Organisationen gespendet wurde, einschließlich Gemeinden, Missionswerke usw., betrug 270 Milliarden Dollar. Wer nachrechnet, wird feststellen, dass dies nur 1,8 Prozent sind.

Als ich diese Zahlen hörte, war mein erster Gedanke, dass der Prozentsatz sicher durch die vielen armen Länder der Welt verzerrt wird. Dann hörte ich die Zahl für nur die Vereinigten Staaten: In den USA hatten alle Christen zusammengenommen im Jahr 1998 ein geschätztes Einkommen von 5,2 Billionen Dollar und ihr Spendenaufkommen betrug 92 Milliarden Dollar. Das sind 1,7 Prozent des Einkommens.

Lassen Sie sich das einmal auf der Zunge zergehen. Die

Christen in den Vereinigten Staaten, einem reich gesegneten Land, gaben nur 1,7 Prozent ihres Einkommens für das Reich Gottes. Doch der Prozentsatz für die ganze Welt lag bei 1,8 Prozent. Wir in den USA geben weniger als die armen Länder der Welt![i]

Gott hat es nicht nötig, dass wir geben – aber wir haben seinen Segen nötig!

Bitte vergessen Sie nicht, dass ich hier nicht über den Zehnten spreche, weil Gott Geld bräuchte. Ich spreche um *unsertwillen* über diese Wahrheiten. Gott hat es nicht nötig, dass wir geben – aber wir haben seinen Segen nötig!

Es tut mir in der Seele weh, dass wir uns als Gemeinde Jesu um Gottes Segen bringen, weil wir diese Prinzipien nicht verstehen. Es tut mir in der Seele weh, dass wir als Gemeinde Jesu unter einem Fluch leben, weil wir Gott bestehlen. Ich habe oft Menschen in der Seelsorge, die genau aus diesem Grund Probleme, Ehekonflikte und Streit in ihren Familien haben. Sie verstehen nicht, dass die Erstgeborenen, die ersten Erträge und der Zehnte Gott gehören.

In 1. Korinther 16 lesen wir:

> *Nun zu dem Geld, das ihr für die Gemeinde in Jerusalem sammelt: Haltet euch dabei an die Anweisungen, die ich auch den Gemeinden in Galatien erteilt habe. An jedem Tag des Herrn soll jeder von euch so viel Geld beiseite legen, wie es ihm möglich ist, und für diese Sammlung aufbewahren. Wartet nicht bis zu meiner Ankunft, um dann alles auf einmal einzusammeln.*
>
> V. 1-2

Paulus sagt uns, dass wir jede Woche am ersten Tag der Woche etwas geben sollen, so viel uns möglich ist (eine Bibelübersetzung schreibt »im Verhältnis zu dem, was ihr verdient habt«).

Mit anderen Worten, das, was wir Gott geben, sollte im direkten Verhältnis zu unserem Einkommen stehen.

Es fällt auf, dass Paulus sagt, es sollen keine Sammlungen vorgenommen werden, wenn er kommt (siehe V. 2). Mit anderen Worten: keine Sonderkollekten. Ich sehne mich nach dem Tag, an dem es keinen Kuchenbasar im Gemeindefoyer oder andere besondere Aktionen mehr geben muss, weil jedes Gemeindemitglied seinen Zehnten gibt.

Natürlich ist der Grund für die vielen Sonderkollekten in US-Gemeinden, dass Gott nur 1,7 Prozent unseres Einkommens erhält. Aber stellen Sie sich einmal vor, was wir als Christen auf der Erde erreichen könnten, wenn wir Gott treu die ersten 10 Prozent unseres Einkommens geben würden und die übrigen 90 Prozent auf diese Weise freigekauft und gesegnet sind! Stellen Sie sich vor, welche Pläne und Ziele Gottes in der Welt vorangebracht werden könnten, wenn die Gemeinde endlich erkennen würde, welcher Segen entsteht, wenn wir genug Glauben besitzen, um unsere »Erstlinge« zu geben. Ach, wenn Gottes Kinder ihn in ihrem Leben doch nur an die erste Stelle setzen würden!

Die nächste Generation

Ich möchte dieses Kapitel dort beenden, wo ich es begonnen habe: in 2. Mose 13. Angefangen haben wir mit einem Blick auf die Verse 12 und 13. Lassen Sie uns nun die nächsten zwei Verse dieses wichtigen Abschnitts betrachten:

> *»Wenn eure Söhne euch später fragen werden: ›Was bedeutet dieser Brauch?‹ Dann sollt ihr ihnen antworten: ›Mit großer Macht hat der Herr uns damals aus der Sklaverei in Ägypten geführt. Der Pharao wollte uns nicht ziehen lassen. Deshalb tötete der Herr alle männlichen Erstgeburten der Ägypter und ihrer Tiere. Darum opfern wir jetzt alle erstgeborenen männ-*

lichen Tiere dem Herrn, und die erstgeborenen Söhne kaufen wir los.‹«

V. 14-15

Hier gibt Gott den Israeliten Anweisungen, wie sie das Prinzip der Erstgeborenen an künftige Generationen weitergeben sollen. Er sagt: »Wenn dein Kind fragt: ›Warum opfern wir dieses erstgeborene Lamm, Papa?‹, sollst du es auf deinen Schoß setzen und sagen: ›Ich erzähle dir jetzt mal, wie es war, als wir noch in Ägypten lebten. Ich werde dir die Narben auf meinem Rücken zeigen. Ich werde dir beschreiben, was es heißt, ein Sklave zu sein. Wir waren gefangen. Wir waren Sklaven, aber Gott hat uns mit mächtiger Hand befreit. Weil er uns befreit hat, haben wir einen heiligen Bund mit Gott geschlossen: Er soll in unserem Leben immer den ersten Platz einnehmen. Darum geben wir ihm gern den ersten Teil von allen unseren Einkünften.‹«

Ich kann Ihnen sagen, dass die neutestamentliche Version davon in meiner eigenen Familie geschehen ist. Irgendwann kam jedes meiner Kinder einmal zu mir, während ich gerade den Scheck für unseren Zehnten schrieb, und fragte mich, ob es an dem Tag den Scheck in die Kollekte tun dürfte. Und immer, wenn ich ihnen den Scheck in die Hand drückte, lasen sie den Betrag und sagten so etwas wie: »Wow, Papa, das ist eine Menge Geld! Warum geben wir der Gemeinde so viel Geld?«

Und jedem Kind konnte ich erzählen: »Weißt du, Papa war nicht immer Christ. Ich habe Jesus erst kennengelernt, als ich 19 Jahre alt war, und davor war mein Leben eine komplette Katastrophe. Ich kann dir sagen, wie es war, gefangen zu sein – ein Sklave der Sünde zu sein. Aber Gott hat mich mit mächtiger Hand befreit. Darum gebe ich Gott gern den ersten Teil von allem, womit er uns segnet – nicht aus Pflichtgefühl oder Zwang. Nein, ich gebe meinen Zehnten gern an Gott ab, weil ich ihm zeigen möchte, dass er in meinem Leben an erster Stelle steht. Und weil wir den ersten Teil unseres Einkommens Gott geben, segnet, schützt und versorgt er uns.«

Wir müssen diese Wahrheiten ausleben und sie an unsere Kinder weitergeben.

Ein Leben voller Segen beginnt damit, dass wir das Prinzip der Erstgeborenen, der ersten Erträge und des Zehnten verstehen und akzeptieren. Ohne dieses Verständnis ist es unmöglich, sich auf die größeren Abenteuer einzulassen, die Gott für diejenigen bereithält, die ihm den ersten Platz einräumen.

KAPITEL 3

Leben, nicht Gesetz

Der Zehnte ist Leben, nicht Gesetz. Das will ich gleich voranstellen, weil ich im letzten Kapitel so eine starke Dosis Wahrheit verabreicht habe. Über die Jahre haben mir viel zu viele wohlmeinende, aber fehlgeleitete Christen auf das Thema des Zehnten geantwortet, sie würden den Zehnten nicht geben, weil er »unter dem Gesetz war«.

Deshalb möchte ich unbedingt klarstellen: Den Zehnten zu geben ist für mich kein Gesetz, sondern *Leben!*

Ich will das noch einmal wiederholen. Ich gebe den Zehnten nicht, weil er zum alttestamentlichen Gesetz gehörte, sondern weil das Geben für mich und meine Familie Leben bedeutet. Außerdem ist der Zehnte, wie wir im letzten Kapitel gesehen haben, ein Prinzip, das sich durch das gesamte Wort Gottes zieht. Wir haben gesehen, dass es dem Gesetz des Mose sogar um Tausende Jahre voranging.

Das Prinzip des Zehnten (oder der Erstgeborenen oder der ersten Erträge) galt schon, als Abraham aufgefordert wurde, Isaak zu opfern, und als er ein Zehntel der Kriegsbeute an Melchisedek abgab – eine Vorschattung auf Jesus Christus (siehe 1. Mose 14,18-20; Hebr. 5–7).

Dieses Prinzip reicht bis auf die ersten Kapitel von 1. Mose zurück, wo Abels Opfer angenommen und Kains Opfer abgelehnt wurde. In gewissem Sinn geht es sogar noch weiter zurück! Wir können das Prinzip des Zehnten bereits in Gottes Anweisung an Adam und Eva sehen, die er ihnen zu den Bäumen im Garten Eden gab:

> *Gott, der Herr, brachte den Menschen in den Garten Eden. Er sollte ihn bebauen und bewahren. Er befahl dem Menschen je-*

doch: »Du darfst jede beliebige Frucht im Garten essen, abgesehen von den Früchten vom Baum der Erkenntnis des Guten und Bösen. Wenn du die Früchte von diesem Baum isst, musst du auf jeden Fall sterben.«

1. Mose 2,15-17

Als Gott Adam und Eva als Verwalter des Gartens einsetzte, gab er ihnen alle Bäume, von denen sie nach Belieben essen konnten, bis auf einen. Treue Verwalter des Gartens zu sein bedeutete für sie, die Finger von diesem Baum zu lassen. Sie sollten die Frucht nicht für sich nehmen und essen. Treue Verwalter zu sein bedeutete *Leben* für Adam und Eva. Indem sie sich entschieden, die Frucht des Baumes zu essen, verhielten sie sich aber wie *Eigentümer*, nicht wie *Verwalter*.

Funktioniert nicht genau so das Prinzip des Zehnten in unserem Leben? Gott überträgt uns die Verwalterrolle für unser Leben. Obwohl ihm *alles* gehört, gibt er uns reichlich, damit wir die Dinge genießen können (siehe 1. Tim. 6,17). Doch er fordert uns auf, die ersten Erträge nicht anzutasten. Gott sagt, dass der Zehnte und die ersten Erträge ihm gehören.

Wir sind treue Verwalter – wir zeigen Gott, dass wir verstanden haben, dass wir Verwalter sind, nicht Eigentümer –, wenn wir ihm den Zehnten geben.

Wie alle bisherigen Beispiele zeigen, geht der Zehnte über das alttestamentliche Gesetz hinaus. Doch das sollte uns nicht überraschen, denn so ist es auch mit vielen anderen zeitlosen Prinzipien.

Stellen Sie sich einmal folgendes Szenario vor: Sie kommen eines Sonntagmorgens in die Gemeinde, in der ich Pastor bin, und ich stehe auf der Kanzel und predige. Plötzlich ziehe ich eine Waffe und erschieße jemanden in der Gemeinde. Werde ich dann gefragt: »Warum hast du das gemacht? Heißt es in der Bibel nicht, dass wir nicht morden sollen?«, ist meine Antwort: »›Du sollst nicht töten‹ gehört zum Gesetz. Ich bin nicht unter dem Gesetz. Ich bin unter der Gnade.«

Was würden Sie davon halten? Wahrscheinlich würden Sie mich darauf hinweisen, dass der Respekt vor dem menschlichen Leben und das Mordverbot Prinzipien sind, die sich durch die ganze Bibel ziehen.

Wenn etwas unter dem Gesetz richtig war, ist es dann jetzt unter der Gnade falsch?

Das ist ein ziemlich absurdes Bild für einen wichtigen Punkt. Nur weil etwas im Gesetz des Mose erwähnt wird, heißt das nicht, dass wir es heute ignorieren dürfen.

Lassen Sie mich die Frage anders stellen. Wenn etwas unter dem Gesetz *falsch* war, ist es dann jetzt unter der Gnade *richtig?* Mord war beispielsweise unter dem Gesetz falsch. Ist es jetzt unter der Gnade richtig? Natürlich nicht.

Nun möchte ich die Frage einmal umkehren. Wenn etwas unter dem Gesetz *richtig* war, ist es jetzt unter der Gnade *falsch?* Unter dem Gesetz war es offenbar richtig, den Zehnten zu geben. Das Alte Testament sagt es deutlich. Doch ist es jetzt unter der Gnade falsch? Gewiss nicht.

Wir können es uns nicht leisten, wichtige Prinzipien im Wort Gottes zu ignorieren – und der Zehnte ist ein Prinzip, das sich durch die gesamte Bibel zieht. Allerdings verstehen die meisten Christen nicht, dass das Geben des Zehnten eine Prüfung darstellt.

Die Prüfung bestehen

In Matthäus 6 finden wir die bekannten Worte: »Denn wo dein Reichtum ist, da ist auch dein Herz« (V. 21). Bitte beachten Sie, dass es nicht heißt: »Wo dein Herz ist, da ist auch dein Reichtum« (obwohl viele es so zitieren und anwenden). Im Grunde ist die Aussage, dass unser Herz unserem Reichtum folgt.

Darum ist der Zehnte eine Prüfung für jeden Christen. Wenn Sie weiterlesen, werden Sie sehen, was ich damit meine.

Das Wort in der Bibel, das wir mit »Zehnter« übersetzen, bedeutet wörtlich »Zehntel« oder »zehnter Teil«. Und wissen Sie, wofür die Zahl 10 in der Bibel steht? Sie steht für *Prüfungen*.

Ich möchte Ihnen ein paar Beispiele nennen. Wie viele Plagen gab es in Ägypten? Mit anderen Worten, wie oft stellte Gott das Herz des Pharao auf die Probe? Zehn Mal.

Wie viele Gebote gibt es? Anders ausgedrückt, auf wievielerlei Weise wird unser Gehorsam auf die Probe gestellt? Die Antwort ist: zehn.

Wie oft stellte Gott Israel während der Wüstenwanderung auf die Probe? Und wie oft prüfte Gott Jakobs Herz (indem er zuließ, dass sein Lohn geändert wurde), als Jakob für Laban arbeitete? Wie viele Tage wurde Daniel in Daniel 1 auf die Probe gestellt? In jedem Fall lautet die Antwort: zehn.

Dieses Muster setzt sich im Neuen Testament fort. In Matthäus 25 wurden zehn Jungfrauen geprüft, ob sie vorbereitet waren. Zehn Tage Prüfung werden in Offenbarung 2,10 erwähnt. Und natürlich hatte Jesus zehn Jünger. (Natürlich nicht. Es waren zwölf. War nur ein kleiner Test!)

Fakt ist: In der Bibel steht die Zahl 10 im Zusammenhang mit Prüfungen. Und der Zehnte stellt einen großen »Herzenstest« für jeden dar, der Jesus nachfolgen will. Doch es ist auch der einzige Bereich, in dem wir eingeladen werden, Gott auf die Probe zu stellen:

> *»Bringt den kompletten zehnten Teil eurer Ernte ins Vorratshaus, damit es in meinem Tempel genügend Nahrung gibt.* ***Stellt mich doch damit auf die Probe****«, spricht der allmächtige Herr, »ob ich nicht die Fenster des Himmels für euch öffnen und euch mit unzähligen Segnungen überschütten werde!«*
>
> Maleachi 3,10; eigene Hervorhebung

Ich kann mich noch an ein Gespräch erinnern, das ich einmal mit Gott über diesen Abschnitt hatte. Ich fragte ihn: »Gott, warum hast du diese Verse ins Alte Testament gesetzt? Ich meine, das Neue Testament beginnt nur ein paar Seiten später. Warum hast du nicht gewartet und diese Verse ins Neue Testament gesetzt? Wusstest du nicht, dass alle versuchen würden, diese Aussage wegzuerklären, weil sie im Alten Testament steht?«

Der Zehnte stellt einen großen »Herzenstest« für jeden dar, der Jesus nachfolgen will.

Auf diese Frage hin hatte ich den Eindruck, als ob Gott mir antwortete: »Ich habe diese Verse genau dahin gesetzt, wo ich sie haben wollte. Der Zehnte ist eine Herzensprüfung. Wenn ich die Aussage ins Neue Testament gesetzt hätte, wäre das Ganze keine so große Prüfung, wie es sein soll.« Dann sagte er: »Aber für dich habe ich auch Vers 6 in den Text gesetzt.«

Da fiel mir ein, was Gott in Maleachi 3,6 sagt. Wie bereits im letzten Kapitel erwähnt, heißt es in diesem Vers: »Denn ich bin der Herr und ich habe mich nicht geändert.«

Es ist wirklich eine Prüfung, den Zehnten zu geben. Die Aussage dieses Abschnitts erscheint mir allerdings ganz einfach. Wenn ich den Zehnten gebe, werde ich gesegnet; wenn nicht, muss ich unter einem Fluch leben. Hm, schwere Entscheidung. Darüber muss ich erst nachdenken. Zehnter – Segen; kein Zehnter – Fluch. Segen – oder Fluch? Für mich ist die Entscheidung nicht schwierig.

Sie sind sich noch unschlüssig? Dann nehmen Sie Gottes Angebot aus Maleachi 3,10 wahr. Stellen Sie ihn auf die Probe.

»Bringt den kompletten zehnten Teil eurer Ernte ins Vorratshaus, damit es in meinem Tempel genügend Nahrung gibt. ***Stellt mich doch damit auf die Probe«****, spricht der allmächtige*

> *Herr, »ob ich nicht die Fenster des Himmels für euch öffnen und euch mit unzähligen Segnungen überschütten werde!«*
>
> Maleachi 3,10; eigene Hervorhebung

Gott sagt im Prinzip: »Stellt mich auf die Probe. Traut ihr euch?«

Ich möchte Sie zu einer Mutprobe herausfordern. Machen Sie den Test! Beginnen Sie, Gott mit Ihren »Erstlingen« – Ihrem Zehnten – zu ehren und schauen Sie, was passiert.

Gehorsam und Fluch

Manche haben mir auf meine Ausführungen schon geantwortet: »Das mit dem *Fluch* gilt nicht für mich. Als Christ treffen mich keine Flüche, weil Jesus den Fluch des Gesetzes für mich am Kreuz getragen hat.« Das ist ein wichtiges Thema. Schauen wir es uns näher an.

Die Bibel sagt deutlich, dass Jesus unsere Sünden, Krankheiten, Kummer, Schmerz und Scham am Kreuz getragen hat. Man kann Jesaja 53 kaum lesen, ohne von Ehrfurcht und Dankbarkeit für das, was Jesus am Kreuz für uns getan hat, überwältigt zu sein.

In Galater 3 finden wir ebenfalls einen wunderbaren Abschnitt über das, was Jesus um unserer Erlösung willen getan hat:

> *Doch Christus hat uns vom Fluch des Gesetzes gerettet; am Kreuz nahm er den Fluch auf sich. Denn in der Schrift heißt es: »Verflucht ist jeder, der an einem Holz hängt.« Durch die Tat von Jesus Christus hat Gott allen Völkern den Segen geschenkt, den er Abraham zugesagt hatte. So empfangen wir den Heiligen Geist durch den Glauben, wie Gott es versprochen hat.*
>
> V. 13-14

Es besteht kein Zweifel daran, dass Jesus all diese Dinge – und mehr, als wir uns vorstellen können – am Kreuz getragen hat. Nun möchte ich Sie bitten, über etwas nachzudenken. Wie wir eben festgestellt haben, hat Jesus Ihre Sünden am Kreuz getragen. In 1. Petrus 2,24 heißt es: »An seinem eigenen Körper hat er unsere Sünden an das Kreuz hinaufgetragen, damit wir für die Sünde tot sind und für die Gerechtigkeit leben können. Durch seine Wunden seid ihr geheilt worden!« Die Frage ist: Haben Sie gesündigt, *seit* Sie Christ geworden sind?

Sicher lautet die Antwort darauf Ja. Also, obwohl Jesus Ihre Sünden am Kreuz getragen hat, haben Sie wieder gesündigt, seit Sie zum Glauben gekommen sind.

Wir haben auch gesehen, dass Jesus unsere Krankheiten getragen hat. Das ist eine wunderbare, herrliche Wahrheit. Aber sind Sie schon einmal krank gewesen, seit Sie sich zu Jesus bekehrt haben? Ich auf jeden Fall. Obwohl es in Matthäus 8,17 heißt: »Damit erfüllte sich das Wort Gottes, das der Prophet Jesaja gesprochen hatte: ›Er nahm unsere Leiden auf sich und trug unsere Krankheiten‹«, haben wir hin und wieder einen Kampf mit dem Fluch der Krankheit auszufechten.

Wir alle müssen für uns persönlich im Glauben in Anspruch nehmen, was Jesus am Kreuz getan hat. Wenn wir das nicht tun, erleben wir weiterhin Auswirkungen des Fluchs.

Selbst als Christen betrifft uns das, wenn wir Gottes Wort ungehorsam sind. Und das gilt für unsere Finanzen genauso wie für unseren Körper. Wenn wir bewusst Gottes Prinzip der Erstlinge zuwiderhandeln, können wir dann erleben, wie unsere Finanzen unter die Auswirkungen des Fluchs geraten? Die Antwort lautet Ja.

Die gute Nachricht ist, dass wir die wunderbare Verheißung aus Maleachi 3 haben, in der Gott verspricht: »Euretwegen werde ich den Fresser bedrohen« (V. 11), wenn wir nur wagen, ihm zu vertrauen und zu gehorchen.

Gesetz und Gnade

Wie ich in diesem Kapitel bereits erwähnt habe, ist eine weitverbreitete Ausrede, den Zehnten nicht zu geben, das Argument: »Ich lebe unter der Gnade, nicht unter dem Gesetz.«

Gottes Gnade ist wirklich wunderbar. Doch viel zu wenige Christen verstehen, was Gnade ist oder wie sie wirkt. Erstens übersteigt die Gerechtigkeit der Gnade immer die Gerechtigkeit des Gesetzes. Das ist der Kern von allem, was Jesus in Matthäus 5 sagt:

> *»Versteht nicht falsch, warum ich gekommen bin. Ich bin nicht gekommen, um das Gesetz oder die Schriften der Propheten abzuschaffen. Im Gegenteil, ich bin gekommen, um sie zu erfüllen. Ich versichere euch: Solange der Himmel und die Erde bestehen, wird selbst die kleinste Einzelheit von Gottes Gesetz gültig bleiben, so lange, bis ihr Zweck erfüllt ist. Wenn ihr also das kleinste Gebot brecht und andere dazu ermuntert, dasselbe zu tun, werdet ihr auch die Geringsten im Himmelreich sein. Dagegen wird jeder, der die Gesetze Gottes befolgt und sie anderen erklärt, im Himmelreich groß sein. Aber ich warne euch –* ***nur wenn ihr Gott gehorsamer seid, als es die Schriftgelehrten und Pharisäer sind, dürft ihr ins Himmelreich hinein.****«*
>
> V. 17-20; eigene Hervorhebung

> *»Denn ich sage euch:* ***Wenn nicht eure Gerechtigkeit die der Schriftgelehrten und Pharisäer weit übertrifft, so werdet ihr keinesfalls in das Reich der Himmel hineinkommen.****«*
>
> V. 20; ELB; eigene Hervorhebung

In diesem Abschnitt geht es um eine wichtige Wahrheit: Die Gerechtigkeit der Gnade übertrifft *immer* die Gerechtigkeit des Gesetzes. Es fällt auf, dass Jesus jedes Mal, wenn er auf ein

Gesetz im alten Bund hinweist, einen höheren Maßstab unter dem neuen Bund setzt.

Unter dem Gesetz war zum Beispiel Mord verboten (siehe 2. Mose 20,13; 5. Mose 5,17); doch Jesus sagt, wir sollen nicht einmal wütend auf unsere Geschwister sein (siehe Mt. 5,22). Ein höherer Maßstab! Das Gesetz verbot Ehebruch (siehe 2. Mose 20,14; 5. Mose 5,18); doch Jesus sagt, wir sollen eine Person des anderen Geschlechts nicht einmal begehrlich anschauen (siehe Mt. 5,28). Auch hier wieder ein höherer Maßstab. Mit anderen Worten, die Gerechtigkeit, die die Gnade verlangt (und Jesus *ist* Gnade) geht weiter als das, was das Gesetz verlangt.

Wenn also jemand zu mir sagt: »Ich gebe den Zehnten nicht, weil ich nicht unter dem Gesetz lebe, sondern unter der Gnade«, lächele ich immer und frage dann im Gegenzug: »Dann geben Sie entsprechend der Gnade?« »Ja, genau.« »Wunderbar! Das heißt, Sie geben viel mehr als zehn Prozent, denn die Gerechtigkeit der Gnade übertrifft immer die Gerechtigkeit des Gesetzes. Sie ist ein höherer Maßstab!«

Der springende Punkt ist, dass sich gewisse Prinzipien durch das Wort Gottes ziehen, und der Zehnte gehört dazu.

Ja, wenn wir der Gnade entsprechend geben, werden wir mehr als den Zehnten geben, aber wir *beginnen* mit dem Zehnten. Die ersten zehn Prozent sollten als »Erstlingsopfer« gegeben werden, weil dies ein fundamentales Prinzip der Bibel ist.

Ich vermute, viele Christen meinen, die einzige Bibelstelle zum Zehnten sei die aus Maleachi, die wir bereits gelesen haben. Ich möchte Ihnen noch einige weitere Stellen zeigen, in denen das Prinzip des Zehnten dargelegt wird.

Abraham, Melchisedek und wir

In 1. Mose 14 finden wir einen Abschnitt, den ich bereits erwähnt habe:

Melchisedek, der König von Salem und ein Priester des höchsten Gottes, brachte ihm Brot und Wein. Melchisedek segnete Abram mit dem folgenden Segen: »Gesegnet sei Abram durch den höchsten Gott, den Schöpfer des Himmels und der Erde. Und gepriesen sei der höchste Gott, der dir deine Feinde in die Hände gegeben hat.« Da gab Abram Melchisedek ein Zehntel von allem, was er zurückerobert hatte.

V. 18-20

Ganze 430 Jahre, bevor der Zehnte ins Gesetz des Mose einging, gab Abraham den Zehnten an Melchisedek. Dem Galaterbrief zufolge ist Abraham unser geistlicher Vater und Melchisedek eine Vorschattung auf Jesus Christus (einige prominente Bibellehrer meinen, er könnte sogar Jesus Christus selbst gewesen sein). Melchisedeks Titel waren »König der Gerechtigkeit« und »König des Friedens« und bekanntermaßen ist Jesus der wahre König der Gerechtigkeit und des Friedens.

Wir wissen außerdem, dass Melchisedek eine Vorschattung auf Christus ist, weil die Bibel es ausdrücklich sagt. In Hebräer 5 macht der Schreiber des Briefes folgende Aussage über Jesus:

Auf diese Weise machte Gott ihn vollkommen, und er wurde der Retter für alle, die ihm gehorchen. Und Gott ernannte ihn zum Hohen Priester ***nach der Ordnung Melchisedeks.***

V. 9-10; eigene Hervorhebung

Ebenso zeigt das gesamte siebente Kapitel des Hebräerbriefs, dass Jesus die Erfüllung aller in Melchisedek verkörperten Vorschattungen ist. Besonders geht es darauf ein, dass Abraham den Zehnten an Melchisedek gab:

Dieser Melchisedek war König der Stadt Salem und ein Priester Gottes, des Höchsten. Als Abraham heimkehrte, nachdem er in einer großen Schlacht mehrere Könige besiegt hatte, zog

> *Melchisedek ihm entgegen und segnete ihn.* ***Da nahm Abraham den zehnten Teil von allem,*** *was er erbeutet hatte, und gab ihn Melchisedek. Melchisedek bedeutet »König der Gerechtigkeit« und auch »König des Friedens«, denn Salem bedeutet Frieden. Es gibt keinen Hinweis auf seinen Vater, seine Mutter oder irgendeinen seiner Vorfahren, weder auf den Anfang noch das Ende seines Leben. Er gleicht darin dem Sohn Gottes und bleibt für immer Priester.*
>
> V. 1-3; eigene Hervorhebung

Abraham, unser geistlicher Vater, gab also den Zehnten an Melchisedek, der entweder Christus selbst oder eine personifizierte Vorschattung auf Christus war. Zudem ereignete sich dies alles 430 Jahre vor dem Gesetz.

Wenn Sie Ihren Zehnten geben, denken Sie vielleicht, dass er an Ihre Ortsgemeinde geht, aber in einem geistlichen Sinn werden die Gaben von Jesus selbst in Empfang genommen.

Welch ein heiliges Vorrecht! Und welch ein Verlust für alle, die nicht den Glaubensschritt tun und ihren Zehnten geben.

Eine Herzensangelegenheit

Schauen wir uns noch einen weiteren Abschnitt an, in dem das Prinzip des Zehnten zum Ausdruck kommt.

In 1. Mose 28 hat der Patriarch Jakob – einen Stein als »Kissen« unter dem Kopf – seine berühmte Begegnung mit Gott in einem Traum, die sein Leben und sein Herz verändert. Als er wach wird, steht er auf und sagt:

> *»Und dieser Stein, den ich als Gedenkstein aufgestellt habe, soll ein Haus Gottes werden; und* ***alles, was du mir geben wirst, werde ich dir treu verzehnten.«***
>
> V. 22; ELB; eigene Hervorhebung

Jakobs Versprechen, den Zehnten zu geben, kam aus einem dankbaren Herzen. Das ist mir wichtig. Wahres Geben kommt aus dem Herzen – nicht aus einem gesetzlichen Denken. Zu beachten ist auch, dass dieses Versprechen 400 Jahre vor dem Gesetz gegeben wurde.

Wie sein Großvater Abraham wollte Jakob Gott das Erste von seinen ersten Erträgen geben – die ersten zehn Prozent. Weil Jakob die wunderbare Gegenwart und das gütige Wohlwollen Gottes erlebt hatte, wollte er ihn ehren. Es war eine Herzensangelegenheit.

Deshalb ist für mich das Geben des Zehnten Leben, nicht Gesetz. Und wenn es auch für Sie zum Leben wird, wird es Ihnen eine große Freude sein.

Einen weiteren Hinweis darauf, welche guten Auswirkungen es hat, den Zehnten zu geben, finden wir in 3. Mose 27. Dort gibt Gott den Israeliten Anweisungen, wie sie im Land der Verheißung ein erfolgreiches Leben aufbauen können:

> *Ein Zehntel aller Erträge des Landes, sei es Getreide oder Früchte, gehört dem Herrn und ist heilig.*
>
> V. 30

Gott betrachtet den Zehnten als heilig. Das Wort »heilig« bedeutet »abgegrenzt« oder »ausgesondert«.[ii] Mit anderen Worten, die ersten zehn Prozent sollen für Gott ausgesondert werden. Nicht ich entscheide darüber, was damit geschieht – denn es gehört Gott.

In 5. Mose 26 sagt Gott:

> *»Ihr werdet nun in das Land kommen, das der Herr, euer Gott, euch zum Besitz gibt. Ihr werdet es erobern und euch darin ansiedeln. Nehmt dann ein paar von den ersten Früchten jeder Ernte, die ihr in dem Land einbringt, das der Herr, euer Gott, euch gibt. Legt sie in einen Korb und geht an den Ort, den sich*

der Herr, euer Gott, erwählt, damit dort sein Name angebetet werde.«

V. 1-2

Ein wenig später im gleichen Kapitel sagt Gott:

»Dann sollt ihr vor dem Herrn, eurem Gott, erklären: ›Ich habe diese heilige Gabe aus meinem Haus genommen und sie den Leviten, Ausländern, Waisen und Witwen gegeben, genauso wie du es mir befohlen hast. Ich habe keines deiner Gebote vergessen oder gebrochen. Ich habe nichts davon gegessen, während ich trauerte oder unrein war, und ich habe nichts davon einem Toten gegeben. Ich habe dir, dem Herrn, meinem Gott, gehorcht und alles getan, was du mir befohlen hast.‹«

V. 13-14

Der Satz, um den es mir hier geht, lautet: »Ich habe diese heilige Gabe aus meinem Haus genommen.« Wenn man versteht, dass der Zehnte heilig ist, will man ihn nicht im eigenen Haus haben. Man will ihn ins Haus Gottes bringen, wo er hingehört. Man nimmt nicht einen Teil davon, um den Urlaub oder das Studium der Kinder zu finanzieren. Man weiß, dass heilig »ausgesondert« bedeutet.

Das eine tun, das andere nicht lassen

Auch das Neue Testament schweigt nicht über das Prinzip des Zehnten. Jesus äußert sich in Matthäus 23 sehr deutlich dazu:

»Euch Schriftgelehrten und Pharisäern wird es schlimm ergehen. Ihr Heuchler! Sorgfältig achtet ihr darauf, auch noch vom geringsten Teil eures Einkommens den zehnten Teil abzugeben, doch um die wahrhaft wichtigen Dinge des Gesetzes wie

Gerechtigkeit, Barmherzigkeit und Glauben kümmert ihr euch nicht. Ihr sollt den Zehnten geben, gewiss, aber ihr dürft die viel wichtigeren Dinge darüber nicht vernachlässigen.«

V. 23

Achten Sie einmal auf das, was Jesus am Ende dieser scharfen Anklage sagt: »Ihr sollt den Zehnten geben, gewiss, aber ihr dürft die viel wichtigeren Dinge darüber nicht vernachlässigen.« Mit anderen Worten: »Ja, gebt den Zehnten von allen euren Einkünften, doch vernachlässigt darüber nicht die lebenswichtigen Herzensangelegenheiten von Gerechtigkeit, Barmherzigkeit und Glauben.«

Was wir gerade gelesen haben, ist meiner Meinung nach eine der erstaunlichsten Bibelstellen zum Zehnten. Jesus selbst bestätigt diese Praxis. Ich denke, niemand, dessen Herz für Gott offen ist, kommt daran vorbei.

Natürlich ist der Zehnte keine harte Pflicht, keine trockene religiöse Übung, und vor allem keine Strafe. Er ist eine wunderbare Chance, die dem Geber enormen Nutzen bringt. Wir sehen das sehr eindrücklich in 2. Chronik in einem langen Abschnitt über einen Erlass von König Hiskia und es lohnt sich, ihn zu lesen:

Und er forderte die Einwohner Jerusalems auf, den Priestern und Leviten den festgesetzten Teil ihres Einkommens abzuliefern, damit diese sich ganz dem Gesetz des Herrn widmen konnten. Sobald die Anordnung bekannt wurde, brachte das Volk viele Erstlingsfrüchte der Ernte – Korn, neuen Wein, Öl, Honig und andere Feldfrüchte; ***dazu spendeten sie den Zehnten von allem, was sie besaßen.*** *Auch alle, die in den Städten Judas lebten, brachten den Zehnten von ihren Rindern und Schafen und auch den Zehnten von allem, was für den Herrn, ihren Gott, bestimmt war. Alles wurde an einem Ort gesammelt. Die erste dieser Abgaben wurde im dritten Monat abgeliefert, und bis zum siebten Monat waren sie damit fertig. Als*

Hiskia und seine Männer kamen und sahen, wie viel sich angesammelt hatte, dankten sie dem Herrn und seinem Volk der Israeliten. Hiskia wollte von den Priestern und Leviten wissen, woher all die angehäuften Gaben kamen. Der Oberpriester Asarja aus der Familie Zadoks antwortete: »Seit das Volk angefangen hat, Gaben in das Haus des Herrn zu bringen, hatten wir genug zu essen und konnten sogar noch große Vorräte anlegen, ***denn der Herr hat sein Volk gesegnet.*** *Und die Vorräte siehst du hier.«*

2. Chronik 31,4-10; eigene Hervorhebung

Die Kernaussage dieses Abschnitts ist: Als Gottes Volk anfing, den Zehnten zu geben, begann Gott sie noch mehr als zuvor zu segnen. Je gesegneter sie waren, umso größer wurde ihr Zehnter. Dieser Kreislauf von Segen und Überfluss führte dazu, dass große Mengen von Gütern und Lebensmitteln in das Haus Gottes kamen.

Als Hiskia die riesigen Mengen sah, fragte er: »Das müsst ihr mir erklären. Geht es dem Volk gut? Sie haben derart viel gegeben!« Und die Priester antworteten in etwa so: »König, eines musst du verstehen: Seit das Volk angefangen hat, den Zehnten zu geben, hat Gott es gesegnet. Was du hier siehst, ist der Zehnte des Reichtums, mit dem Gott das Volk gesegnet hat.«

Dieser Abschnitt beleuchtet die beiden parallelen Folgen, die das Geben des Zehnten hat: Es ist ein Segen für Gottes Volk, aber es bringt auch Vorräte in das Haus Gottes. Erinnern wir uns, was Gott in Maleachi gesagt hat: »Bringt den kompletten zehnten Teil eurer Ernte ins Vorratshaus, damit es in *meinem Tempel* genügend Nahrung gibt« (Mal. 3,10, eigene Hervorhebung). König Hiskia befahl dem Volk, den Zehnten zu bringen, damit die Priester sich dem Studium von Gottes Wort widmen konnten.

Können Sie sich vorstellen, was die Gemeinde Jesu erreichen würde, wenn jeder Christ seinen Zehnten gäbe? Welchen Einfluss könnte die Gemeinde auf unsere Kultur und auf Kulturen rund um den Globus haben, wenn in unseren Ortsgemeinden reichlich Ressourcen vorhanden wären? Wie viel besser könnte Ihr Pastor arbeiten, wenn er hauptamtliche Mitarbeiter hätte, die ihm durch ihre Unterstützung den Rücken freihalten, damit er sich Gottes Wort und dem Gebet widmen kann?

Können Sie sich vorstellen, was die Gemeinde Jesu erreichen würde, wenn jeder Christ seinen Zehnten gäbe?

Es ist ein großer Segen, dass ich Pastor einer Gemeinde sein kann, die Gottes lebensspendende Wahrheit ernst nimmt und ihren Zehnten gibt. Dafür bin ich sehr dankbar. Als Seniorpastor sehe ich meine Hauptaufgabe darin, die Gemeinde zu leiten und ihr geistliche Nahrung zu geben. Darum verbringe ich den größten Teil meiner Zeit damit, die Bibel zu studieren, zu beten und nach Gottes Willen zu fragen.

Warum kann ich das tun? Weil ich einen begabten Stellvertreter habe, der sich um alle Verwaltungs- und Organisationsfragen in der Gemeinde kümmert. Weil wir so viele Mitglieder haben, die ihren Zehnten geben, dass wir weitere Pastoren und hauptamtliche Mitarbeiter mit unterschiedlichen Zuständigkeiten beschäftigen können.

Im Gegensatz dazu müssen die meisten Pastoren alles selbst tun, weil für fest angestellte Mitarbeiter einfach keine Finanzen vorhanden sind. Sie müssen alle Krankenbesuche, die gesamte Seelsorge und die komplette Verwaltung der Gemeinde abdecken.

Von diesen Pastoren erwartet man dann außerdem, dass sie jeden Sonntag neue, relevante, eindrückliche Predigten halten. Sie sollen von Gott begabte und bevollmächtigte Männer sein.

Ich wünschte mir so sehr, dass jeder Pastor die Zeit und das Personal hätte, das ich habe, damit er mehr Zeit mit Gott verbringen kann. Das wird geschehen, sobald die Christen begreifen, wie wichtig der Zehnte ist und wie sehr sie selbst davon profitieren, wenn ihre Pastoren studieren, beten und jede Woche in ihren Predigten weitergeben können, was Gott zu sagen hat.

Fürsorge für die Braut Christi

Nicht zuletzt wird sich unser Blick auf den Zehnten ändern, wenn wir beginnen, die Ortsgemeinde im wahrsten Sinn des Wortes als »Braut Christi« zu betrachten.

Denken Sie einmal über folgendes Bild nach:

> Ich muss auf eine längere Reise gehen und wähle drei Männer für eine besondere Aufgabe aus. Zu diesen drei Männern sage ich: »Ich gebe jedem von euch jeden Monat 10.000 Dollar. Ihr könnt 9.000 Dollar behalten und nach Belieben ausgeben. Aber ich möchte, dass ihr meiner Frau jeden Monat 1.000 Dollar für ihren Lebensunterhalt gebt.
>
> Wie versprochen schicke ich jedem dieser Männer monatlich 10.000 Dollar. Nach einigen Monaten rufe ich meine Frau an und frage sie, ob sie die finanzielle Unterstützung erhält, die ich organisiert habe. Sie antwortet: »Der Erste schickt jeden Monat 1.000 Dollar, so, wie du es ihm aufgetragen hast. Der Zweite schickt jeden Monat 2.000 Dollar, obwohl ich nicht weiß, warum. Aber der Dritte hat im ersten Monat 800 Dollar geschickt, im zweiten Monat 300 Dollar und im dritten Monat gar nichts.«
>
> Was meinen Sie, was ich als Ehemann, der seine Frau von ganzem Herzen liebt, jetzt tun werde? Ich bin derjenige, der diesen Männern das Geld zur Verfügung stellt. Ich habe ihnen gesagt, dass sie 9.000 Dollar für sich behalten können. Sie sollten nichts weiter tun, als zehn Prozent abzugeben, damit Nahrung in meinem Haus vorhanden ist! (Siehe Mal. 3,10.)

Dem ersten Mann, der sich treu an meine Anweisungen hielt, werde ich weiterhin die 10.000 Dollar schicken. Dem dritten Mann – der nicht mit den 90 Prozent zufrieden war, die ich ihm großzügig überlassen habe – werde ich die 10.000 Dollar pro Monat streichen und sie stattdessen dem großzügigsten Mann schicken. Warum? Weil ich dem zweiten Mann vertrauen kann. Er hat bewiesen, dass ihm wichtig ist, was mir wichtig ist. Er ist ein guter Verwalter.

Was der dritte Mann tat, kam einem Diebstahl gleich. (Denken Sie an den Vers: »Darf ein Mensch Gott betrügen? Ihr habt mich betrogen! Und dann fragt ihr noch: ›Womit sollen wir dich betrogen haben?‹ Mit dem Zehnten und den Abgaben« [Mal. 3,8].)

Nun möchte ich dieses Bild übertragen. Jesus ist für eine Weile fortgegangen. Zu jedem von uns hat er gesagt: »Sorge für meine Braut (die Gemeinde), während ich fort bin, indem du zehn Prozent an mein Haus gibst. Die übrigen neunzig Prozent kannst du ausgeben, wie du willst.«

Diejenigen, die gehorchen, werden gesegnet. Diejenigen, die über das Geforderte hinausgehen, werden noch mehr gesegnet. Doch von denjenigen, die sich weigern, selbst das Minimum zu tun, wird er wegnehmen, was sie haben, und es jemandem geben, der es gut verwaltet.

In Matthäus 25,29 heißt es: »Wer das, was ihm anvertraut ist, gut verwendet, dem wird noch mehr gegeben, und er wird im Überfluss haben. Wer aber untreu ist, dem wird noch das wenige, das er besitzt, genommen.« Die Belohnung für gute Haushalterschaft ist groß.

Gott verändert sich nicht. Der Zehnte bleibt für Menschen, die ihm glaubensvoll vertrauen, eine außergewöhnliche Chance, Segen und Überfluss zu empfangen.

Das Geben des Zehnten ist auch die Grundlage, auf der alle anderen Prinzipien, über die ich noch sprechen werde, aufgebaut sind. Ein Leben voller Segen erwartet Sie – doch es beginnt mit dem festen Entschluss, Gott mit Ihrem Zehnten zu ehren, zu loben und zu gehorchen.

KAPITEL 4

Das Prinzip der Vervielfachung

Haben Sie sich schon einmal gewünscht, Sie könnten Ihr Geld vermehren? Dann habe ich eine gute Nachricht für Sie: Gott kann es.

Das sollte uns nicht überraschen. Er vermehrte Öl und Mehl für eine arme Witwe und ihren Sohn. Er vermehrte die Kraft der zahlenmäßig unterlegenen israelitischen Soldaten in zahllosen Schlachten. Und er vervielfachte Fisch und Brot im galiläischen Hügelland. Gott ist zweifellos ein Meister der Vervielfachung.

In Lukas 9 finden wir den Bericht über eine dieser wunderbaren Vervielfachungen – die Speisung der 5.000:

> *Am späten Nachmittag kamen die zwölf Jünger zu ihm und sagten: »Schick die Leute fort in die nahe gelegenen Dörfer und Höfe, dann können sie etwas zu essen und eine Unterkunft für die Nacht finden. Denn hier, in dieser verlassenen Gegend, gibt es nichts zu essen.« Doch Jesus sagte: »Gebt ihr ihnen zu essen.« »Unmöglich!«, protestierten sie. »Wir haben nur fünf Brote und zwei Fische. Oder erwartest du von uns, dass wir gehen und für diese vielen Menschen Essen kaufen?« Es waren etwa fünftausend Männer. »Sie sollen sich in Gruppen zu je fünfzig niederlassen«, erwiderte Jesus. Da setzten sie sich alle hin. Jesus nahm die fünf Brote und die beiden Fische, blickte zum Himmel auf und erbat Gottes Segen für das Essen. Dann brach er die Brote in Stücke und reichte sie den Jüngern, damit sie alles an die Leute austeilten. Alle aßen, so viel sie wollten, und am Schluss sammelten sie noch zwölf Körbe mit Resten ein!*
>
> V. 12-17

Wahrscheinlich kennen Sie diese Geschichte gut, aber wir wollen sie einmal in unsere Zeit und Situation übertragen. Vielleicht fallen Ihnen dann Dinge auf, die Sie bisher nicht bemerkt haben.

Stellen Sie sich vor, Sie wären einer der Jünger, einer der Zwölf – Sie sind im Grunde ein Mitglied des offiziellen Messias-Such-Komitees. Das heißt, Sie versuchen herauszufinden, ob Jesus der wahre Messias ist oder nicht. Sie haben Ihre Fischerboote verlassen und reisen nun mit ihm auf einer Vortragstour durchs ganze Land.

Eines Tages versammelt sich eine enorme Menschenmenge. Sie sind sehr aufgeregt, denn so viele Menschen haben noch nie eines von Jesu »Reiseseminaren« besucht. Als Sie die Haushaltsvorstände zählen, kommen Sie auf ungefähr 5.000 Männer, plus Frauen und Kinder. Das heißt, es sind wahrscheinlich 15.000 bis 20.000 Menschen auf den Hügeln versammelt, um Jesus zuzuhören. (Sie staunen, wie weit eine Stimme von den Gipfeln dieser Hügel tragen kann.)

Jesus predigt den ganzen Vormittag und Sie erwarten, dass er gegen Mittag aufhört (um die Zeit, zu der alle normalerweise aus dem Gotteshaus verschwinden, damit sie noch vor den Essenern und Sadduzäern ins Restaurant kommen). Doch Jesus predigt weiter.

Sie denken: *Na ja, er predigt wirklich gut, und alle scheinen es zu genießen. Dann soll er heute eben ein bisschen länger machen.* Inzwischen ist es halb eins durch und er predigt immer noch. Um eins, um zwei, um drei, um vier … und immer noch legt er die Heilige Schrift aus!

Es ist fünf Uhr nachmittags, und Sie hören die Kommentare Ihrer Kollegen. »Die Leute haben Hunger und die Restaurants schließen bald!« Fakt ist, Sie wissen nicht einmal genau, ob wirklich die Leute Hunger haben oder nur Ihre Kollegen. Aber weil Sie selbst ziemlich ausgehungert sind, gehen Sie zu Jesus.

»Herr, bitte entschuldige die Störung, aber … ähm … ein paar von den anderen Jüngern und ich … ähm … weißt du, wir machen uns langsam Sorgen um die Leute. Du weißt ja, wie sie sind. Ich meine, ähm … sie haben den ganzen Tag nichts gegessen, und jetzt machen auch bald die Restaurants zu. Also, wir haben gedacht, dass du vielleicht … du weißt schon … ähm … den Gottesdienst langsam beendest.«

Und Jesus dreht sich zu Ihnen um und sagt ganz trocken: »Dann gebt *ihr* ihnen etwas zu essen!«, und predigt weiter.

Sie lassen sacken, was er gerade gesagt hat. Über die Hügel verteilt sind 15.000 bis 20.000 hungrige Menschen. Und Jesus sagt *Ihnen*, Sie sollen den Leuten etwas zu essen geben.

Also gehen Sie wieder zu Ihrem Team zurück. »Hast du ihm gesagt, dass die Leute Hunger haben?«, fragen die anderen. Sie nicken. »Und hast du ihm gesagt, dass er den Gottesdienst zum Abschluss bringen soll?« Sie nicken wieder.

»Na, und? Macht er es?«

»Nicht direkt«, erwidern Sie etwas betreten.

»Nicht direkt? Was soll das heißen? Hast du ihm nicht gesagt, dass die Leute essen müssen?«

»Doch.«

»Und was hat er dazu gesagt?«

»Er hat gesagt, *wir* sollen ihnen zu essen geben.«

»Wie bitte? Hast du gerade gesagt, *wir* sollen ihnen zu essen geben?«

»Genau das hat der Meister gesagt.«

Also schwärmen Sie alle aus, um zu sehen, wie viel Essen Sie zusammenkratzen können. Eine halbe Stunde später treffen Sie sich wieder und machen eine Bestandsaufnahme.

»Dann schauen wir mal«, verkünden Sie dem Team. »Insgesamt haben wir … zwei Fischstäbchen, fünf Portionen Pommes, eine Happy-Meal-Box und eine SpongeBob-Sammelfigur. Perfekt.«

Natürlich ziehen Sie den Kürzeren und müssen Jesus Bericht erstatten. »Bitte entschuldige, Herr. Tut mir leid, dass ich schon wieder störe.« Und dann berichten Sie von Ihrer spannenden Lebensmittelsammlung. *Bestimmt wird er jetzt den Gottesdienst beenden*, sagen Sie sich. (Nervös schauen Sie auf die Uhr und versuchen abzuschätzen, wie schnell Sie laufen müssen, um es noch vor Ladenschluss zum *Pizza Hut* in Betsaida zu schaffen.)

Da schaut Jesus Sie an, lächelt und sagt: »Super! Dann lasst die Leute sich in Fünfzigergruppen hinsetzen.« Verblüfft gehen Sie zurück zu Ihren Kollegen.

»Und, macht er jetzt Schluss?«, fragen diese, als Sie zurückkommen. Die Kollegen klingen ein bisschen gereizt. *Unterzuckert*, denken sie.

»Nein.«

»Nein?!«

»Wir sollen anordnen, dass sich die Leute in Fünfzigergruppen hinsetzen.«

»Aber hast du ihm denn nicht gesagt, dass wir für 20.000 Personen nur ein Happy Meal haben?«

»Ja. Fünfzigergruppen.«

Was dann passiert, wäre lustig, wenn Sie nicht so viel Hunger hätten und nicht so entnervt wären. Haben Sie schon einmal zugeschaut, wie zwölf Männer versuchen, 20.000 Männer, Frauen und Kinder in Fünfzigergruppen aufzuteilen? Einen Sack Flöhe hüten ist ein Kinderspiel dagegen!

Endlich haben Sie und Ihr Team alle nach Anweisung platziert (das ist das erste Wunder an diesem Nachmittag). Sie gehen zu Jesus zurück und überlegen natürlich, wie er diese riesige Gruppe verpflegen will. (Dazu neigen wir alle. Wir wollen schon im Voraus wissen, wie Gott uns zukommen lassen wird, was wir brauchen. Meistens liegen wir falsch.)

Da nimmt Jesus die Fischstäbchen und die Pommes, schaut zum Himmel auf und segnet das Essen.

Zwei Voraussetzungen

Ich habe mir bei der Nacherzählung der Geschichte gewisse kreative Freiheiten genommen, damit Sie sich ein wenig in die

Lage der Jünger an jenem Tag versetzen können. Sie sollen vor Ihrem inneren Auge sehen, was da auf den Hügeln passiert ist.

Nachdem Jesus das Essen gesegnet hatte, begann er es in Stücke zu teilen und den Jüngern zu reichen. Können Sie sich vorstellen, was jemand wie Petrus wohl dachte, als er auf das halbe Brot hinunterschaute? Er hatte Jesus ein ganzes Brot gegeben und nur die Hälfte zurückbekommen!

Ich frage mich, ob Petrus mit einem Blick auf das kleine Stück vielleicht zu Jesus gesagt hat: »Ähm … bist du dir ganz sicher, dass du schon genug gebetet hast? Möchtest du nicht lieber noch ein bisschen weiterbeten?« Und vielleicht hat Jesus geantwortet: »Nein, ich habe es gesegnet. Nun gib es weiter.«

Petrus ging mit dem halben Brot in seiner Hand weg und brach es gehorsam in Stücke, so wie er es Jesus hatte tun sehen. Er reichte die Stücke weiter und brach immer wieder neue Stücke ab. Das haben wir in dieser bemerkenswerten Geschichte übersehen. Das Wunder geschah nicht in den Händen des Meisters – es geschah in den Händen der Jünger. Sie wissen, wie die Geschichte endet. Alle Jünger taten, was Jesus ihnen auftrug, und das Ergebnis waren zwölf große Körbe mit Resten.

Bevor etwas vervielfacht werden kann, muss es gesegnet sein. Mit anderen Worten, es muss erst Gott gegeben werden.

In diesem Bericht stecken zwei sehr wichtige Prinzipien. Im Reich Gottes gibt es zwei entscheidende Voraussetzungen für Vervielfachung.

Die erste ist: Bevor etwas vervielfacht werden kann, muss es gesegnet sein. Mit anderen Worten, es muss erst Gott gegeben werden. Viele Christen verstehen nicht, dass Geld, bevor es sich vervielfachen kann, zunächst gesegnet sein muss. Das heißt, es muss zuerst Gott gegeben werden.

Wie wir in den vorigen Kapiteln gesehen haben, ist, wenn

wir den ersten Teil unseres Einkommens in Form des Zehnten Gott geben, der Rest gesegnet. Erinnern wir uns an die Worte aus Römer 11:

> *Wenn aber das Erstlingsbrot heilig ist, so auch der Teig; und wenn die Wurzel heilig ist, so auch die Zweige.*
>
> V. 16; ELB

Ich kenne viele liebe Christen, die nie erleben, wie sich ihr Geld vermehrt. Und der Grund dafür ist oft, dass es nicht gesegnet wurde. Wenn wir es zuerst Gott geben und Gott seinen Segen darauflegt, erst dann – und nur dann – kann es sich vervielfachen. Jesus, der unseren Zehnten in Empfang nimmt, ist der Einzige mit der Macht, unser Geld zu segnen, sodass es sich vermehren kann. Das ist das erste Prinzip der Vervielfachung.

Das zweite Prinzip lautet: Nur das, was man weggibt, kann sich vervielfachen.

In dem Beispiel, das wir eben betrachtet haben, hielten die Jünger das Brot und die Fische in den Händen. Die Speisen waren gesegnet worden und hatten nun das Potenzial, sich zu vervielfachen. Doch wenn die Jünger das, was sie in den Händen hielten, einfach selbst gegessen hätten, wären es fünf Brote und zwei Fische geblieben. Es hätte sich niemals vermehrt. Jeder von ihnen hätte ein paar Happen zu essen gehabt statt einen vollen Magen und zwölf Körbe mit Resten. Sie mussten es weggeben, damit es sich vervielfachen konnte.

Es gibt eine Sache, die ich bei Menschen beobachtet habe, die zu mir sagen: »Ich habe nie erlebt, dass sich mein Geld vermehrt.« Manchmal spenden diejenigen, die ihren Zehnten geben, nichts oder nur wenig darüber hinaus. Ihnen ist nicht klar, dass nur das, was sie weggeben, sich vermehren kann. »Aber ist der Zehnte nicht eine Art von ›Weggeben‹?«, fragen Sie vielleicht.

Ich persönlich glaube, es gibt einen Unterschied zwischen Spenden und dem Geben des Zehnten: Mit dem Zehnten geben wir einfach nur an Gott zurück, was ihm ohnehin gehört. Wenn wir ihm über unsere Ortsgemeinde unsere »Erstlinge« geben – die ersten zehn Prozent unseres Einkommens – ist das gesegnet, was uns gehört.

Man kann aber nicht spenden oder weggeben, was einem nicht gehört. Die ersten Erträge gehören Gott. Den Rest können wir behalten oder weggeben, wie wir wollen. Aus diesem Betrag geben wir, was die Bibel oft als »Opfer« bezeichnet.

Der Zehnte ist nicht Weggeben, sondern Zurückgeben. Wir geben Gott zurück, was bereits ihm gehört. Darum besteht das zweite Prinzip der Vervielfachung darin, dass wir Geld – das über unseren Zehnten hinausgeht – teilen müssen, wenn es sich vermehren soll.

Opfergaben

In Matthäus 25 erzählt Jesus eine Geschichte von drei Verwaltern. Einem von ihnen wurden fünf Talente anvertraut. Als es zur Abrechnung kam, gab er seinem Herrn die fünf Talente zurück, plus fünf weitere. Der Herr sagte. »Gut gemacht, mein guter und treuer Diener« (V. 21).

Dem nächsten Verwalter wurden zwei Talente anvertraut und auch er kehrte mit zwei weiteren Talenten zu seinem Herrn zurück.

Der Zehnte ist nicht Weggeben,
sondern Zurückgeben.

Doch dann war da noch der dritte Verwalter – der, dem ein Talent anvertraut worden war. Er sagte zu seinem Herrn: »Siehe, da hast du das Deine« (V. 25; ELB). Er gab seinem Herrn nur zurück, was ihm sowieso gehörte. Und der Herr nannte ihn böse und faul.

Bitte verstehen Sie mich nicht falsch. Ich will damit nicht

sagen, dass jemand, der nur seinen Zehnten gibt, böse und faul ist. Ich will aber sagen, dass treue Haushalterschaft bedeutet, Gott mehr als nur den Zehnten zu geben, denn mit dem Zehnten geben wir ihm nur zurück, was ihm ohnehin gehört.

Wenn Sie den Zehnten bisher noch nicht geben, ist das auf jeden Fall der Punkt, an dem Sie beginnen sollten. Der Zehnte ist der Punkt, an dem der Fluch endet und Segen auf unsere Finanzen kommt. Der Zehnte ist das, was Gott dazu bringt, »den Fresser [zu] bedrohen« und die »Fenster des Himmels« zu öffnen. Er ist das Fundament, auf dem unser Geben aufbauen sollte.

Doch wenn man Maleachi 3 näher betrachtet, erwähnt Gott dort mehr als nur den Zehnten. Er sagt: »Mit dem Zehnten und den Abgaben« (V. 8).

Anders ausgedrückt, es sind der Zehnte *und* die Abgaben, die dem Fluch ein Ende setzen. Es sind der Zehnte *und* die Abgaben, die den Segen bringen. Es sind der Zehnte *und* die Abgaben, die »den Fresser bedrohen«.

Ich bin überzeugt davon, dass Gott unser Geld segnen und vermehren möchte – so wie er die zwei Fische und fünf Brote gesegnet und vermehrt hat.

Fakt ist: Gott kann unseren Finanzen einen größeren Wirkungsgrad schenken, als wir ihn durch unsere eigene Cleverness oder unseren Fleiß erzielen könnten. Ich weiß, dass es wahr ist, weil ich es in meinem eigenen Leben immer wieder erlebt habe.

Gott will, dass unsere Finanzen gesegnet sind und sich vermehren. Doch eine solche Vermehrung werden wir nicht erleben, wenn wir die folgenden zwei Prinzipien nicht begriffen haben:

1. Wir geben unser Geld zuerst Gott, damit er es segnet.
2. Wir geben über unseren Zehnten hinaus, weil nur das, was wir teilen, vermehrt werden kann.

Das sind die Prinzipien der Vervielfachung. Und sie gelten heute noch genauso wie damals im Hügelland von Galiläa.

KAPITEL 5

Die Macht des Mammons brechen

In weniger politisch korrekten Zeiten, bevor alles, was auch nur im Entferntesten christlich ist, aus den öffentlichen Schulen entfernt wurde, war für viele Schüler in der Oberstufe John Miltons Epos *Das verlorene Paradies* Pflichtlektüre.

Wenn Sie dazugehören, wissen Sie, dass dieses Gedicht ein ziemlich detailliertes Bild von der Hölle zeichnet. Milton stellt Satan als gefallenen Oberbefehlshaber dar, der von seinen dämonischen Generälen umringt ist. Unter ihnen befinden sich Moloch, Dagon, Astarte, Osiris und Belial.

Jeder von diesen Göttern war der Mittelpunkt eines antiken Götzenkults und wird in der Bibel erwähnt. Doch Miltons Gedicht beschreibt noch einen anderen Dämon, der an Satans Seite steht, und sein Name ist Mammon.

Vielleicht erkennen Sie »Mammon« als Wort aus dem Neuen Testament. Jesus erwähnt es an mehreren Stellen. In Matthäus 6 beispielsweise erklärt Jesus:

> *»Niemand kann zwei Herren dienen; denn entweder wird er den einen hassen und den anderen lieben, oder er wird einem anhängen und den anderen verachten. Ihr könnt nicht Gott dienen und dem Mammon.«*
>
> V. 24; ELB

Wenn man diesen Vers liest, versteht man, warum Milton einen Dämon namens Mammon unter die alttestamentlichen Götzen mischt. Jesus sagt deutlich, dass es *möglich* ist, statt Gott dem Mammon zu dienen, aber er geht sogar noch weiter: Er sagt, dass es *unmöglich* ist, beiden gleichzeitig zu dienen.

Jesus erklärt, dass man den einen lieben und den anderen hassen wird. Man wird dem einen treu ergeben sein und den anderen verachten. Es gibt keinen Mittelweg, kein Halb-und-Halb. Offenbar ist Mammon ein eifersüchtiger Gott.

Jesus zeichnet hier einen krassen Gegensatz zwischen dem Geist Gottes und dem Geist des Mammons. Aber was genau ist Mammon?

»Mammon« ist ein aramäisches Wort, das im Grunde »Reichtümer« bedeutet.[iii] Die Assyrer hatten die Idee für einen Gott des Wohlstands offenbar von ihren Nachbarn, den Babyloniern übernommen.

Babylon war eine Stadt, die auf Hochmut und Arroganz gegründet war (erinnern Sie sich nur an den Turmbau zu Babel in 1. Mose 11). Ihre Grundhaltung besagte: Der Mensch braucht Gott nicht. Wir können für uns selbst sorgen. Genau das versucht der Geist des Mammons uns einzuflüstern: »Du brauchst Gott nicht. Vertrau auf deinen Reichtum!«

Im biblischen Sinn des Wortes ist Mammon der Geist, der hinter dem Geld steht. Wussten Sie, dass hinter allem Geld ein Geist steht? Entweder ist es der Geist Gottes oder der Geist des Mammons.

Hinter dem Geld, das Gott und seinen Zielen unterstellt ist, steht Gottes Geist – darum vermehrt es sich und kann vom Feind nicht »gefressen« werden. Ich bin davon überzeugt, dass Geld, das Gott unterstellt ist – Wohlstand, der dazu eingesetzt wird, ihm zu dienen statt ihn zu ersetzen –, von Gott, von Gottes Geist gesegnet ist.

Dagegen steht hinter Geld, das Gott nicht unterstellt ist, automatisch der Geist des Mammons. Darum versuchen Menschen so oft, andere mit Geld zu beherrschen oder zu manipulieren. Darum meinen Menschen, Geld könne ihnen Erfüllung oder Glück bringen.

Mammon ist im Grunde der Geist der Welt – und dieser Geist ist ein Lügner.

Wenn der Mammon herrscht

Mir ist aufgefallen, dass die Menschen, die am stärksten vom Geist des Mammons beeinflusst sind, die größte Angst um ihr Geld haben. Darum sagt Jesus auch: »Ihr könnt nicht Gott dienen und dem Mammon« (Mt. 6,24; ELB). Der Mammon will herrschen. Er sucht nach Dienern. Er sucht nach Verehrern. Er verspricht alles, gibt aber nichts.

Wie Jesus deutlich macht, versucht der Mammon, Gottes Platz einzunehmen. Jimmy Evans, Hauptpastor der Trinity Fellowship Church in Amarillo/Texas, sagte einmal: »Der Mammon verspricht uns, was nur Gott geben kann – Sicherheit, Sinn, Identität, Unabhängigkeit, Macht und Freiheit. Der Mammon behauptet, uns von den Problemen des Lebens abschotten zu können und dass das Geld in jeder Situation die Antwort ist.«[iv]

Im Prinzip ist Mammon nichts weiter als das System dieser gefallenen Welt, das in starkem Widerspruch zu Gott und seinen Wegen steht. Beispielsweise spricht der Mammon von kaufen und verkaufen; Gott spricht von säen und ernten. Der Mammon sagt, man soll betrügen und stehlen; Gott sagt, man soll geben und empfangen. Doch vor allem will der Mammon herrschen.

Es ist kein Zufall, dass in der Offenbarung der Antichrist versucht, Menschen durch die Manipulation der Wirtschaft zu beherrschen, indem er sie am Kaufen oder Verkaufen hindert, es sei denn, sie unterwerfen sich ihm (siehe Offb. 13,17). Auf diese Weise wird die kurze Herrschaft des Antichristen durch den Geist des Mammons erfolgen.

Kein Wunder, dass Jesus sagt, man kann nicht gleichzeitig Gott und dem Mammon dienen. Warum? Weil der Geist des Mammons im direkten Widerspruch zu Gottes Geist steht.

Eines sollten wir aber nicht falsch verstehen – Geld und Mammon sind keine Synonyme. Geld ist nicht an sich böse.

Einer der am häufigsten falsch zitierten Verse in der Bibel steht in 1. Timotheus 6:

> *Denn die Liebe zum Geld ist die Wurzel aller möglichen Übel.*
>
> V. 10

Bitte beachten Sie, dass dort nicht steht, Geld sei die Wurzel aller möglichen Übel, sondern *die Liebe zum Geld* (oder die Verehrung des Geldes). Geld als Götzen zu verehren ist böse. Mit anderen Worten: Gier, Habsucht und Egoismus sind Ausdrucksformen des Geistes des Mammons.

Der Grund, warum wir nicht gleichzeitig Gott und dem Mammon dienen können, ist, dass der Geist des Mammons und der Geist Gottes gegensätzlich wirksam sind. Der Mammon sagt: »Nimm!« Gott sagt: »Gib!« Der Mammon ist egoistisch, Gott ist großzügig – und so weiter.

Der Geist des Mammons lockt uns ständig. Er sagt: »Wenn du die richtigen Kreditkarten hast, die richtige Kleidung und das richtige Auto, wenn du in der richtigen Gegend wohnst und die richtigen Leute kennst, wirst du ein glückliches und erfülltes Leben führen.« Der Mammon sagt uns, wenn wir mehr Geld hätten, würden andere Menschen auf uns hören, dann würden unsere Beziehungsprobleme verschwinden, und das Leben wäre ein Zuckerschlecken – wir könnten tun, was wir wollen, überall hingehen, wo wir wollen, und so leben, wie wir wollen.

Leider sind die Menschen, die ohne Gott leben, nicht die Einzigen, die für diese Art von Verführung anfällig sind. Manchmal erfindet der Mammon kreative Lügen, um auch Christen in die Falle zu locken. Wenn es sein muss, wird der Geist des Mammons auch religiös. Beispielsweise sagt er manchmal: »Wenn du nur mehr Geld hättest, könntest du wirklich anfangen, Menschen zu helfen.« (Vergessen Sie dabei nicht, dass Jesus nie behauptet hat, mehr Geld sei die Lösung. Die Antwort auf Probleme ist nicht Geld, sondern Gott.)

Wenn wir unter Druck stehen, kommt uns häufig der Gedanke (und in Wahrheit ist es der Mammon, der da spricht), dass eines von zwei Dingen passieren muss: Entweder muss Gott durch ein Wunder unsere Umstände ändern oder jemand muss uns mit einer Lkw-Ladung Geld überschütten. In diesem Tagtraum gewinnen wir normalerweise im Lotto, bei einem Gewinnspiel oder beim Pferderennen oder es stirbt ein reicher Verwandter, von dem wir nichts wussten.

Die Antwort auf Probleme ist nicht Geld, sondern Gott.

Merken Sie, wie der Mammon sich versucht als Ersatz für Gott einzuschleichen? »Entweder muss Gott sofort ein Wunder tun oder du brauchst mehr Geld.« Das ist schlichtweg eine Lüge. Wir brauchen Gott. Punkt.

Genau deshalb bin ich auch sehr vorsichtig bei Geschäftsmöglichkeiten, hinter denen ein Pyramidensystem steckt. Ich wurde schon oft zu derartigen Präsentationen eingeladen – meistens weil jemand mein von Gott geschenktes Kommunikationstalent bemerkt hat und sich diese Begabung zum Aufbau des eigenen Geschäfts zunutze machen will. Natürlich tue ich so etwas nicht. Gott hat mir diese Gabe geschenkt, um verlorene Menschen zu ihm zu führen und die Menschen, die ihm nachfolgen, in seinem Wort zu unterweisen.

Wenn ich dann doch einmal bei solch einer Präsentation war, habe ich gesehen, wie der Geist des Mammons sehr unterschwellig auf Christen einwirkte. Oft verlief die Argumentation folgendermaßen: »Denken Sie nur an all die Menschen, denen Sie helfen könnten, wenn Sie reich wären!« oder: »Wenn Sie erst einmal Millionär sind, wird Ihre Gemeinde oder Ihre christliche Lieblingsorganisation alles haben, was sie braucht!«

Liebe Freunde, Gott kann Menschen auch ohne Geld helfen. Wenn wir anfangen zu glauben, dass die meisten unserer

Probleme mit mehr Geld gelöst werden könnten, ist das ein Zeichen dafür, dass wir unter dem Einfluss des Mammons stehen.

Bitte verstehen Sie mich nicht falsch. Jesus fordert uns nicht auf, das Geld zu hassen. Er sagt, wenn wir Gott lieben, werden wir den Mammon hassen – den habgierigen, egoistischen, lügenden, betrügenden, antichristlichen Geist, der durch die Verehrung des Geldes wirkt.

Wie Jesus sagte, werden wir entweder den einen lieben und den anderen hassen oder dem einen treu ergeben sein und den anderen verachten (siehe Mt. 6,24). Wir sollen den Geist des Mammons verachten, der Menschen betrügt, alles verspricht, aber nichts hält und es wagt, Gottes Platz einnehmen zu wollen.

Sowohl Gott als auch der Mammon sprechen immer zu uns. Jedes Mal wenn wir darüber beten, wie wir unsere Ortsgemeinde oder eine christliche Arbeit mit unserem finanziellen Opfer unterstützen können, flüstert der Mammon auf uns ein (manchmal ruft er auch laut).

Wahrer Reichtum

Im Neuen Testament gibt es einen längeren Text, in dem Jesus über die Entscheidung zwischen Gott und dem Mammon spricht. Der Abschnitt stammt aus Lukas 16:

> *»Und ich sage euch: Macht euch Freunde mit dem ungerechten Mammon, damit, wenn er zu Ende geht, man euch aufnehme in die ewigen Zelte! Wer im Geringsten treu ist, ist auch in vielem treu, und wer im Geringsten ungerecht ist, ist auch in vielem ungerecht. Wenn ihr nun mit dem ungerechten Mammon nicht treu gewesen seid, wer wird euch das Wahrhaftige anvertrauen? Und wenn ihr mit dem Fremden nicht treu gewesen seid, wer wird euch das Eure geben? Kein Hausklave kann zwei Herren dienen; denn entweder wird er den einen hassen und den anderen lieben, oder er wird dem einen anhängen und*

den anderen verachten. Ihr könnt nicht Gott dienen und dem Mammon.«

V. 9-13; ELB

Hier bezeichnet Jesus den Mammon als »ungerecht«, nicht aber das *Geld*. Mammon und Geld sind keine Synonyme. Jesus nannte den Geist ungerecht, der hinter dem Geld stehen kann.

Geld kann für rechte oder unrechte Zwecke genutzt werden. Es kann für zeitliche oder ewige Ziele eingesetzt werden. Geld, das Gott unterstellt wird (im Gegensatz zu Geld, mit dem man versucht Gott zu ersetzen), ist gesegnet. Und deshalb vermehrt sich gesegnetes Geld und wird nicht vom Feind »aufgefressen«. Es ist Geld, das für Gutes und zum Segen anderer eingesetzt werden kann.

Was sagt uns dieser Abschnitt noch? Er sagt uns, dass wir unser Geld für ewige Dinge einsetzen sollen. Und was in unserem Leben ist ewig? Menschen! Das einzig Bleibende, dem wir heute begegnen, sind Menschen. Die menschliche Seele lebt ewig.

Wenn ich mein Geld einsetze, um Menschen zu Jesus zu führen, werden sie mich im Himmel begrüßen, wenn ich sterbe. Setzen Sie also Ihr Geld ein, um Menschen zu erreichen – um ihnen das Evangelium nahezubringen –, und sie werden dann zu Ihrem Begrüßungskomitee gehören, wenn Sie in den Himmel kommen.

Zu beachten ist, dass Jesus nicht sagt, das *Geld* werde uns willkommen heißen. Er sagt, dass die Freunde, die wir gewinnen, uns in der ewigen Heimat empfangen. Ich weiß, dass ich eines Tages von Menschen im Himmel begrüßt werde, die dort sind, weil ich mein Geld an Gemeinden, christliche Organisationen und Missionare gegeben habe, die Menschen zu Jesus führen.

So, wie er aus Wasser Wein machte, kann Jesus »Geld zu Seelen« machen. Er ist der Einzige, der ungerechten Mammon in wahren Reichtum verwandeln kann.

In derselben Weise sagt Jesus in Matthäus 6:

> *»Sammelt keine Reichtümer hier auf der Erde an, wo Motten oder Rost sie zerfressen oder Diebe einbrechen und sie stehlen können. Sammelt eure Reichtümer im Himmel, wo sie weder von Motten noch von Rost zerfressen werden und vor Dieben sicher sind. Denn wo dein Reichtum ist, da ist auch dein Herz.«*
>
> V. 19-21

Wenn wir Geld für den rechten Zweck einsetzen, sammeln wir Schätze im Himmel. Deshalb möchte ich mein Geld weise verwalten. Ich möchte es in Gemeinden und christliche Werke investieren, die in Menschen investieren. Ich möchte, dass mein Geld verwendet wird, um Menschen zu helfen, zu lieben, zu ernähren und zu versorgen.

Aus diesem Grund unterstützen wir als Familie und als Gemeinde regelmäßig die Arbeit von James Robison, *Life Outreach International*. Diese Arbeit hat einen wirkungsvollen und positiven Einfluss auf das Leben von Menschen – sowohl körperlich als auch geistlich. Zum gegenwärtigen Zeitpunkt versorgt die Organisation jeden Monat über 300.000 hungrige Kinder auf der ganzen Welt mit Nahrung und Kleidung. Die Mitarbeiter erzählen ihnen auch von Jesus und natürlich hören die Menschen zu, weil sie einen greifbaren Beweis der Liebe Gottes in Form von lebensrettender Hilfe gesehen haben.

Ich weiß, dass eines Tages im Himmel Menschen aus Afrika auf mich zukommen und sagen werden: »Ich bin hier im Reich Gottes, weil du *Life Outreach International* unterstützt hast. Danke, dass du Gott aus ungerechtem Mammon hast himmlische Schätze machen lassen.«

Aus diesem Grund betone ich immer wieder, dass Geld an sich nichts Böses ist. Gott gebraucht es, um Menschen mit Nahrung und Kleidung zu versorgen. Er gebraucht es, um das Evangelium auch in die unerreichten Teile der Erde zu bringen.

Das erklärt, warum der Feind unserer Seelen sich so sehr

bemüht, zu verzerren und zu stören, wie wir über Geld denken. Der Teufel weiß, dass Gott vergängliches Geld nehmen und es zur Rettung von ewigen Seelen einsetzen kann. Er weiß: Je mehr Geld wir in die Gemeinde geben, umso mehr Menschen werden gerettet, umso mehr kommt das Reich Gottes voran und umso mehr wird das Reich der Finsternis zerfallen.

Mit unserem Geld werden der Hölle »Neuzugänge« verwehrt und Satan weiß das! Der Teufel hasst es, wenn wir so geben, wie der Heilige Geist uns führt, weil es gleichzeitig sein Reich schwächt und uns unserem himmlischen Vater ähnlicher macht.

Darum habe ich auch in der Einleitung gesagt, dass es dem Teufel lieber wäre, wenn Sie dieses Buch nicht lesen. Er will nicht, dass Sie finanziell frei werden. Deshalb möchte er verhindern, dass Sie den Zehnten geben und spenden – sprich, Ihr Geld gesegnet und vervielfacht werden kann.

Inzwischen denken Sie vielleicht: *Ehrlich gesagt habe ich nicht genug von diesem »ungerechten Mammon«, um irgendetwas davon persönlich umzusetzen. Ich muss nichts über Haushalterschaft und Geben wissen, weil ich kein Geld habe.*

Darauf möchte ich liebevoll, aber ehrlich antworten: »Und Sie werden auch nie welches haben, wenn Sie sich nicht auf dieses Prinzip einlassen.« In Vers 10 des gelesenen Abschnitts im Lukasevangelium sagt Jesus:

> *»Wer in kleinen Dingen treu ist, wird auch in großen treu sein. Und wer schon in geringen Angelegenheiten betrügt, wird auch bei größerer Verantwortung nicht ehrlich sein.«*
>
> Lukas 16,10

Die Bibel sagt uns, dass wir in kleinen Dingen treu sein müssen, bevor uns viel anvertraut wird. Sollten Sie nur ein bisschen Geld haben, sind Sie ein perfekter Kandidat für Segen, denn wenn Sie mit diesem wenigen treu sind, wird Gott Ihnen mehr geben.

Gott sucht nach Menschen, denen er viel anvertrauen kann.

Er weiß, dass ein Mensch, der mit wenigem unrecht umgeht, auch bei größerer Verantwortung nicht ehrlich sein wird. Christen, die es mit Kleinigkeiten nicht so genau nehmen, werden nicht plötzlich gewissenhaft, wenn ihnen viel anvertraut wird. Darum sagt Jesus:

> *»Wenn ihr bei weltlichem Besitz nicht vertrauenswürdig seid, wer wird euch die wahren Reichtümer des Himmels verwalten lassen? Und wenn ihr mit dem Geld anderer Leute nicht treu seid, warum sollte man euch eigenes Geld anvertrauen?«*
>
> Lukas 16,11-12

Ich möchte darauf hinweisen, dass es keine Rolle spielt, wie viel wir haben, sondern *wem* es gehört. Wenn wir Gott gehören, ist es sein Geld, nicht unseres.

Darum sagt Jesus zu mir, ich soll treu sein mit dem, was einem anderen gehört. Es gehört nicht mir, sondern ihm. Und jeden Tag wird meine Haushalterschaft neu auf die Probe gestellt.

Eine komplette Verwandlung

Ich muss gestehen, dass ich als junger Mann sehr egoistisch, stolz und materialistisch war. Meine Eltern waren ganz anders. Sie waren und sind große Spender. Bis heute helfen sie anderen Häuser zu kaufen, die sie sich allein nicht leisten könnten.

Meine Eltern sind beide sehr, sehr großzügige Menschen. Aber ich war – aus welchem Grund auch immer – in meiner Jugend sehr materialistisch eingestellt.

Doch als ich im Alter von 19 Jahren Jesus mein Leben anvertraute, wollte ich als Erstes spenden. Ich wollte so vielen Menschen etwas geben, wie ich nur konnte. Ich wollte anderen ein Segen sein und ihnen helfen zu entdecken, was ich entdeckt hatte.

Als Gott mich packte und mein Herz veränderte, hatten meine Frau und ich zusammen ein Bruttoeinkommen von etwa 600 Dollar pro Monat. In dieser Zeit hatten wir ein Budget, das uns erlaubte, einmal im Monat zum Essen auszugehen.

Es spielt keine Rolle, wie viel wir haben, sondern wem es gehört.

Ich erinnere mich noch genau, wie es war, als wir das erste Mal nach meiner Bekehrung essen gingen. Ich wollte der Kellnerin, die uns bediente, irgendwie Jesus nahebringen. Da kam mir ein Gedanke. Wenn ich kein Essen bestellte, konnte ich das Geld nehmen und es als supergroßzügiges Trinkgeld zusammen mit einem evangelistischen Traktat hinterlassen. Vielleicht würde das Trinkgeld sie anspornen, das Traktat zu lesen, sodass sie Jesus kennenlernen konnte. Genau das taten wir. Bevor wir uns verabschiedeten, sagten wir ihr in wenigen Worten, wie sehr sie Gott am Herzen lag.

Etwa einen Monat später besuchten wir an unserem »Luxusabend« wieder das gleiche Restaurant. Den ganzen Monat über hatte ich gebetet, dass Gott uns genug zusätzliches Geld geben würde, um ein noch größeres Trinkgeld mit einem weiteren Traktat zu hinterlassen.

Wie erbeten, hatte unser treuer Gott es uns ermöglicht, zusätzliche 50 Dollar zu sparen, die wir zusammen mit einem kleinen Heft über Gottes Rettung weitergeben konnten. An dem Abend baten wir im Restaurant darum, dass uns die gleiche Kellnerin bediente, und hinterließen ihr ein 50-Dollar-Trinkgeld für eine 10-Dollar-Mahlzeit.

Einen weiteren Monat später kamen wir wieder und waren gespannt, ob die Kellnerin immer noch dort arbeitete – und so war es auch. Als sie uns sah, sagte sie: »Ich habe das Heft gelesen, das Sie beim letzten Mal mitgebracht haben.« Wir versuchten nicht zu zeigen, wie begeistert wir waren, das zu hören. Sie fuhr fort: »Und ich habe am Ende das Gebet gesprochen und

Jesus angenommen.« Natürlich freuten wir uns riesig, aber sie war noch nicht fertig. »Dann habe ich meinen Mann angerufen und ihm das ganze Heft vorgelesen und er hat das Gebet ebenfalls gesprochen.«

An diesem Punkt sagte ich: »Das ist ja wunderbar! Aber was meinen Sie damit, dass Sie Ihren Mann angerufen haben? Ist er berufsbedingt auf Reisen?«

Mit einem beschämten Gesichtsausdruck antwortete sie: »Nein, mein Mann ist im Gefängnis. Er kommt in zwei oder drei Jahren raus. Wir beide wollen Ihnen danken, dass Sie mir das Heft dagelassen haben und dass Sie so großzügig waren. Das Geld ist ziemlich knapp, seit mein Mann im Gefängnis sitzt.«

Über die nächsten Jahre halfen meine Frau und ich dieser freundlichen Kellnerin, im Glauben zu wachsen, und sahen großes geistliches Wachstum bei ihr. Wir begannen auch, uns als Mentoren um ihren Mann im Gefängnis zu kümmern. Als er entlassen wurde, wurden er und seine Frau Gemeindemitglieder und ließen sich gemeinsam taufen. Ich hatte das Vorrecht zu wissen, dass ihr Leben und ihr ewiges Schicksal verändert worden waren, weil ich mein Geld gegeben hatte.

Und ich gab, weil Jesus Christus mein Leben verändert hatte.

Den Segen erleben

Wie bereits erwähnt, hatten Debbie und ich am Anfang unserer Ehe zusammen ein Bruttoeinkommen von 600 Dollar im Monat. Das ist ein Jahreseinkommen von 7.200 Dollar.

Nachdem wir einige Monate lang unseren Zehnten gegeben und Gott einen großen Teil unseres Geldes zur Verfügung gestellt hatten, bekam Debbie eine neue Arbeitsstelle, die 18.000 Dollar im Jahr einbrachte. Etwa zur gleichen Zeit begann ich, Predigten zu halten und Evangelisationsveranstaltungen durchzuführen. In jenem ersten Jahr betrug mein Einkommen aus den Kollekten 32.000 Dollar. Somit war unser gemeinsames Jahreseinkommen von 7.200 Dollar auf 50.000 Dollar gestiegen.

In unserem zweiten Ehejahr, während wir weiterhin unseren Zehnten gaben und unser Geld spendeten, wann und wofür der Heilige Geist es uns zeigte, gab Debbie ihre Arbeit auf und blieb zu Hause, während mein Einkommen auf 72.000 Dollar stieg. Nun waren wir von 7.200 auf 72.000 Dollar gekommen – das war das Zehnfache!

Weitere drei Jahre später hatte sich unser Einkommen auf über 100.000 Dollar erhöht und durch Gottes Gnade waren wir in der Lage, 70 Prozent davon zu spenden (und wir hatten unglaublich viel Freude daran!)

Gott misst dem zehnfachen und hundertfachen Ertrag offenbar eine besondere Bedeutung bei. Ich habe es immer und immer wieder erlebt. (Erinnern Sie sich an die Geschichte aus Kapitel 1 von dem Mann in der Pizzeria, der mir den zehnfachen Betrag von dem schenkte, was ich gerade dem Missionar gegeben hatte?)

Einmal war ich bei einer Konferenz für christliche Mitarbeiter im riesigen Kongresszentrum von Dallas. Wir saßen ganz weit oben in den Rängen, relativ weit hinten in einer Menschenmenge von etwa 10.000 Teilnehmern. Wir hatten damals nicht besonders viel Geld, aber als die Kollekte eingesammelt wurde, spürte ich sehr deutlich, dass ich 100 Dollar geben sollte. Für mich war das ein Glaubensschritt.

Der Pastor, der die Kollekte entgegennahm, sagte: »Ich möchte, dass Sie beten und Gott um seinen Segen für das Geld bitten, das Sie geben.« Bei seinen Worten hatte ich den Eindruck, ich sollte das Geld während des Gebets über meinen Kopf halten. Als ich das tat, kam mir ein Gedanke, also sprach ich ihn im Gebet aus: »Herr, bitte lass dieses Geld hundertfache Frucht tragen, damit ich deinem Reich noch mehr geben kann.«

Ich wusste es zu dem Zeitpunkt nicht, aber unten in der Nähe der Bühne saß ein anderer Mann. In dem Moment, als ich mein Opfer voller Dankbarkeit Gott entgegenstreckte, sprach Gott ihn an und sagte ihm, er solle sich umdrehen. Als er das tat, bemerkte er auf den hinteren oberen Plätzen eine kleine Figur, einen Mann, der die Hände zu Gott erhoben hatte. Gottes Geist sprach ihm ins Herz und sagte: »Gib diesem Mann 10.000 Dollar.«

Später suchte der Mann mich auf und gab mir einen Scheck über 10.000 Dollar – genau hundert Mal so viel, wie ich gerade in die Kollekte gegeben hatte.

Bitte verstehen Sie, was ich hier sagen will. Es geht nicht um das Geld. Es geht um die Freude, die das Geben hervorruft. Es geht um die Kraft, die aus Gehorsam entsteht. Geben ist kein Reich-über-Nacht-Programm. Im Gegenteil, Geben ist eine Aufforderung, unser Leben loszulassen.

Aber wenn wir geben, segnet Gott. Und der größte Segen überhaupt ist sehen zu können, wie Gottes Reich sich ausdehnt, wie christliche Werke gedeihen, wie Gemeinden wachsen und zerbrochene Menschen heil werden – und alles, weil wir gehorsam gegeben haben.

Das ist es, was mich begeistert, und ich hoffe, dass Sie es nachvollziehen können. Ich war verloren und ohne Hoffnung. Ich kannte Jesus nicht. Aber Jesus gab sein Leben, um einen arroganten, hochmütigen Niemand zu retten. Deshalb kann ich nicht weniger tun als ihm alles zu geben, was ich habe und bin.

Gott spricht mit uns über unser Geld – der Mammon ebenfalls. Wer ist Ihr Herr? Auf wen hören Sie?

Der Mammon und seine Freunde

Über die Jahre habe ich beobachtet, dass sich in den gleichen Kreisen noch einige andere Geister bewegen, besonders wenn es um Reichtum und Geben geht. So, wie der Geist des Mammons uns davon abhalten will, ein Leben voller Segen zu führen, so ist es auch mit dem Geist der Armut und des Hochmuts.

Innere Armut führt dazu, dass wir uns des Segens Gottes schämen. Wer ein treuer, großzügiger Verwalter ist, *wird* gesegnet. Daran führt kein Weg vorbei. Wie wir immer wieder in diesem Buch gesehen haben, schenkt Gott uns umso mehr, je mehr wir aus der Hand geben.

Ein Geber zu sein, *wird* zu Segen führen. Der Teufel kann das nicht verhindern, er kann aber versuchen uns zu beschämen. Dazu benutzt er eine innere Haltung der Armut, die ich sowohl bei armen als auch bei reichen Menschen erlebt habe. Sie ist unter den Reichen sogar noch weiter verbreitet als bei anderen! Diese Haltung äußert sich als Scham und Schuld darüber, von Gott gesegnet zu sein. Nun frage ich Sie: Könnte Gott etwas in Ihrem Leben tun, wofür Sie sich schämen müssten? Natürlich nicht. Doch allein dadurch, dass Menschen so leben, wie Gott es möchte, werden sie gesegnet und irgendwie haben sie das Gefühl, sich dafür entschuldigen zu müssen. Tun Sie das nicht. Erlauben Sie dem Feind nicht, dass er Sie dazu bringt, sich für Gottes Gaben zu schämen.

Wenn Sie nicht anfällig sind für innere Armut, wird der Feind es mit der entgegengesetzten Strategie versuchen – Hochmut. Der Hochmut sagt: »Das hast du dir verdient. Du hast es durch harte Arbeit, Intelligenz und Talent erreicht. Deswegen solltest du *stolz* auf den Segen sein, den du erhalten hast.«

Diese inneren Haltungen stehen an entgegengesetzten Enden des Spektrums, haben aber eine gemeinsame Wurzel – sie richten unseren Blick auf Dinge statt auf Gott. Wir drehen uns um den Segen statt um den Segensgeber.

Hochmut sagt: »Wohlstand kommt von harter Arbeit.« Armut sagt: »Wohlstand kommt vom Teufel.« Hochmut sagt: »Du solltest stolz auf das sein, was du hast.« Armut sagt: »Du solltest dich für das schämen, was du hast.« Beides sind Fallen, weil sie den Blick auf Dinge richten statt auf Gott.

Ich möchte einige Beispiele nennen, wie sich diese inneren Haltungen auswirken können, damit Sie in der Lage sind, entsprechende Angriffe in Ihrem eigenen Leben zu erkennen.

Wie reagieren Sie, wenn jemand Ihnen ein Kompliment zu Ihrer Uhr oder Ihrer Kleidung macht? Der Hochmut sagt: »Das ist ein Import aus Übersee.« Die Armut sagt: »Das alte Ding? Das habe ich im Ausverkauf mitgenommen.«

Der Hochmut versucht anderen den Eindruck zu vermitteln, dass man für Dinge mehr bezahlt hat, als es tatsächlich der Fall war. Die Armut will so tun, als wäre es weniger gewesen. Die Armut hat das Bedürfnis, Käufe und Besitz zu rechtfertigen, weil der Segen als etwas Böses betrachtet wird. Das führt zu folgendem Gedankengang: »Ich möchte nicht den Eindruck erwecken, dass ich viel Geld für irgendetwas ausgebe, denn das würde bedeuten, dass ich nicht geistlich bin.«

Erkennen Sie die Falle?

Innere Armut entlarven

Lassen Sie es mich noch einmal sagen: Wenn Gott Sie gesegnet hat, weil Sie nach seinem Willen leben, dann hören Sie auf, sich schuldig zu fühlen. Schämen Sie sich doch nicht dafür, dass Sie ein Herz haben, das Gott segnen kann!

Ich spreche da aus Erfahrung. Es gab eine Zeit, in der Gott mir zeigen musste, wie sehr ich von innerer Armut beherrscht wurde. Sie war besonders stark, weil ich mein ganzes Berufsleben im hauptamtlichen geistlichen Dienst verbracht habe (und jeder weiß, dass Pastoren gefälligst arm zu sein haben).

Ich weiß noch, wie ich einmal ein sehr schönes Jackett kaufte und es dann zurückgab, weil ich ein schlechtes Gewissen hatte, wenn ich es trug. Es war ein Golfjackett, das genau das war, was ich mir schon seit längerer Zeit wünschte und auch brauchte. Ich fand es zum halben Preis bei einem Golfausstatter. Weil ich Debbies Meinung dazu hören wollte, rief ich sie aus dem Laden an und sie sagte: »Das ist ein tolles Angebot. Kauf es!«

Kaum hatte ich es gekauft, zog ich das Jackett an und trug es gleich auf dem Golfplatz. Es war die schlechteste Runde Golf meines Lebens, so mies spielte ich! Natürlich meldete sich die Armut schnell zu Wort und schob meine schreckliche Punktzahl auf das neue Jackett: *Gott wollte nicht, dass du dir das schöne Jackett kaufst. Du hast an Gott vorbei gehandelt und jetzt steht dein Golfspiel unter einem Fluch.*

Ob Sie es glauben oder nicht, sobald die Runde zu Ende war, brachte ich das Jackett zurück in den Laden und bekam mein Geld wieder. Doch das war noch nicht das Ende der Geschichte. In den Tagen danach begann ich dem Jackett nachzutrauern, das ich zurückbringen »musste«. Ich spielte es innerlich immer wieder durch und entwickelte schließlich einen richtigen Groll auf Gott. *Kaum zu glauben, dass ich nicht einmal ein schönes Jackett haben darf. Andere Leute dürfen schöne Dinge haben und ich kann mir nicht mal ein Jackett kaufen, ohne dass mein Golfspiel unter einen Fluch gerät. Das ist nicht fair, Gott!*

Nachdem Gott sich meinen Blödsinn drei Tage lang angehört hatte, sprach er schließlich sehr deutlich zu mir: »Hör auf, es mir in die Schuhe zu schieben, dass du das Jackett nicht hast. Ich habe dir nicht befohlen es zurückzubringen.«

Und dann sagte er etwas, das ich nie vergessen habe: »Mein Kind, ich spreche niemals durch derartige Schuld- oder Verdammnisgefühle zu dir.« Außerdem fügte er hinzu: »Ach, übrigens: Schieb mir nicht dein lausiges Golfspiel in die Schuhe. Um schlecht Golf zu spielen, hast du noch nie meine Hilfe gebraucht.«

Gott gebraucht nicht nur unseren Besitz, um uns auf die Probe zu stellen, sondern auch den Besitz anderer.

Ist es nicht verwunderlich, dass viele Menschen, die mit Gott leben, das Gefühl haben, sie müssten die guten oder schönen

Dinge in ihrem Leben wegerklären – oder sich zwangsläufig rechtfertigen, wenn ihnen jemand ein Kompliment macht?

Liebe Freunde, Sie müssen Ihre Anschaffungen vor niemandem rechtfertigen außer vor Gott. Wenn Sie etwas kaufen wollen und Gott schenkt Ihnen Frieden dazu, dann machen Sie sich keine Gedanken, was jemand anders darüber denkt!

Das richtige Verhältnis zu Besitz

Wie ich bereits herausgestellt habe, gebraucht Gott Dinge, um uns auf die Probe zu stellen und zu offenbaren, was in unserem Herzen vor sich geht. Doch Gott gebraucht nicht nur *unseren* Besitz, um uns auf die Probe zu stellen, sondern auch den Besitz anderer. Das heißt: Wie wir darauf reagieren, wenn jemand anderes Segen erfährt, sagt viel über unseren Herzenszustand aus.

Es ist kein Zufall, dass das zehnte Gebot besagt, wir sollen den Besitz unserer Mitmenschen nicht begehren. Das griechische Wort, das in unseren Bibeln meist mit »begehren« übersetzt wird, lautet *epithumeo* und bedeutet »das Herz auf etwas setzen«.[v] Es ähnelt sehr dem griechischen Wort für »(sexuelle) Lust« – *epithumia.*[vi]

Etwas zu begehren bedeutet, sein Herz darauf zu setzen. Das ist ein Problem, weil wir unser Herz auf nichts und niemanden setzen sollen als Gott. Gott ist nicht wichtig, was wir besitzen – ihm ist wichtig, was uns besitzt!

Ist Ihnen schon einmal aufgefallen, dass im Film alle materialistischen Menschen reich sind? Aber im echten Leben haben die besonders materialistischen Menschen manchmal gar nicht viel.

Der Kontostand einer Person sagt nichts über ihr Herz aus. Einige der materialistischsten Menschen, die mir im Leben begegnet sind, waren arm. Umgekehrt kenne ich an Gott und sein Reich völlig hingegebene und wenig materialistische Menschen, die ziemlich wohlhabend sind.

Gott möchte, dass wir *ihm* nachjagen. Das ist der rote Faden, der sich durch dieses Buch zieht: *Das Entscheidende ist unser Herz.*

Selbsteinschätzung

Woher wissen wir, wo unser Herz steht? Zunächst sollten wir uns die folgenden Fragen stellen: Erwarte ich die Erfüllung meiner Bedürfnisse von Gott oder von Menschen? Werde ich wütend auf oder nachtragend gegenüber Menschen, die mir nicht so helfen, wie ich es will? Gebe ich anderen die Schuld an meinen Umständen?

Das alles sind Warnzeichen, dass wir unsere Versorgung mehr von Menschen als von Gott erwarten. Wenn dem so ist, ist die Enttäuschung letztendlich vorprogrammiert – und irgendwann auch die Verbitterung.

Wir müssen außerdem lernen zu erkennen, wo sich in unserem Inneren Hochmut oder Armut breitmacht. Es ist entscheidend für unsere geistliche Gesundheit und unsere Effektivität im Reich Gottes, dass solche Haltungen durch ein dankbares Herz ersetzt werden. Hier ein paar Testfragen, die den Unterschied klarmachen sollen:

Wenn Sie an Ihre Lebenssituation denken …
… sagt der Stolz: »Ich habe mehr verdient!«
… sagt die Armut: »Ich sollte mich schuldig fühlen.«
… sagt die Dankbarkeit: »Danke!« (Dankbarkeit ist eine Herzenshaltung, die immer anerkennt, dass Gott für uns sorgt.)

Wenn jemand sagt: »Du hast aber ein schönes Haus!« …
… sagt der Stolz: »Wir bauen/mieten demnächst ein größeres.«
… sagt die Armut: »Es war ein Schnäppchen.«
… sagt die Dankbarkeit: »Danke. Gott hat uns gesegnet!«

Wenn jemand sagt: »Das ist ein schöner Anzug/ein schönes Kostüm!« …
… sagt der Stolz: »Er/Es ist maßgeschneidert.«
… sagt die Armut: »Er/Es hat nur die Hälfte gekostet.«
… sagt die Dankbarkeit: »Danke schön!«

Wenn jemand sagt: »Das ist aber ein schönes Auto!« …
… sagt der Stolz: »Davon habe ich drei!«
… sagt die Armut: »Das ist ein Firmenwagen.«
… sagt die Dankbarkeit: »Danke!«

Der Stolz tut so, als hätten wir mehr bezahlt. Die Armut tut so, als hätten wir weniger bezahlt. Der Dankbarkeit ist es egal, was die Leute denken; ihr ist nur wichtig, was Gott denkt! Wie wäre es einfach mit der Wahrheit? Wenn jemand sich zu etwas äußert, das uns zur Verwaltung anvertraut ist, sollten wir einfach die Wahrheit sagen und dankbar sein.

Die Vergleichsfalle

Stolz führt dazu, dass wir uns mit anderen vergleichen. Armut führt dazu, dass wir andere mit uns vergleichen.

Wenn auf der Straße jemand in einem weniger teuren Auto neben uns hält, sagt der Stolz: »Meins ist besser!« Wenn jemand mit einem teureren Auto neben uns hält, sagt die Armut: »Das ist Verschwendung! Wahrscheinlich ist er ein Ganove.«

Stolz und Armut haben eines gemeinsam: Sie bringen uns immer dazu, uns mit anderen zu vergleichen!

Ein Mensch mit einem dankbaren Herzen vergleicht sich hingegen mit Gott und sagt: »Danke!« Warum? Der Grund ist folgender: Wenn ich das, was ich für Gott getan habe (nämlich nichts), mit dem vergleiche, was Gott für mich getan hat (nämlich alles), fließt mein Herz von allein vor Dankbarkeit über.

Wir sollten also nicht in die Vergleichsfalle tappen. Der Stolz sagt: »Das habe ich mir verdient.« Die Armut sagt: »Ich sollte das nicht haben.« Die Dankbarkeit sagt: »Ich habe es aus Gnade empfangen.«

Der entscheidende Faktor im Widerstand gegen Mammon, Stolz und Armut ist die Erinnerung. Wir müssen uns daran erinnern, dass wir Sklaven der Sünde waren. Wir müssen uns an das erinnern, was Gott aus Gnade in uns getan hat. Und wir müssen uns daran erinnern, dass wir zwar hart gearbeitet haben, aber es Gottes Segen auf unserem Leben war, der etwas Gutes hervorgebracht hat.

Diese Botschaft gab Gott den Israeliten mit, bevor sie ins Land der Verheißung einzogen:

> ***»Erinnert euch** vielmehr daran, dass es der Herr, euer Gott, ist, der euch die Kraft gibt, Reichtum zu erwerben. Denn er erfüllt den Bund, den er mit euren Vorfahren schloss und der jetzt noch gilt.«*
>
> 5. Mose 8,18; eigene Hervorhebung

Wenn Sie beim Lesen dieses Kapitels Spuren von Mammon, Stolz oder Armut in Ihrem Leben festgestellt haben, wäre es gut, dies Gott in einem Gebet wie dem folgenden zu sagen:

Lieber Gott, bitte vergib mir, dass ich selbstsüchtig, stolz und neidisch war. Bitte vergib mir, dass ich auf die unheiligen Einflüsse von Mammon, Stolz und Armut gehört habe. Herr, bitte entferne sie aus meinem Leben, ebenso aus dem Leben meiner Familie und meiner Nachkommen. Bitte hilf mir, von heute an das, was ich habe, großzügig und aufopfernd für dein Reich zu geben. Das bete ich im Namen Jesu. Amen.

KAPITEL 6

Notwendige Herztransplantation

Für mich ist Lukas 6,38 ein wunderbarer Bibelvers. Ich bin allerdings davon überzeugt, dass dies einer der Verse ist, die oft falsch angewendet oder missverstanden werden.

Seine Worte sind den meisten Christen sehr vertraut. Wahrscheinlich können Sie ihn sogar auswendig:

> *»Wenn ihr gebt, werdet ihr erhalten. Was ihr verschenkt, wird zusammengepresst und gerüttelt, in einem vollen, ja überreichlichen Maß zu euch zurückfließen. Nach dem Maß, mit dem ihr gebt, werdet ihr zurückbekommen.«*

Ein Fehler, der sehr häufig im Zusammenhang mit diesem Vers gemacht wird, ist anzunehmen, dass Jesus hier nur vom Geld spricht. In Wahrheit erklärt er aber ein Prinzip, das für jeden Bereich unseres Lebens gilt.

Das wird besonders deutlich, wenn man sich den größeren Zusammenhang anschaut, in dem dieser Vers steht. Beispielsweise heißt es einige Verse zuvor (V. 36-37):

> *»Ihr sollt gütig sein, wie euer Vater gütig ist. Hört auf, andere zu verurteilen, und ihr werdet auch nicht verurteilt werden. Hört auf, andere zu tadeln, oder es wird euch ebenso ergehen. Wenn ihr anderen vergebt, wird euch auch vergeben werden.«*

Erst dann sagt Jesus: »Wenn ihr gebt, werdet ihr erhalten« (V. 38). Ja, dieses Prinzip gilt für Geld, aber man kann auch Vergebung, Barmherzigkeit, Verständnis oder Geduld geben.

Jesus spricht hier ganz allgemein über das Prinzip des Gebens. Was man gibt, bekommt man zurück, und zwar »zusammengepresst und gerüttelt, in einem vollen, ja überreichlichen Maß« (V. 38). Um die Bedeutung dieser Wahrheit wirklich zu verstehen, sollte man ein wenig mehr darüber wissen, worauf die Worte »zusammengepresstes«, »gerütteltes« und »überreichliches Maß« anspielen. Es waren nämlich Begriffe aus der Landwirtschaft.

Nach den Anweisungen im Alten Testament sollten die Bauern in Israel am Rand ihrer Felder Korn für die Armen stehen lassen. So gab es jedes Jahr zur Erntezeit zwei Arten von Erntearbeitern auf dem Feld: die bezahlten Erntekräfte in der Mitte des Feldes, die die Ernte einbrachten, und die Armen am Rand des Feldes, die das Korn ernteten, um sich und ihre Familien zu ernähren.

Die bezahlten Erntekräfte mitten auf dem Feld füllten ihre Körbe und trugen sie hinüber zur Scheune oder zum Wagen. Dann leerten sie sie aus und gingen wieder aufs Feld, um die Körbe erneut zu füllen. Für diese Arbeiter spielte es eigentlich keine Rolle, wie voll ihre Körbe waren. Sie wurden pro Stunde bezahlt, also war es ihnen egal. Sie mussten sich nur rühren und weiterarbeiten, bis alles Korn in der Scheune war.

Ganz anders sah es bei den Armen aus, die am Rand des Feldes arbeiteten. Das Feld lag wahrscheinlich nicht in der Nähe ihres Hauses. Vermutlich hatten sie einen Fußmarsch von mehreren Kilometern hinter sich. So viel Korn, wie sie in ihre Körbe tun konnten, so viel gab es für ihre Familien zu essen. Sie hatten einen im wahrsten Sinne des Wortes existenziellen Anreiz, so viel Korn wie möglich in ihren Korb zu sammeln.

Wenn man in einer solchen Lage war, sorgte man zuerst dafür, dass man ein gutes Maß hatte – nicht nur einen Teil oder ein halbes Maß. Dann drückte man das Korn zusammen, um mehr Raum im Korb zu schaffen. Nachdem man ihn erneut bis zum Rand gefüllt hatte, rüttelte man ihn, um wirklich jeden Zwischenraum zwischen den Getreidekörnern zu beseitigen. Wenn man das alles getan hatte, häufte man noch so viel zusätzliches Korn über den Rand hinaus auf, bis der Korb anfing überzufließen.

Es ist eine Sache, einen Korb mit kostenlosem Korn zu bekommen. Es ist eine viel bessere Sache, einen gut bemessenen, gedrückten, gerüttelten und überfließenden Korb mit kostenlosem Korn zu bekommen.

Darum entschied sich Jesus für diese Formulierung. Er wusste, dass seine Zuhörer sofort begreifen würden, was er damit sagen wollte: nämlich, wenn man gibt, wird man sehr viel mehr dafür zurückbekommen. Das ist ein universelles Prinzip bei Gott. Man bekommt immer mehr zurück, als man gibt.

Sehen Sie es doch einmal folgendermaßen: Wenn man einen Apfelkern weggibt, um ihn einzupflanzen, bekommt man nicht nur einen Apfelkern zurück. Nach einer Weile bekommt man einen ganzen Apfelbaum und an dem Baum hängen viele Äpfel, und jeder Apfel hat viele Kerne. Man bekommt sehr viel mehr zurück, als man gegeben hat.

Wie muss Gott sich fühlen, wenn nur ein Reich-über-Nacht-Trick Christen überhaupt dafür begeistern kann, etwas in sein Reich zu investieren?

Doch genau an diesem Punkt schlagen so viele Leute den falschen Weg ein. Sobald sie die wunderbare Wahrheit des oben genannten Bibelverses erkannt haben, besteht die große Versuchung darin, dass sie nur motiviert sind zu geben, um zu empfangen.

Viele wohlmeinende Prediger und Bibellehrer tappen leider in diese Falle und ziehen andere mit. Das Prinzip »Wenn ihr gebt, werdet ihr erhalten« soll unsere *Belohnung* sein, nicht unsere Motivation.

Darum stellte Jesus seiner Verheißung diese Worte voran: »Hört auf, andere zu verurteilen, und ihr werdet auch nicht verurteilt werden. Hört auf, andere zu tadeln, oder es wird euch ebenso ergehen. Wenn ihr anderen vergebt, wird euch auch vergeben werden« (Lk. 6,37).

Dieser Zusammenhang stellt die Verheißung in ein sehr ernüchterndes Licht. Wer richtet, wird selbst gerichtet, und zwar in einem vollen, zusammengepressten, gerüttelten und überreichlichen Maß. Wer verurteilt, wird selbst verurteilt, und zwar in einem vollen, zusammengepressten, gerüttelten und überreichlichen Maß. Dieses Prinzip gilt im Positiven wie im Negativen!

Die gute Nachricht ist: Wer vergibt, dem wird selbst reich vergeben. Wer Liebe sät, der wird eine überfließende Ernte der Liebe einbringen.

Das ist ein grundlegendes Prinzip im Reich Gottes. Es ist eine Wahrheit, die manchmal auch »Gesetz der Wechselseitigkeit« genannt wird. Doch der ausgewogene Umgang damit ist eine Frage des Herzens.

Mein größtes Problem mit den meisten Predigten, die ich im Zusammenhang mit Lukas 6,38 gehört habe, besteht darin, dass der materielle Gewinn als Beweggrund für das Geben präsentiert wird. Wie geht es Gott wohl, wenn ein Prediger aufsteht und sagt: »Kommt schon, spendet für Gott und ihr werdet mehr als eure Spende zurückbekommen. Das ist ein gutes Geschäft!«?

Ich sagte bereits, dass wir Gott nicht im Geben übertrumpfen können. Das Prinzip der Wechselseitigkeit gilt ebenso für Geld wie auch für Verurteilung und Vergebung. Doch in der Bibel steht nirgendwo, dass unser Beweggrund fürs Geben die persönliche Bereicherung sein soll.

Wie muss Gott sich fühlen, wenn nur ein Reich-über-Nacht-Trick Christen überhaupt dafür begeistern kann, etwas in sein Reich zu investieren? Meinen Sie, dass Gott je sagt: »Wenn meine Kinder doch endlich davon träumen würden, noch viel mehr zu besitzen«?

Gott will nicht, dass wir vom *Empfangen* träumen, sondern dass wir einen Blick fürs *Geben* bekommen.

Ja, wenn wir geben, werden wir sehr viel mehr zurückbekommen. Und nein, Gott ist nicht dagegen, dass wir schöne Dinge besitzen. Im Gegenteil. Er liebt es, seine Kinder zu segnen. Aber das Entscheidende ist der Beweggrund!

In Sprüche 16 heißt es:

> *Der Mensch hält sich selbst für rein,* ***aber der Herr prüft seine Absichten.***
>
> V. 2; eigene Hervorhebung

Und Jakobus spricht das Thema geradeheraus an:

> *Und selbst wenn ihr darum bittet, bekommt ihr es nicht, weil ihr* ***aus falschen Gründen*** *bittet und nur euer Vergnügen sucht.*
>
> Jakobus 4,3; eigene Hervorhebung

Wenn es darum geht, Gott zu gefallen und den Prinzipien seines Reichs entsprechend zu leben, spielen die inneren Beweggründe eine entscheidende Rolle.

Das große Ganze

Wir haben festgestellt, dass die Botschaft von Lukas 6,38 sich in einem anderen Licht präsentiert, sobald wir im Text einige Verse zurückgehen. Wenn wir noch weiter zurückgehen und bei Vers 30 beginnen, erhalten wir eine noch umfassendere Perspektive:

> *»Wer dich bittet, dem gib, was du hast; und wenn dir etwas weggenommen wird, versuche nicht, es wiederzubekommen. Behandle andere so, wie du von ihnen behandelt werden möchtest. Glaubt ihr, ihr hättet dafür Anerkennung verdient, dass ihr die liebt, die euch auch lieben? Das tun sogar die Sünder! Und wenn ihr nur denen Gutes erweist, die euch Gutes tun, was ist*

daran so anerkennenswert? Selbst Sünder verhalten sich so! Oder wenn ihr nur denen Geld leiht, die es euch zurückzahlen können, was ist daran außergewöhnlich? Selbst Sünder leihen ihresgleichen Geld in der Hoffnung, die volle Summe zurückzuerhalten. Liebt eure Feinde! Erweist ihnen Gutes! Leiht ihnen Geld! Und macht euch keine Sorgen, weil sie es euch vielleicht nicht wiedergeben werden. Dann wird euer Lohn im Himmel groß sein und ihr handelt wirklich wie Kinder des Allerhöchsten, denn er erweist auch den Undankbaren und den Bösen Gutes.«

Lukas 6,30-35

Jetzt haben wir den Zusammenhang des bekannten »Wenn ihr gebt, werdet ihr erhalten« (V. 38). Es ist kein Zufall, dass dieser Abschnitt mit den Worten beginnt: »Wer dich bittet, dem *gib*, was du hast« (V. 30). Beide Verse, die mit der Aufforderung zum Geben beginnen, können uns sehr helfen, die Bedeutung des Gebens zu begreifen.

Wie bereits angedeutet, ärgert es mich, wenn über Lukas 6,38 nur mit dem Hintergedanken an materiellen Gewinn gepredigt wird, statt zu sagen, dass dieser lediglich ein Nebenprodukt ist.

Die Botschaft von Jesu Predigt ist: »Gebt!« Gebt denen, die euch bitten. Gebt denen, die es euch nicht zurückzahlen können. Gebt denen Liebe, die sie nicht verdient haben. Gebt denen Barmherzigkeit, die euch Unrecht tun. Gebt im Umgang mit anderen Menschen das, was ihr von ihnen erhalten möchtet. Gebt, gebt, gebt. Ach, und übrigens: Wenn ihr das tut, wird euer Vater im Himmel dafür sorgen, dass ihr im Gegenzug viel mehr zurückerhaltet.

Sehen Sie den kleinen, aber wichtigen Unterschied in der Betonung? Wer so gibt, dass es für die Welt nach selbstvergessener Hingabe aussieht, der folgt dem Vorbild Gottes.

Gott ist gütig zu den Undankbaren und Bösen (siehe V. 35) – das waren Sie und ich einmal. Gott hat uns die größte Güte erwiesen, indem er seinen Sohn sandte, als wir undankbare und böse Menschen waren.

Gott ist ein Geber. Und ja, wenn wir geben, wird Gott uns etwas zurückgeben, doch das sollte nicht unser Beweggrund sein. Wir sollten geben, einfach weil es Freude macht, unserem wunderbaren himmlischen Vater nachzueifern.

Gott ist an unseren Herzen gelegen. Und ein Herz mit der richtigen Ausrichtung hat mehr Freude am Geben als am Empfangen.

Anders ausgedrückt, sagt Gott: »Wenn ihr einfach gebt, um zu geben, werde ich euch belohnen, indem ihr sehr viel mehr zurückbekommt.« Die Belohnung kommt, weil wir unser Herz von Gott haben bewegen lassen – zum Geben, nicht zum Empfangen.

Im Alten Testament, in 5. Mose 15, finden wir schon einen Hinweis auf diese Wahrheit. Dort sagt Gott:

> *»Gibt es jedoch Arme unter euren Landsleuten in euren Städten in dem Land, das der Herr, euer Gott, euch gibt, dann seid ihnen gegenüber nicht hartherzig und geizig. Seid vielmehr großzügig und leiht ihnen, was sie brauchen. Hütet euch davor, euren armen Landsleuten gegenüber kleinlich zu sein, weil ihr insgeheim denkt: ›Das siebte Jahr, das Erlassjahr, steht ja schon kurz bevor.‹ Wenn ihr ihnen nichts gebt und der Bedürftige euretwegen zum Herrn schreit, ladet ihr dadurch Schuld auf euch.* ***Gebt gerne, ohne zu klagen. Dann wird euch der Herr, euer Gott, bei allem, was ihr tut, segnen.*** *Es wird immer Arme im Land geben. Deshalb befehle ich euch, den armen und bedürftigen Israeliten gegenüber freigiebig zu sein. Wenn jemand, ein Israelit oder eine Israelitin, sich euch als Sklave verkauft, soll er euch sechs Jahre dienen. Im siebten Jahr sollt ihr ihn freilassen. Wenn ihr einen Sklaven freilasst, dann schickt ihn nicht mit leeren Händen fort.* ***Gebt ihm ein großzügiges Abschiedsgeschenk mit*** *von euren Schafen und Ziegen, eurem Getreide und eurem Wein. Lasst ihn an dem Reichtum teilhaben,*

> *mit dem der Herr, euer Gott, euch gesegnet hat.* ***Denkt daran, dass ihr Sklaven in Ägypten wart und dass der Herr, euer Gott, euch befreit hat!*** *Deshalb gebe ich euch heute dieses Gebot.«*
>
> 5. Mose 15,7-15; eigene Hervorhebung

Hier sehen wir deutlich, dass Gott Menschen helfen will. Es wird auch klar, dass Gott die Herzenshaltung des Gebers anschaut. Nachdrücklich sagt er den Israeliten, sie sollen nicht »klagen« (V. 10), wenn sie geben. Schon damals hatte Gott »einen fröhlichen Geber« lieb (2. Kor. 9,7).

Der Grund ist nicht schwer zu verstehen. Sind Sie nicht stolz auf Ihre Kinder, wenn sie sich selbstlos verhalten? Anders gefragt: Fühlen Sie sich gut dabei, wenn Sie Ihre Kinder bestechen und ihnen drohen müssen, damit sie großzügig sind?

Wir freuen uns, wenn unsere Kinder einander helfen und achten. Und was schon für uns als irdische Eltern gilt, gilt noch unendlich viel mehr für Gott.

Je mehr wir zu fröhlichen, bereitwilligen Gebern werden, umso mehr ähneln wir unserem himmlischen Vater. Gott versucht, etwas in uns zu bewirken. Er möchte unser Herz reinigen.

Allerdings gibt es – wie in dem eben gelesenen Bibelabschnitt erklärt wird – einige Punkte, mit denen wir uns auseinandersetzen müssen, wenn wir Geber mit einem reinen Herzen sein wollen.

Das selbstsüchtige Herz

In 5. Mose 15,9 lesen wir, dass wir gegen die bösen Gedanken angehen müssen, die uns davon abhalten wollen, mit anderen barmherzig umzugehen. Gott bezeichnet selbstsüchtige Gedanken als böse. Der Egoismus flüstert, dass wir vielleicht selbst nicht genug haben oder dass Gott uns nicht treu mit dem versorgen wird, was wir brauchen, wenn wir geben. Gott sagt: »Erlaubt euch nicht, so zu denken.«

Natürlich sind Gier und Egoismus keine angemessenen Beweggründe zum Geben. Gott möchte aus uns habgierigen, selbstsüchtigen Nehmern dankbare, großzügige Geber machen.

In Josua 1 lesen wir:

> *»Die Worte des Gesetzes sollen immer in deinem Mund sein. Denke Tag und Nacht über das Gesetz nach, damit du allem, was darin geschrieben steht, Folge leisten kannst, denn nur dann wirst du erfolgreich sein.«*
>
> V. 8

Viele Menschen lesen diesen Vers und denken, dass sie nur genug in der Bibel lesen und darüber nachdenken müssen, wenn sie reich und erfolgreich sein wollen. Schauen Sie noch einmal hin! Dann werden Sie sehen, dass das nur zum Teil stimmt. In diesem Vers steht in Wirklichkeit, wir sollen Tag und Nacht über Gottes Wort nachdenken, damit wir alles *tun* können, was es uns aufträgt. Das *Handeln* nach Gottes Wort bringt Erfolg und Segen.

Genau deshalb ist Egoismus unser Feind. Egoismus versucht zu manipulieren und »Geschäfte« mit Gott zu machen. Wir wurden schon als Egoisten geboren.

Auch auf die Gefahr hin, dass ich Ihnen zu nahe trete, falls Sie gerade erst Mutter oder Vater geworden sind: Ich muss Ihnen sagen, dass Ihr süßes kleines Engelchen als total und absolut selbstsüchtiger Mensch auf die Welt gekommen ist.

Die erste verbale Äußerung eines jeden Babys ist nicht »Mama« oder »Papa«, sondern »Uwääääääh!« Sinngemäß übersetzt: »Gib mir was zu essen! Wechsle meine Windel! Nimm mich auf den Arm – und zwar sofort!« Ist Ihnen auch schon mal aufgefallen, dass jedes zweijährige Kind auf diesem Planeten nur ein Lieblingswort hat, nämlich »Meins!«?

Egoismus ist tief in unserem Herzen verankert, und daran

ändert sich nichts, nur weil unser Körper erwachsen wird. Falls Sie Zweifel daran haben, versuchen Sie nur einmal, vom Teller eines Mannes ein Stück Fleisch wegzunehmen. Oder besser nicht, wenn Ihnen Ihre Hand lieb ist! Vielleicht ist es Ihnen noch nicht aufgefallen, aber die meisten Männer teilen ihr Essen nicht gern mit anderen.

Die meisten Frauen hingegen finden gar nichts dabei. Beobachten Sie einmal eine Gruppe von Frauen in einem Restaurant. Da wird mehr Essen getauscht als auf einem Naturalienmarkt. Darum gehen Frauen auch automatisch davon aus, dass ihr Mann sie gern von seinem Teller essen lässt. Das ist ein Irrtum.

Täglich spielt sich Tausende Male in Fast-Food-Restaurants in unserem wunderschönen Land etwa folgende Szene ab: Ein Ehepaar fährt im Drive-in an den Bestellschalter und hört den Satz: »Willkommen bei McXYZ. Was darfs denn sein?« Der Mann lehnt sich aus dem Fenster und sagt (etwas lauter als nötig): »Ja, ich hätte gern einen doppelten Cheeseburger, Pommes und eine Cola.« Dann dreht er sich zu seiner Frau um und fragt: »Und was willst du, Schatz?« Sie antwortet: »Ach, danke, ich möchte nichts. Du kannst mir ja was von dir abgeben.«

Ich, dir etwas von mir abgeben?, denkt der Mann. *Verstehst du denn nicht, dass das* ***»von mir«*** *eben* ***mir*** *gehört? Ich habe genau so viel bestellt, wie ich essen will!*

Natürlich sagt der Mann das nicht laut. Stattdessen erwidert er freundlich: »Schatz, wenn du was willst, bestelle ich es dir gern. Wenn du Pommes willst, kriegst du Pommes.« »Ach, nein«, entgegnet sie. »Ich habe gar keinen richtigen Hunger.« Natürlich weiß der Mann, dass mindestens die Hälfte seiner Pommes dahin sind.

Was ich sagen will, ist: Wir alle sind egoistisch. Die Grundeinstellung des menschlichen Herzens ist, zu horten und bloß nichts mit anderen zu teilen. Doch dann kommt der liebende Vater im Himmel zu uns und sagt: »Ich möchte dieses böse, egoistische Herz verändern und dich zu einem Geber machen. Ich möchte dich mir ähnlicher machen.«

Das verdrossene Herz

»Sondern du sollst ihm geben, und dein Herz soll sich's nicht verdrießen lassen, dass du ihm gibst« (5. Mose 15,10; Luther 2017). Das sagt Gott in dem Text, den wir bereits gelesen haben. Nachdem wir über das selbstsüchtige Herz gesprochen haben, müssen wir uns als Nächstes mit unserem verdrossenen Herzen auseinandersetzen. Schauen wir uns einmal den ganzen Vers an:

> *Sondern du sollst ihm geben, und dein Herz soll sich's nicht verdrießen lassen, dass du ihm gibst; denn dafür wird dich der Herr, dein Gott, segnen in allen deinen Werken und in allem, was du unternimmst.*
>
> 5. Mose 15,10; Luther 2017

Wenn man gern gibt, ist die Belohnung dafür ein Leben voller Segen. Gott sagt, er wird uns in allem segnen, was wir tun und unternehmen. Doch er trägt uns auch auf, beim Geben nicht widerwillig zu sein. Es ist wichtig, dass wir nicht innerlich anfangen zu fragen, was wir mit dem Geld hätten tun können, wenn wir es behalten hätten. Egoismus kann uns *vor* dem Geben angreifen, aber *nach* dem Geben kann sich Verdruss einstellen.

Verkäufer von teuren oder luxuriösen Dingen kennen das Phänomen der »Kaufreue«. Dieser Begriff bezieht sich auf etwas, das sich häufig bei Menschen einstellt, die viel Geld für etwas ausgegeben haben, zum Beispiel ein Auto oder ein Haus. Sobald die anfängliche Begeisterung nachlässt, stellt sich auf einmal ein panikartiges Gefühl ein: »Was habe ich da bloß gemacht?« Viele Dinge, die aus einem Impuls heraus gekauft wurden, werden aufgrund dieses Phänomens am nächsten Tag zurückgegeben.

Viele Menschen geben, weil sie meinen es zu müssen und nicht weil sie es wollen.

Etwas Ähnliches kann passieren, wenn man von Gott her den Eindruck hatte, dass man etwas geben soll – und man ihm gehorcht hat. Wichtig ist also, sein Herz nicht nur vor, sondern auch nach dem Geben zu schützen.

Es gibt aber noch ein weiteres Problem: Viele Menschen geben, weil sie meinen es zu müssen und nicht weil sie es wollen. Sie fühlen sich *unter Druck gesetzt* und bereuen es später. Sie trauern dem Geld hinterher, das sie nicht mehr haben.

Gott versucht jedoch etwas Tieferes in unserem Herzen zu bewirken. Macht es Gott Freude, wenn wir nach einer guten Tat voller Bedauern sind? Hat er dann in unserem Herzen sein Ziel erreicht? Ganz und gar nicht.

Wie wehrt man sich nun gegen Verdruss? Indem man das »eigene« Geld im richtigen Licht betrachtet.

Um diesen Gedanken zu veranschaulichen, machte ich einmal mitten in einer Predigt eine Pause und sagte. »Könnte mir jemand von Ihnen 100 Dollar geben?« Sofort sprang ein Mann auf, kam nach vorn und reichte mir einen 100-Dollar-Schein. Ich steckte den Schein in die Tasche und setzte meine Predigt fort.

Ich bin mir ziemlich sicher, dass jeder Zuhörer dachte: *Was war das denn? Warum wollte er 100 Dollar haben? Und warum ist der Mann so schnell aufgestanden und hat sie ihm gegeben?* (Am meisten fragte sich das wohl seine Ehefrau!)

Nachdem ich die Gemeinde ein paar Minuten lang hatte schmoren lassen, unterbrach ich meine Predigt erneut und erklärte: »Ich will Ihnen sagen, warum dieser freundliche Herr mir so schnell 100 Dollar gebracht hat, ohne zu wissen, wofür ich sie brauche. Vor dem Gottesdienst habe ich ihm den 100-Dollar-Schein gegeben und gesagt, dass ich während des Gottesdienstes danach fragen würde. Dann sollte er mir den Geldschein schnell bringen.«

Weiter erklärte ich, dass ich anhand dieses Beispiels etwas deutlich machen wollte. Der Mann hatte mir das Geld auf meine Frage hin so schnell gegeben, weil es mir gehörte. Er verspürte keinen Verdruss, keine Reue und keinen emotionalen Konflikt, als er mir das Geld geben sollte. Warum? Weil er wusste, dass es nicht ihm gehört.

Wie wir in einem der letzten Kapitel gesehen haben, gilt dies für alles, was wir haben. *Alles* gehört Gott und wir sind lediglich die Verwalter. Wenn wir uns Gottes Blick auf unser Geld zu eigen machen – wenn wir verstehen, dass es alles Gott gehört – ist es leicht, das Geld wegzugeben, wenn er uns darum bittet. Wir geben es ihm gern und trauern dem Geld nicht nach. Wir wissen, dass es uns von vornherein nicht gehörte.

Wenn ich bei einem Christen selbstsüchtiges Verhalten sehe, weiß ich, dass ich es mit jemandem zu tun habe, der entweder nicht weiß oder vergessen hat, dass alles Gott gehört. Der Betreffende verhält sich wie ein Eigentümer, nicht wie ein Verwalter.

Der Mann, der mir während meiner Predigt das Geld gab, hat es mir im eigentlichen Sinn gar nicht gegeben. Er hat es mir nur zurückgebracht. Vielleicht haben wir ein Problem mit dem Geben, weil wir nicht begreifen, was Haushalterschaft bedeutet. Vielleicht haben wir vergessen, dass Gott der Eigentümer ist und dass wir, wenn wir etwas abgeben, im Grunde nur Gott zurückbringen, was ihm sowieso gehört.

Ich möchte Sie also fragen: Kommt bei Ihnen manchmal nach einer Spende Verdruss auf? Trauern Sie Geld hinterher, das Sie verloren haben? Das ist nicht nötig – denn das Geld hat Ihnen von vornherein nicht gehört.

Weitere »Herzoperationen«

Wir müssen unsere Selbstsucht überwinden und sollen uns vor einem verdrossenen Herzen hüten. Es gibt aber noch eine weitere »Herzoperation«, die notwendig ist, wenn es ums Geben geht. Mit Gottes Hilfe sollen wir ein freigiebiges oder großzügiges Herz ausbilden. Mit »freigiebig« meine ich, dass wir mit unserem materiellen Besitz großzügig umgehen.

Schauen wir uns noch einmal den Vers aus 5. Mose 15 an, in dem es um Hilfe für die Armen geht:

> *»**Du sollst ihm reichlich aufladen** von deinen Schafen, von deiner Tenne und von deiner Kelterkufe. Von allem, womit der Herr, dein Gott, dich gesegnet hat, sollst du ihm geben.«*
>
> V. 14; ELB; eigene Hervorhebung

Nun haben wir heute vielleicht keine Tennen oder Kelterkufen mehr, aber wir sind immer noch dazu aufgerufen, großzügig von allem abzugeben, womit Gott uns gesegnet hat. Wir sollen nicht knauserig, sondern freigiebig sein. Darum müssen wir an unserem Herzen arbeiten.

Das geht uns gegen unsere alte sündige Natur, aber es entspricht ganz der neuen Natur, die wir empfangen haben, als wir Jesus Christus unser Leben anvertrauten. Ich sage oft: »Ich wurde egoistisch geboren, aber großzügig wiedergeboren.«

Der Schlüssel zu diesem Leben in der neuen statt in der alten Natur ist die Erneuerung unseres Denkens: »Deshalb orientiert euch nicht am Verhalten und an den Gewohnheiten dieser Welt, sondern lasst euch von Gott durch Veränderung eurer Denkweise in neue Menschen verwandeln« (Röm. 12,2). Die Erneuerung unseres Denkens schafft Veränderung.

Meine neue Natur – der geistliche Mensch in mir – will großzügig sein, muss aber erst lernen, so zu denken. Ich muss lernen, darauf zu vertrauen, dass Gott für mich sorgen wird, wenn ich ein großzügiger Geber bin.

Meine alte Natur hat immer versucht herauszufinden, wie ich die Umstände zu meinen Gunsten manipulieren kann. Natürlich ist das die Haltung eines Nehmers, nicht eines Gebers. Egoismus versucht, Gott zu manipulieren oder »Geschäfte« mit ihm zu machen, wenn es ums Geben geht. Doch ein freigiebiger Mensch gibt schnell und großzügig, weil er weiß, dass alles Gott gehört, und weil er darauf vertraut, dass Gott für ihn sorgt und ihn segnet.

Diese Veränderung kann ich mir nicht selbst zuschreiben, sondern Gott hat sie in meinem Herzen bewirkt. Ich schreibe dieses Buch als Zeugnis dafür, dass es »funktioniert«. Gott *ist* treu.

Vor einiger Zeit unterhielt sich Debbie mit einem Pastorenehepaar, das uns zu Hause besuchte. Sie konnten deutlich sehen, dass wir gesegnet waren, also fragte der Pastor meine Frau: »Was denkt ihr, warum Gott euch so sehr gesegnet hat?«

Debbie dachte einen Augenblick darüber nach und antwortete: »Ich glaube, es hat etwas mit Roberts Herzen zu tun. Als Robert sich bekehrte, hat Gott sein Herz so verändert, dass er heute alles verschenken würde, was wir besitzen, wenn er den Eindruck hätte, dass Gott das von ihm will. Und tatsächlich hat er das schon öfter getan, weil er Gott und Menschen liebt. Gott hat ihm ein Herz geschenkt, das sowohl andere Christen als auch die Ziele Gottes großzügig unterstützen will.«

Ich kann Ihnen kaum sagen, wie viel Freude das Geben in unser Leben hineingebracht hat. Geber in Gottes Reich zu sein macht uns mehr Spaß als alles andere. Es hat zu einem aufregenderen Leben geführt, als wir es uns je hätten vorstellen können.

Ein letztes »Herzprojekt«

Wenn wir Gott erlauben, uns in diesem Bereich zu verändern, muss er noch etwas anderes in unserem Herzen bewirken: Wir müssen ein *dankbares* Herz bekommen. Schauen wir uns 5. Mose 15 ein letztes Mal an:

> *»Denkt daran, dass ihr Sklaven in Ägypten wart und dass der Herr, euer Gott, euch befreit hat! Deshalb gebe ich euch heute dieses Gebot.«*
>
> V. 15

Warum hat Gott den Israeliten nahegelegt, sich immer daran zu erinnern, dass sie einst Sklaven waren? Weil es ihre Herzen mit Dankbarkeit für das, was er für sie getan hatte, erfüllen würde.

Von Zeit zu Zeit, in der Anbetung oder in meiner Stillen Zeit, erinnert Gott mich an meine Vergangenheit. Das tut er aber nicht, um mir Schuldgefühle zu vermitteln oder mich zu verurteilen. Er weiß, dass es tiefe Dankbarkeit in mir hervorruft. Mein Leben war eine Katastrophe und hätte mich zu großem Kummer und in die Selbstzerstörung geführt. Doch Gott rettete mich und setzte mich auf den Weg des Lebens und des Segens. Das lässt mein Herz vor Dankbarkeit überfließen.

Wenn wir Gott erlauben, uns daran zu erinnern, dass wir Sklaven waren und alles, was wir haben, aus seiner gnädigen Hand kommt, hilft uns das, dankbar zu sein. Und wenn wir dankbar sind, sind wir großzügig. Echte Dankbarkeit Gott gegenüber ist etwas Seltenes und Gewaltiges.

Einmal, als ich in einer sehr kleinen Gemeinde übers Geben predigte, begleitete mich ein Freund, ein großzügiger Geber, um mich währenddessen im Gebet zu unterstützen. Er betete auch für die Zuhörer, dass Gott durch meine Predigt etwas in ihnen bewirken möge.

Am Ende der Predigt sagte ich: »Ich bitte jeden Einzelnen von Ihnen, dass Sie jetzt Gott im Gebet fragen, was Sie heute Abend spenden sollen.« Als auch mein Freund anfing darüber nachzudenken, fiel ihm ein, dass er weder Brieftasche noch Scheckbuch mitgebracht hatte. Zu seiner Bestürzung musste er feststellen, dass er nichts hatte, was er in die Kollekte tun konnte.

Er betete: »Herr, was kann ich geben? Ich habe kein Geld bei mir!« Sofort erinnerte Gott ihn daran, dass er ein Paar brandneue, teure Schuhe trug, und sagte: »Schenke diese Schuhe dem Pastor der Gemeinde.«

Der Pastor dieser kleinen Gemeinde hätte sich wahrscheinlich nie solche schönen Schuhe gekauft, selbst wenn er sie sich hätte leisten können (was wahrscheinlich nicht der Fall war).

An diesem Punkt begannen für meinen Freund die üblichen Gedankengänge, die uns kommen, wenn Gott etwas Ungewöhnliches von uns verlangt. *Was, wenn es nicht die richtige Größe ist? Wird er beleidigt reagieren? Was werden die Leute denken? Und soll ich hier auf Socken rausgehen?*

Schließlich traf er eine Entscheidung. *Gott hat mich angesprochen, also werde ich es tun, ganz gleich ob es mir logisch erscheint oder nicht.*

Er ging zur Ehefrau des Pastors und fragte sie: »Welche Schuhgröße hat Ihr Mann?« Es war die gleiche Schuhgröße wie bei meinem Freund. Ich glaube, ich muss nicht extra erwähnen, dass mein Freund in Socken nach Hause fuhr. Aber er war gesegnet und voller Freude – ebenso wie der Pastor.

Mehrere Jahre später hörte ich die Geschichte eines Mannes, der an jenem Abend unter den Zuhörern war. Er war noch nicht lange Christ. Vor seiner Bekehrung hatte er sein ganzes Geld verprasst und war mehr oder weniger pleite. Als die Kollekte kam, betete er: »Herr, was kann ich geben? Ich habe so wenig Geld, aber ich bin dankbar für das, was du für mich getan hast!«

Nach eigenem Erzählen gab Gott ihm den Gedanken, eine Lebensversicherung abzuschließen und die Gemeinde als Begünstigte einzusetzen. Also schloss er eine Police über 100.000 Dollar ab. Wenige Jahre später verstarb er und die Gemeinde erhielt das Geld – ein größeres Geschenk, als er ihr andernfalls hätte machen können.

Gier oder Dankbarkeit

Wie bereits erwähnt, ist ein dankbares Herz etwas Seltenes und Kostbares. Über die Jahre habe ich einen kleinen Einblick gewonnen, wie Gott sich fühlt, wenn Debbie und ich anderen Gutes tun und weitergeben, was wir haben.

Fakt ist, dass wir jedes Mal, wenn wir jemandem etwas gegeben haben, auf eine von zwei Reaktionen gestoßen sind. Die Menschen reagieren auf Segen entweder mit Dankbarkeit oder mit Gier. Lassen Sie mich erklären, was ich meine.

Die zweite Reaktion taucht meistens auf, wenn wir einer Person mehrmals etwas geben. Wenn man jemandem einmal etwas schenkt, ist er oder sie vielleicht überrascht und dankbar. Aber wenn man es mehrere Male tut, passiert es leicht, dass der Betreffende beginnt, das Geschenk als Anrecht zu betrachten.

Gott gegenüber reagieren wir ständig so. Er segnet und beschenkt uns immer wieder und es dauert nicht lange, bis wir es von ihm *erwarten*. Wenn es nicht mehr kommt, sind wir beleidigt und verärgert.

Die Reaktion ist entweder Gier oder Dankbarkeit. Ein Erlebnis, das ich hatte, verdeutlicht den Unterschied sehr gut.

Es war in einem der Fälle, als Debbie und ich ein Auto verschenkten. Wir standen mit dem Ehepaar, das das Auto erhalten sollte, in unserer Einfahrt. Zufällig standen dort zwei Fahrzeuge – das, was wir verschenken wollten, und unser eigener Wagen.

Die Ehefrau war dankbar für unser Geschenk. Sie war ganz begeistert, und ihre Dankbarkeit war nicht zu übersehen. Bei ihrem Mann war das anders. Während wir uns unterhielten, ließ er immer wieder Bemerkungen fallen, wie schön doch *mein* Auto war.

Als wir ein wenig später ins Haus gingen, fragte er mich ganz direkt: »Was meinen Sie, werden Sie das andere Auto auch einmal verschenken?« Und ich weiß noch, wie ich dachte: *Nicht an Sie!*

Wir müssen uns darüber im Klaren sein, dass unsere Einstellung zu Besitz die Fähigkeit hat, die wahre Natur unseres Herzens offenzulegen. Gier oder Dankbarkeit – Geld und materielle Dinge werden es an den Tag bringen.

Wenn Sie Kinder haben, sollten Sie sich vielleicht folgende Frage stellen: Welche Haltung wollen Sie bei Ihren Kindern belohnen, Gier oder Dankbarkeit? Natürlich möchten alle guten Eltern Dankbarkeit belohnen – und bei Gott ist das nicht anders.

Erdnuss-Segen

Wenn Gott unser Herz verändert, geben wir um des Gebens willen, nicht um etwas zu bekommen. Der daraus folgende Segen, den wir empfangen, ist ein Nebenprodukt, nicht das Ziel.

Ein wunderbares Beispiel dafür habe ich auf einer Reise nach Costa Rica erlebt, wo ich an einer Bibelschule predigen sollte. Ich fand heraus, dass dort jeden Freitag ein besonderer »Segne jemanden«-Tag war – ein Tag, an dem die Bibelschüler dazu angehalten wurden, andere zu beschenken.

Ich hörte von einem Studenten, der kein Geld hatte und für einen Erdnuss-Bauern auf dem Feld arbeitete, um sein Schulgeld bezahlen zu können. Er ging zu dem Bauern und sagte: »Könnten Sie von meinem Lohn den Preis einer Erdnuss zurückbehalten, damit ich sie am ›Segne jemanden‹-Tag einer Person schenken kann?« (Bitte vergessen Sie nicht, wie einfach es für diesen jungen Mann gewesen wäre, bei der Arbeit einfach ein oder zwei Erdnüsse einzustecken. Aufrichtige Menschen kann Gott segnen.) Der Bauer stimmte zu. Also brachte dieser Bibelschüler jeden Freitag eine Erdnuss mit und schenkte sie einem Klassenkameraden.

Es überrascht nicht, dass Gott begann, diesen jungen Mann zu segnen, der ein selbstloses, freigiebiges Herz hatte. Bald verschenkte er am »Segne jemanden«-Tag keine Erdnüsse mehr, sondern Geld. Am Ende des Semesters kaufte er Stifte und andere Schulmaterialien für die ärmsten Studenten.

Am Ende des Jahres hatte Gott ihn so sehr gesegnet, dass er in der Lage war, ein Jahr lang das Schulgeld für einen anderen Studenten mitzubezahlen. Und als er seinen Abschluss machte, zahlte er das Schulgeld für zehn weitere Studenten mit.

Wenige Jahre nach seinem Abschluss kaufte er die Erdnussplantage, auf der er gearbeitet hatte, und übernahm das Schulgeld für zahllose Studenten, die andernfalls nicht hätten an der Bibelschule studieren können.

Und das alles begann, weil Gott an seinem Herzen arbeitete. Er gab, als er nichts weiter geben konnte als eine Erdnuss. Das Entscheidende ist nicht der Betrag, den wir geben, sondern der Beweggrund hinter unserem Geben.

Wenn wir anfangen zu geben, einfach weil wir ein selbstloses, freigiebiges Herz voller Dankbarkeit haben, sind wir schon unterwegs auf dem Weg zu einem Leben voller Segen.

Segnet Gott Geber? Natürlich. Doch die Segensverheißungen sind nicht dazu da, um uns zu locken, sondern um uns von der Angst und dem Verdruss zu befreien, der viele Christen davon abhält, offene Hände zu haben.

Ja, wenn wir geben, erhalten wir etwas zurück, »zusammengepresst und gerüttelt, in einem vollen, ja überreichlichen Maß« (Lk. 6,38). Gott gießt seinen Segen auf Geber aus, und zwar, damit sie immer noch mehr in sein Reich investieren können – doch dazu ist eine Herztransplantation nötig.

Wenn wir anfangen zu geben, einfach weil wir ein selbstloses, freigiebiges Herz voller Dankbarkeit haben, sind wir schon auf dem Weg zu einem Leben voller Segen.

KAPITEL 7

Das Richtige tun

Erinnern Sie sich an unseren alten Kombi, den ich in Kapitel 1 erwähnt habe? Wissen Sie, es gab einen Grund, weshalb wir so einen »altertümlichen« Wagen fuhren. Nach den Maßstäben der Welt hätten wir uns durchaus etwas Besseres leisten können. Doch wir hatten ein älteres Auto gekauft, weil Gott uns drei Dinge für unsere Finanzen aufgetragen hatte:

1. Schulden abbauen
2. Nie andere manipulieren
3. Geben

Für uns sind diese drei wichtigen finanziellen Prinzipien zur Grundlage eines Lebens voller Segen geworden. Und ich glaube, sie stellen die Schlüssel dar, damit auch Sie im Bereich Ihrer Finanzen unter Gottes Verheißungen leben können.

In diesem Kapitel möchte ich daher diese drei Prinzipien erläutern und von einigen Erlebnissen berichten, die Sie hoffentlich sowohl inspirierend als auch lehrreich finden werden.

Schulden abbauen

Der Grund, warum wir unseren 1973er-Kombi mit den über 213.000 Kilometern überhaupt gekauft hatten, war ganz einfach: Ein anderes funktionierendes Auto, das wir in bar bezahlen konnten, ließ sich nicht finden. Wir kauften es für 750 Dollar.

Noch kurz zuvor hatten wir einen komplett ausgestatteten *Oldsmobile* gefahren, der ein Jahr alt war. Es war ein schönes, großes Auto mit einer deftigen Ratenzahlung – 370 Dollar pro Monat, um genau zu sein. Zum Vergleich: Die monatliche

Kreditrate für unser Haus betrug damals 320 Dollar (und das waren Dollar aus den frühen 1980er-Jahren!). Es dauerte nicht lange, bis Gott uns zeigte, wie absurd das vom haushalterischen Standpunkt her war. Genau genommen war es lächerlich!

Gott hatte uns gesagt, wir sollten es verkaufen und daran arbeiten, unsere Schulden abzubauen, also taten wir es. Dann kauften wir den alten Kombi für 750 Dollar. Wir beteten darüber. Wir salbten ihn mit Öl (ungefähr ein Liter pro Woche). Und wir liebten ihn. Er sah zwar nicht besonders gut aus, aber wir wussten, dass wir damit dem Willen Gottes folgten.

Es dauerte ein Jahr, bevor wir komplett schuldenfrei waren. Ich weiß, vielleicht denken Sie jetzt, dass Sie viel länger dafür brauchen würden; aber ich will Ihnen gern sagen, wie wir das bewerkstelligten.

In dieser Zeit kauften wir nichts, das wir nicht unbedingt brauchten. Wir gingen nicht auswärts essen. Wir gingen nicht ins Kino. Wir kauften keine neue Kleidung. Wir kauften nicht einmal eine neue Mikrowelle, als unsere alte mitten in jenem Jahr kaputtging. Wir kauften in dieser Zeit nichts, weil wir fest entschlossen waren, unsere Schulden abzubauen – ganz gleich wie lange es dauerte. Wir sagten zu Gott: *Es ist uns ernst damit*, und wir zeigten es ihm.

Mir haben schon viele Menschen erzählt, dass sie ihre Schulden loswerden wollen, doch sie änderten nichts an ihrem Lebensstil. Sie gingen immer noch ständig zum Essen aus. Sie gaben immer noch großzügig Geld für Unterhaltung und Urlaub aus. Sie kauften immer noch neue Kleidung. Sie schafften sich sogar weiterhin teure Dinge auf Kredit an, zum Beispiel neue Häuser und Autos.

Einmal kam ein Ehepaar aus unserer Gemeinde zu uns. Die beiden hatten ernste finanzielle Probleme und fragten uns um Rat. Im Gegensatz zu den meisten anderen setzten die beiden tatsächlich um, was wir ihnen rieten. (Es erstaunt mich immer wieder, wie viele Menschen bei einem Pastor Rat suchen und diesen Rat anschließend ignorieren. Warum fragen sie dann überhaupt?)

Wir sagten diesem Ehepaar liebevoll, aber sehr offen: »Ihr könnt euch das Haus, in dem ihr wohnt, nicht leisten. Ihr müsst es verkaufen und euch verkleinern. Außerdem müsst ihr noch einige andere radikale Schritte unternehmen.«

Erstaunlicherweise folgten sie tatsächlich unserem Rat, den wir ihnen in bestmöglichem Hören auf den Willen Gottes und der Führung des Heiligen Geistes gaben. Und das Ergebnis? Gott hat diese Familie gesegnet. Sie konnten vor Kurzem sogar einem jungen Mann in unserer Gemeinde, der ein Auto brauchte, eines schenken.

Sie gelangten von erdrückenden finanziellen Problemen zu der Freiheit, ein Auto zu verschenken. Indem sie Einschnitte vornahmen, stieg ihr wahrer Lebensstandard (Freude, Frieden und Erfüllung) enorm an.

Die Wahrheit ist: Wenn Sie als Geber leben wollen, werden Sie einige Anpassungen in Ihrem Lebensstil vornehmen müssen, sodass Sie etwas zum Geben haben. Einer der ersten Schritte dahin ist, Ihre Schulden abzubauen.

Als Gott sah, dass es uns ernst war mit dem Schuldenabbau, begann er uns unfassbar zu segnen. Darum konnten wir auch in nur einem Jahr schuldenfrei werden.

Das ist das Großartige an diesem Prinzip. Wir stehen nie allein da. Gott steht bereit und ist willens, uns die Hilfe des gesamten Himmels zukommen zu lassen, wenn wir nur den Glaubensschritt gehen und anfangen.

Darf ich Sie fragen: Wie ernst ist es Ihnen damit, Gott in Ihren finanziellen Fragen zu gehorchen?

Debbie und ich durften begreifen, dass all unser Geld ihm gehört. Darum müssen wir ihn fragen, bevor wir etwas davon ausgeben. Eine wertvolle Gewohnheit ist, bei jeder größeren Anschaffung erst zu beten und eine Nacht darüber zu schlafen, bevor man sie tätigt.

Natürlich rede ich nicht davon, über Nacht zu beten, ob wir im Supermarkt Cornflakes oder Müsli kaufen sollen. Aber ich meine, dass wir fast jeden – kleinen oder großen – Kauf vor Gott bringen und über Nacht warten sollten, bevor wir eine Entscheidung treffen.

Gott steht bereit und ist willens, uns die Hilfe des gesamten Himmels zukommen zu lassen, wenn wir nur den Glaubensschritt gehen und anfangen.

Ich habe festgestellt, dass ungefähr 80 Prozent unserer Käufe aus einem Impuls heraus erfolgen. Ein Gebet und eine kurze »Abkühlphase« kann uns davon abhalten, zahllose Fehler in unseren Ausgabegewohnheiten zu machen.

Diese Praxis ist besonders dann hilfreich, wenn man von einem Verkäufer zu einer sofortigen Entscheidung gedrängt wird. In den Vereinigten Staaten sind viele Verkäufer von hochpreisigen Gütern darauf trainiert abzuwarten, wenn ein Kunde sagt: »Ich muss erst darüber beten.« Sie erklären, dass sie diesen Wunsch respektieren, sich für eine Weile zurückziehen und in ein paar Minuten zurückkommen werden. Aber sobald man ihnen sagt, dass man nichts kauft, ohne über Nacht darüber gebetet zu haben, haben sie keine Antwort.

Wenn wir Gott gehorchen und unsere Schulden abbezahlen, ist es eine große Belohnung, dann die Freiheit zu haben, das Richtige zu tun, wenn Gott es uns aufträgt. Ich möchte Ihnen einige Beispiele nennen.

Ich hatte einmal einen verärgerten ehemaligen Angestellten, der mir vorwarf, ihn um 2.500 Dollar betrogen zu haben. Natürlich hatte ich Buchhaltungsunterlagen, anhand derer ich nachweisen konnte, dass er im Unrecht war. Ich schuldete ihm kein Geld und konnte es beweisen! Aber ich glaube an das Prinzip, die zweite Meile mitzugehen, und Gott hat mich bisher immer dafür gesegnet.

Also verkauften wir ein Fahrzeug, das wir zu der Zeit besaßen (wir hatten selbstverständlich bar dafür bezahlt, also gehörte es uns), kauften ein billigeres Auto, nahmen 2.500 Dollar vom Erlös und schickten dem Mann das Geld. Wir schuldeten es ihm nicht, aber wir hatten den Eindruck, dass Gott zu uns sagte: »Geht die zweite Meile mit.« In der folgenden Woche schickte uns jemand einen Kleinbus, der 25.000 Dollar wert war.

Ein anderes Mal warf mir ein ehemaliger Arbeitgeber vor, ihm 400 Dollar zu schulden. Er war im Unrecht; ich schuldete ihm kein Geld und hätte es beweisen können. Aber auch hier wollten wir die zweite Meile mitgehen. In Römer 12 heißt es: »Tragt euren Teil dazu bei, mit anderen in Frieden zu leben, so weit es möglich ist!« (V. 18).

Offen gesagt lasse ich mich lieber von Menschen betrügen und von Gott segnen, als auf Fairness von Menschen zu bestehen, aber Gottes Segen zu verspielen. Jedes Mal, wenn ich das Richtige getan habe, hat Gott mich gesegnet. Also schickte ich dem ehemaligen Arbeitgeber die 400 Dollar. In der folgenden Woche erhielt ich eine unerwartete Spende von 5.000 Dollar. Gott stellt sich immer dazu, wenn wir das Richtige tun.

Gott sucht nach guten Verwaltern. Er hält Ausschau nach Menschen, die dem Kaiser geben, was dem Kaiser gehört, und Gott, was Gott gehört (siehe Mt. 22,21). Das bedeutet ebenfalls, dass wir bei der Steuererklärung nicht schwindeln und bei Spenden nicht knausern sollen.

Wenn Gott wirklich unser Herz verändert hat, warum sollten wir dann überlegen, wie wir den Zehnten senken können? Warum sollten wir überhaupt Argumente dafür suchen, den Zehnten vom Netto- statt vom Bruttoeinkommen zu geben?

Der Schlüssel ist … dass Gott an unseren Herzen arbeiten möchte.

Nie andere manipulieren

Der zweite Grundstein, den Gott in unserem Leben legte, hatte die Form einer klaren Anweisung: »Manipuliert niemanden.«

Als Reisepastor besaß ich eine Liste von Personen, die irgendwann einmal für meinen Dienst gespendet hatten. An diese Personen schickte ich regelmäßig Briefe, um sie über meinen Dienst auf dem Laufenden zu halten und ihnen mitzuteilen, was wir brauchten.

Zunächst möchte ich betonen, dass daran nichts Falsches ist. Es ist nur angemessen, wenn christliche Werke eine Spenderliste haben und die Spender über Erfordernisse informieren. Doch ich stellte fest, dass diese Spenderliste für mich mit der Zeit zu einer »Quelle« geworden war.

Zum Beispiel stand auf der Liste ein Mann in Houston/Texas, der uns jedes Mal, wenn er einen Brief von uns bekam, zuverlässig 300 Dollar schickte. Als Gott mich auf meine innere Einstellung zu dieser Liste aufmerksam machte, dachte ich: *Aber Herr, wenn ich diesen Personen keine Briefe schreibe, schicken mir Leute wie der Mann in Houston vielleicht kein Geld mehr.* Und Gott antwortete: »Wenn ich will, dass er spendet, werde ich mit ihm reden.«

Gehorsam ließ ich die Spenderliste ruhen, die ich als Versorgungsquelle zu betrachten begonnen hatte. Und natürlich hörte der Mann in Houston auf, seine 300-Dollar-Spenden zu schicken.

Ich sagte zu Gott: »Herr, ich dachte du hättest gesagt, wenn er spenden soll, würdest du mit ihm reden!« Und Gott antwortete: »Tja, offensichtlich rede ich nicht mit ihm.«

So begann Gott mir Dinge zu zeigen, auf die ich in finanzieller Hinsicht mein Vertrauen und meine Erwartungen setzte. Er korrigierte meinen Blick dafür, wer meine wahre Quelle ist.

Das Richtige zu tun bedeutet, aufrichtig zu leben – ohne versteckte Pläne und Motive. Noch einmal: Es ist nicht unethisch, wenn ein christliches Werk eine feste Spenderliste hat. Aber es ist falsch, die Menschen auf der Liste als Quelle zu betrachten und nicht Gott. Wenn man in diese Falle tappt, neigt man leicht zu Manipulationstaktiken, um Menschen zum Spenden zu bewegen.

In meinem Fall hatte ich langsam aufgehört, unsere Versorgung von Gott zu erwarten, und stattdessen angefangen, mich auf Menschen zu verlassen.

Wenn Sie als Pastor, Missionar oder Evangelist im vollzeitlichen Dienst sind oder eine andere Art von Dienst tun, bei der Sie auf einen Spenderkreis angewiesen sind, ist das ein Bereich, in dem Sie stets wachsam bleiben müssen. Es ist eine Falle, in die jeder geraten kann.

Wen betrachten *Sie* als Ihre Quelle? Von wem erwarten Sie Ihre Versorgung? Lassen Sie manchmal Andeutungen fallen, wenn Sie mit Menschen zusammen sind, die Ihnen helfen könnten?

Im nächsten Kapitel werde ich eingehender darüber sprechen, aber ich will Ihnen schon jetzt sagen, dass Menschen mit der Gabe des Gebens die Fähigkeit besitzen, Manipulationsversuche rasch zu erkennen. Und Gott erlaubt ihnen nicht, Manipulation zu belohnen.

Krass gesagt ist Manipulation wie Zauberei. Wer so handelt, verlässt sich auf seine eigene Fähigkeit zu reden und Menschen zu überzeugen, statt auf Gottes Fähigkeit, zu reden und Menschen zu überzeugen. Gott kann Sie auch ohne Ihre manipulative Mithilfe versorgen!

Vor Kurzem hatten wir in meiner Gemeinde eine Ältestensitzung, in der wir alle den Eindruck hatten, einer anderen Gemeinde eine Spende für ihr Baukonto zu schicken. Zu dieser Gemeinde pflegen wir keine engere Beziehung. Genau genommen kannten wir auch deren Gemeindeleitung nicht persönlich. Wir wussten nur, dass der Heilige Geist uns auftrug, ihnen zu helfen. Wahrscheinlich beteten sie um Versorgung und Gott fand bei unseren Ältesten bereitwilliges Gehör.

Gott kann alle unsere Bedürfnisse stillen, doch er wird es

nicht tun, wenn wir andere manipulieren. Wie bei allem anderen, worüber wir in diesem Buch bisher gesprochen haben, ist es eine Frage des Herzens.

Ich bemühe mich außerordentlich, auch nur den Anschein von Manipulation zu vermeiden. Beispielsweise habe ich in den fast 20 Jahren, die ich nun schon über das Geben lehre und predige, nie eine Kollekte für unsere Arbeit angenommen, nachdem ich über das Geben gelehrt hatte. Stattdessen habe ich die Zuhörer immer ermutigt, zuerst an ihre eigene Gemeinde und für die dort vorhandenen materiellen Bedürfnisse zu spenden sowie andere christliche Werke zu unterstützen.

Auf meiner Kanzel steht kein Reiseprediger, der bereit ist, eine für ihn selbst bestimmte Kollekte anzunehmen, nachdem er über das Geben gepredigt hat. Leider gibt es nur allzu viele, die nicht nur dazu bereit wären, sondern sogar darauf bestehen.

Ein befreundeter Pastorenkollege, dessen Gemeinde finanziell zu kämpfen hatte, rief auf Empfehlung einer dritten Person einen namhaften Prediger an, der für seine Vorträge zum Thema Geld bekannt ist. Er wollte einfach guten Rat einholen und suchte nach ein paar Ideen, wie er seiner Gemeinde die biblischen Grundlagen zum Geben vermitteln konnte.

Der Prediger versprach persönlich zu kommen und ihm zu helfen. Er bot an, für ihn über das Thema zu predigen. Mein befreundeter Kollege nahm das Angebot an.

Nun kam dieser Mann und sprach darüber, dass man den Zehnten auch nachzahlen könnte (mit anderen Worten, wenn man eine Weile seinen Zehnten nicht gegeben hat, sollte man es nachholen). Ich persönlich finde diesen Gedanken nirgendwo in der Bibel. Im Gegenteil: Wie in jedem anderen Bereich unseres Lebens, in dem wir versagen, ist die Antwort Buße, nicht Rückerstattung. Jesus hat den Preis für *alle* unsere Sünden in voller Höhe bezahlt, und das können wir ihm niemals zurückzahlen.

Trotzdem reagierten die Zuhörer auf die Ausführungen jenes Predigers und gaben eine Kollekte von über 60.000 Dollar.

Nach dem Gottesdienst erklärte der Mann dem Gemeindepastor, dass die gesamte Kollekte an ihn gehen sollte, nicht an die Gemeinde. »Ihr werdet gesegnet, wenn ihr diese Gaben in meine Arbeit aussät«, sagte er.

Das war reine Manipulation. Dieser Prediger hinterließ die Gemeinde in keinem besseren Zustand, als er sie vorgefunden hatte. Ich bin davon überzeugt, dass solche Dinge Gott ein Gräuel sind.

Auch auf die Gefahr hin, dass es nach Prahlerei klingt (glauben Sie mir, das liegt mir fern – das alles geschieht nur aus Gottes Gnade!), muss ich Ihnen sagen, dass in jeder Gemeinde, in der ich bisher übers Geben gepredigt habe, der Pastor mir später gesagt hat, die Gemeinde sei anschließend viel gesünder geworden. Mehrere Gemeinden haben erlebt, wie sich ihre Ressourcen verdoppelt oder sogar verdreifacht haben, sobald den Mitgliedern klar wurde, wie viel Freude es macht, den Zehnten zu geben und zu spenden. Und nicht nur die finanziellen Mittel wachsen in diesen Fällen. Es kehrt mehr Frieden und Freude in die Gemeinde ein. Es kommen mehr Menschen in die Gemeinde. Die Anzahl der Mitarbeiter und Ehrenamtlichen wächst. Lobpreis und Anbetung werden intensiver. All das sind Zeichen einer gesunden Gemeinde und sie stellen sich ein, wenn Menschen Gott gestatten, durch das Geben an ihren Herzen zu arbeiten.

Wer will, dass sein Herz den Dingen folgt, die Gott am Herzen liegen – die Gemeinde und Menschen, die ihn noch nicht kennen –, der sollte seine finanziellen Mittel dort ansiedeln.

Warum ist das so? Ich glaube, die Antwort liegt in Matthäus 6,21. In diesem Vers sagt Jesus: »Denn wo dein Reichtum ist, da ist auch dein Herz.« Wenn Menschen anfangen, ihre

Finanzen durch die Ortsgemeinde bei Gott zu investieren, folgen auch ihre Herzen.

Die gleiche Dynamik lässt sich beobachten, wenn jemand zum ersten Mal in Aktien investiert. Wer in eine Aktie investiert, verfolgt ihre Entwicklung. Er beginnt alle paar Tage in der Zeitung oder im Internet nach dem Stand zu schauen. Man achtet im Fernsehen auf Nachrichten über die betreffende Firma. Warum? Weil dort, wo unser Reichtum ist, auch unser Herz hingeht.

Wer will, dass sein Herz den Dingen folgt, die Gott am Herzen liegen – die Gemeinde und Menschen, die ihn noch nicht kennen –, der sollte seine finanziellen Mittel dort ansiedeln. Sein Herz wird nachziehen.

Wenn die Menschen, die zu Gott gehören, begreifen, was es mit dem Geben auf sich hat – wenn Gott in ihren Herzen wirkt –, wollen sie ihren Gemeinden immer mehr dienen. Sie wollen helfen, dass die Kinderarbeit wächst. Sie wollen, dass die Gemeinde eine gute Jugendarbeit, einen kräftigen Chor und gesegnete Mitarbeiter hat. Sie wollen großzügig für die Mission spenden.

Die gesamte Atmosphäre in einer Gemeinde verändert sich, wenn Menschen begreifen, was Großzügigkeit, der Zehnte und Spenden bedeuten.

Geben

Gott sagte zu uns: »Zahlt eure Schulden ab.« Er sagte: »Manipuliert niemals andere Menschen.« Und das Dritte, was er uns im Bereich unserer Finanzen auftrug, war: »Gebt.« Wir sollten anfangen großzügig zu spenden – nicht nur unseren Zehnten zu geben, sondern deutlich darüber hinaus.

Als Debbie und ich anfingen, regelmäßig über unseren Zehnten hinaus zu spenden, begann Gott unser Einkommen zu segnen und zu vermehren. Nachdem wir darüber gebetet hatten, hatten wir beschlossen, zehn Prozent unseres Bruttoeinkommens als Zehnten in unsere Ortsgemeinde zu geben und noch einmal den gleichen Betrag an Missionswerke. In dem Jahr, als wir unsere Spenden verdoppelten, verdoppelte Gott unser Einkommen.

Ich habe bisher von vielen Erlebnissen mit dem Geben berichtet, die wir persönlich gemacht haben. Nun möchte ich von einigen erstaunlichen Ereignissen erzählen, die sich durch meine Predigten bei anderen zugetragen haben.

In einer Gemeinde, in der ich predigen sollte, gab es eine Familie, die sich in einer persönlichen Lebenskrise 1.200 Dollar von einer anderen Familie in ihrer Gemeinde geliehen hatte. Die andere Familie brauchte das Geld nicht zurück und hatte sogar gesagt, dass sie sich um die Rückzahlung keine Sorgen machen sollten.

Doch die Familie, die sich das Geld geliehen hatte, hatte den starken Eindruck, dass sie den Betrag schnell zurückzahlen sollten, wenn sie gute Haushalter sein wollten. Also beteten sie intensiv um die Möglichkeit, das Darlehen zurückzuzahlen.

An einem Nachmittag schaute die Familie, die sich das Geld geliehen hatte, die Sendung *Club 700* mit Pat Robertson. In jener Sendung gab Dr. Robertson ein prophetisches Wort über eine Familie weiter, die jemandem Geld schuldete. Er sagte, Gott werde ihnen eine über ihre menschlichen Fähigkeiten gehende Möglichkeit eröffnen, das Geld zurückzuzahlen. Begeistert nahmen sie diese Zusage für sich in Anspruch.

Am gleichen Tag predigte ich abends in ihrer Gemeinde über das Geben. Ich ermutigte die Zuhörer, zuerst an ihre eigene Gemeinde zu spenden und dann ihre Spenden so zu verteilen, wie der Heilige Geist es ihnen nahelegte. Spontan begannen Personen zu dieser Familie zu gehen und ihnen Geld zuzustecken. Als sie nach Hause kamen, holten sie das Geld heraus und legten es auf den Küchentisch. Es waren genau 1.200 Dollar. Am nächsten Abend konnten sie der anderen Familie fröhlich jeden geliehenen Cent zurückzahlen.

Ein anderes Mal hielt ich eine Predigt zum Thema Geben in einer Gemeinde, in der eines der Mitglieder bei einem Autounfall schwer verletzt worden war und vorübergehend im Rollstuhl saß. Aufgrund der Verletzungen hatten die Ärzte dem Mann gesagt, er würde etwa drei Monate im Rollstuhl sitzen und weitere drei Monate an Krücken gehen müssen.

Zu dem Zeitpunkt, als ich dort predigte, war der Unfall erst zwei Wochen her gewesen. Der alte Lieferwagen, den der Mann bei dem Unfall gefahren hatte, hatte einen Totalschaden und war nicht versichert gewesen.

An dem Abend, als ich predigte, fühlten sich viele Personen von Gott dazu aufgefordert, ihm Geld zu geben. Als er nach Hause kam, zählte er 2.000 Dollar – genau der Betrag, den er für einen alten Pick-up brauchte, mit dem er den Unfallwagen ersetzen wollte.

Als er darüber betete, zeigte ihm Gott aber 20 Personen, denen er jeweils 100 Dollar schenken sollte. Gott hatte auch sein Herz berührt.

Gott möchte in unserem Leben Wunder tun, und oft beginnt er damit, unser Herz zum Gehorsam im finanziellen Bereich zu bewegen.

Am nächsten Abend ging er also zu allen 20 Personen und gab ihnen das Geld, wie Gott es ihm aufgetragen hatte. Einige Tage später sprach Gott einen anderen Mann in der Gemeinde an und sagte ihm, er solle dem verunglückten Mann einen nagelneuen Pick-up kaufen. Er sollte den Wagen zu dem verletzten Mann bringen und dann für dessen Heilung beten.

So geschah es und Gott heilte den Mann auf der Stelle. Am nächsten Morgen konnte er mit seinem neuen Wagen zur Arbeit fahren!

Das Geben berührt viele Bereiche, in denen Gott in unserem

Leben wirken will. Gott möchte in unserem Leben Wunder tun und oft beginnt er damit, unser Herz zum Gehorsam im finanziellen Bereich zu bewegen.

Vertrauen und gehorchen

Einmal hielt ich in einer Gemeinde einen Vortrag über das Geben, und wir erlebten, wie Gottes Geist enorm unter den Zuhörern wirkte. Sie ließen sich von Gott dazu bewegen, die Gemeinde und einander zu beschenken.

Eines Abends kamen Eheleute zu mir, die sichtlich von Gott angerührt worden waren. Sie weinten schrecklich und sagten, Gott habe ihnen aufgetragen, jeden Cent zu verschenken, den sie besaßen. Ich erfuhr, dass sie einen Scheck über absolut alles Geld ausgestellt hatten, das ihnen gehörte. Nun brachten sie mir den Scheck und sagten: »Das sollen wir Ihnen geben. Tun Sie damit, was Sie für richtig halten.«

Sofort wusste ich, was Gott von mir wollte. Als sie mir den Scheck überreichten, fragte ich: »Wollen Sie damit sagen, dass jetzt das Geld mir gehört und ich alles damit tun kann, was ich will?« Unter Tränen nickten sie und bejahten meine Frage. Also sagte ich: »Ich weiß genau, was Gott von mir möchte.« Dann zerriss ich den Scheck vor ihren Augen. Sie fielen auf die Knie und brachen erneut in Tränen aus.

An jenem Abend tat Gott ein Wunder in ihren Herzen – ein Wunder, das sie für immer veränderte. Sie waren nicht mehr die gleichen Menschen. Sie hatten einen großen Gehorsamstest bestanden.

Bis heute weiß ich nicht, um wie viel Geld es sich handelte, und es ist mir auch egal. Ich weiß, dass es für sie ein enormer Betrag war – und für Gott sehr wertvoll. Ich weiß auch, dass kein Geld der Welt bewirken könnte, was Gott an jenem Abend im Leben dieses Ehepaars tat.

Dieses Erlebnis erinnert mich an ein geistliches Prinzip, das meine Frau und ich das »S.-G.-Prinzip« nennen. S. G. steht für »sofortiger Gehorsam«. Wir haben begriffen, wie wichtig es ist sofort zu reagieren, wenn wir Gottes Stimme hören.

Bei jenem Ehepaar hätte ich warten können, um zu sehen, welcher Betrag auf dem Scheck stand. Ich hätte ihn in die Tasche stecken, weiter darüber beten und ihn später zerreißen können. Doch das wäre gefährlich gewesen.

Wenn man wartet, bekommt manchmal der Teufel Zeit, sich alle möglichen guten Gründe auszudenken, warum man *nicht* tun sollte, was Gott einem aufgetragen hat. Je länger man wartet, umso mehr Zeit haben Gehirn und Gefühle, den Auftrag zu vernebeln.

Wenn Gott spricht, tun Sie es. Vertrauen und gehorchen Sie. Auf der Stelle. Geben Sie dem Teufel keine Gelegenheit, eine alternative Handlungsmöglichkeit herzuargumentieren. Befolgen Sie das S.-G.-Prinzip.

Und vergessen Sie nicht die drei Elemente, die ich in diesem Kapitel skizziert habe: 1.) Schulden abbauen, 2.) andere niemals manipulieren und 3.) so geben, wie Gott Sie führt. Das sind die Grundlagen für ein Leben voller Segen. Davon bin ich überzeugt.

Legen Sie dieses Fundament und erleben Sie, welche Wunder im Bereich Ihrer Finanzen geschehen.

KAPITEL 8

Die Gabe des Gebens

Viele Menschen sind überrascht zu hören, dass es eine Gabe des Gebens gibt, die genauso viel wert ist wie die Gabe der Prophetie oder die Gabe des Lehrens.

Häufig lesen und hören wir viel über die verschiedenen geistlichen Gaben. Doch aus irgendeinem Grund hören wir nur wenig über die Gabe des Gebens. Tatsächlich wird sie jedoch in Römer 12 unübersehbar erwähnt:

> *Gott ist gnädig und hat uns unterschiedliche Gaben geschenkt. Hat Gott dir zum Beispiel die Gabe der Prophetie gegeben, dann wende sie an, wenn du überzeugt bist, dass Gott durch dich redet. Besteht deine Begabung darin, anderen zu dienen, dann diene ihnen gut. Bist du zum Lehren berufen, dann sei ein guter Lehrer. Wenn du die Gabe hast, andere zu ermutigen, dann mach es auch!* ***Wer Geld hat, soll es aus freien Stücken und ehrlich mit anderen teilen.*** *Hat Gott dir die Fähigkeit verliehen, andere zu leiten, dann nimm diese Verantwortung ernst. Und wenn du die Begabung hast, dich um andere, die es nötig haben, zu kümmern, sollst du es mit fröhlichem Herzen tun.*
>
> V. 6-8; eigene Hervorhebung

Dieser Abschnitt skizziert sieben sogenannte Motivationsgaben. Sie werden oft so genannt, weil sie zeigen, was denjenigen mit der entsprechenden Gabe am meisten motiviert. Ich glaube, jeder Christ besitzt eine von ihnen als Hauptbegabung. Natürlich sollte ein vom Heiligen Geist erfüllter Christ alle diese Gaben in unterschiedlicher Ausprägung praktizieren. Jesus war derjenige, der alle Gaben in vollem Maß auslebte.

In unserem Leben dagegen sind vielleicht zwei oder drei

dieser Gaben stärker ausgeprägt; eine davon wird die Gabe sein, die uns besonders motiviert. Darum ist es notwendig, dass wir als Leib Christi zusammenarbeiten.

In den eben gelesenen Versen war von Prophetie, Dienst, Lehre, Ermahnung/Ermutigung, Geben, Leitung und Barmherzigkeit die Rede. Dies sind die sieben »Motivationsgaben« des Heiligen Geistes. Ich möchte sie im Folgenden kurz definieren:

- Prophetie: legt die Beweggründe eines Menschen offen und sucht die Übereinstimmung mit Gottes Wort und Willen.
- Dienst: kümmert sich praktisch um die Bedürfnisse von Menschen.
- Lehre: erforscht biblische Wahrheiten und präsentiert sie anderen.
- Ermahnung/Ermutigung: ermahnt und ermutigt andere.
- Geben: begegnet materiellen Bedürfnissen, oft durch finanzielle Mittel.
- Leitung: organisiert und führt.
- Barmherzigkeit: hat Mitgefühl und begegnet anderen mit Erbarmen.

Viele Menschen sind kaum mit den Versen vertraut, die direkt auf die eben gelesenen folgen. Römer 12,9-15 liefert uns Informationen zu jeder dieser Gaben.

Vers 9 zum Beispiel spricht diejenigen an, die die Gabe der Prophetie haben: »Täuscht nicht nur vor, andere zu lieben, sondern liebt sie wirklich. Hasst alles Böse und stellt euch auf die Seite des Guten.« Christen mit der Motivationsgabe der Prophetie verabscheuen Dinge, die böse sind, und halten sich an das, was gut ist. Doch die biblische Ermahnung an sie lautet: »Eure Liebe sei frei von Heuchelei.« Mit anderen Worten: Liebt alle – die Guten und die Schlechten.

Vers 10 ermutigt diejenigen mit der Gabe des Dienens: »Liebt einander mit aufrichtiger Zuneigung und habt Freude daran, euch gegenseitig Achtung zu erweisen.« Das ist eine wunderbare Beschreibung eines Menschen, der sich im Dienen auszeichnet.

Vers 11 hat mit der Gabe des Lehrens zu tun: »Werdet nicht nachlässig, sondern lasst euch ganz vom Geist erfüllen und setzt euch für den Herrn ein.« Lehrer sind gewöhnlich sehr fleißige Menschen; die Bibel ermahnt sie zum besonderen Eifer, wenn sie die Wahrheiten lehren, die Gott ihnen aus seinem Wort offenbart hat.

In Vers 12 finden sich Hinweise für Christen mit der Gabe der Ermahnung/Ermutigung: »Freut euch auf alles, was Gott für euch bereithält. Seid geduldig, wenn ihr schwere Zeiten durchmacht, und hört niemals auf zu beten.« Ermahner/Ermutiger sind sowohl in der Lage, sich zu freuen als auch Geduld mit Menschen zu haben. Sie sind außerdem wunderbare Fürbitter, die für Menschen in Not beten.

In Vers 13 finden wir die Aufgabenbeschreibung für jemanden mit der Gabe des Gebens: »Wenn andere Gläubige in Not geraten, steht ihnen zur Seite und helft ihnen. Seid gastfreundlich und öffnet für Gäste euer Haus.« Die Christen mit der Gabe des Gebens, die ich kenne, lieben es, anderen Christen zu helfen. Sie sind außerdem sehr gastfreundlich; manche haben besondere Gästezimmer in ihren Häusern eingerichtet, sodass Missionare auf Heimaturlaub bei ihnen wohnen können.

Vers 14 hat mit der Gabe der Leitung zu tun: »Wenn ihr verfolgt werdet, weil ihr zu Christus gehört, dann verflucht eure Verfolger nicht, sondern erbittet den Segen Gottes für sie.« Das haben Menschen in verantwortlichen Positionen auf jeden Fall nötig. Leiter erleben es oft, dass andere gegen sie auftreten.

In Vers 15 schließlich geht es um die Gabe der Barmherzigkeit: »Sind andere Menschen glücklich, dann freut euch mit ihnen. Sind sie traurig, dann begleitet sie in ihrem Kummer.« Den Christen mit dieser Gabe muss man wirklich nicht sagen, dass sie »mit den Weinenden weinen« sollen; das geschieht bei ihnen ganz von allein. Aber manchmal muss man sie dazu ermahnen, sich mit den Fröhlichen zu freuen.

Stolpersteine

Wie Sie inzwischen wissen, setzt Gott meine Frau und mich seit vielen Jahren im Bereich des Gebens ein. Ich habe bereits erzählt, wie wir über 18 bemerkenswerte Monate hinweg neun Autos verschenken konnten. Inzwischen sind wir bei 14 verschenkten Fahrzeugen und das Ende ist noch nicht in Sicht. Anderen Menschen etwas Gutes zu tun, macht Spaß (und ein bisschen süchtig)!

Seit den Anfängen konnten wir auch unser erstes Haus verschenken. Wir hatten Phasen, in denen wir 70 Prozent unseres Einkommens weggaben. Drei Mal in unserem Leben durften wir bisher alles verschenken, was wir besaßen. (Im letzten Kapitel dieses Buches werde ich erzählen, wie es beim letzten Mal war.)

Bitte verstehen Sie mich nicht falsch. Ich sage das alles nicht, um damit zu prahlen. Es liegt mir nicht daran, mir selbst auf den Rücken zu klopfen. Aber es liegt mir daran, Sie wissen zu lassen, dass ich die Prinzipien *auslebe*, die ich Ihnen versuche nahezubringen. Für mich ist das keine Theorie, sondern das echte Leben.

Weil wir schon seit Jahren diesen Lebensstil des Gebens praktizieren, haben wir einiges gelernt. Wir haben viel über Menschen mit der Gabe des Gebens gelernt und auch über die Reaktionen von Menschen auf solche Geber.

Ich erinnere mich an eine Situation, als Gott uns aufforderte, Bekannten von uns 1.000 Dollar zu schenken, die sie gerade für etwas brauchten. Als wir ihnen das Geld gaben, antworteten sie: »Natürlich sind 1.000 Dollar für euch wie 100 Dollar für andere Leute.« Indirekt meinten sie wohl, dass wir mehr Geld hatten, als wir ausgeben konnten und dass 1.000 Dollar zu verschenken kein Opfer für uns war.

Das tat uns weh und wir verstanden nicht, warum sie so etwas sagten. Wir hatten ihnen gerade 1.000 Dollar geschenkt. Warum sagten sie nicht einfach: »Vielen Dank!«? Warum sagten sie: »Natürlich sind 1.000 Dollar für euch wie 100 Dollar für andere Leute«?

Das stimmt nämlich nicht. 1.000 Dollar haben immer die gleiche Kaufkraft, ganz gleich wer sie in der Hand hat. Doch so denken wir häufig über Menschen, die Gott finanziell gesegnet hat. Sätze wie die von jenem Ehepaar sind unsensibel und offenbaren Undankbarkeit und falsche Ansichten über Geld.

Das wiederum erinnert mich an ein anderes Ehepaar, das unseren Ruf als großzügige Geber kannte. Jedes Mal wenn wir mit ihnen zusammen waren, ließen sie Anspielungen über ihre finanziellen Bedürfnisse fallen. Als sie merkten, dass wir auf ihre »dezenten« Bemerkungen nicht eingingen, wurden ihren Äußerungen immer unverhohlener. Natürlich hatten wir ihre Andeutungen mitbekommen; wir hatten nur nicht die Absicht, uns manipulieren zu lassen.

Einmal sagte einer von ihnen: »Diesen Monat konnten wir einige unserer Rechnungen nicht bezahlen, aber ihr beiden kennt so etwas ja nicht.« Natürlich wussten wir genau, wie es ist, wenn am Ende des Geldes noch zu viel Monat übrig ist. Wir hatten Zeiten erlebt, in denen wir darauf vertrauen mussten, dass Gott sich sogar um unsere Grundbedürfnisse kümmert. Selbst Menschen, die Gott enorm gesegnet hat, erinnern sich an Zeiten, in denen sie Defizite hatten.

Leider wird man, wenn man als Geber unterwegs ist, mit ziemlicher Sicherheit undankbaren, unsensiblen oder manipulativen Menschen begegnen. Das gehört einfach dazu.

Ein Wort an die Pastoren

Dieses Kapitel beinhaltet einige wertvolle Hinweise für Pastoren. Es liegt mir am Herzen, den Hirten der Gemeinde verstehen zu helfen, dass Mitglieder ihrer Gemeinde die Gabe des Gebens haben, sowie ihnen zu erklären, wie man diese Gabe erkennen und weiterentwickeln kann.

Es ist ein wenig seltsam. Viele Pastoren wissen instinktiv, dass sie die Mitglieder ihrer Gemeinde, die die Gabe der Leitung, des Dienens oder der Lehre haben, unterstützen, schulen und entwickeln müssen. Sie leiten sie an und helfen ihnen, ihre Gaben besser einzusetzen. Doch viele der gleichen Pastoren wissen nicht einmal, *wie* sie das Geben als geistliche Gabe erkennen können, und wenn doch, wissen sie nicht, wie sie den Betreffenden helfen sollen, in dieser Gabe zu wachsen. Ich vermute, manche Pastoren sind sogar der Ansicht, dass es irgendwie unangemessen ist, wenn sie den Gemeindemitgliedern mit der Gabe des Gebens helfen, sich darin weiterzuentwickeln.

Ein kleiner Gedankenimpuls: Da es sieben Motivationsgaben gibt, ist es durchaus möglich, dass jeder Siebente, der in einer Gemeinde sitzt, die Gabe des Gebens hat. Wenn Sie diese Gabe selbst besitzen, möchte ich Ihnen helfen. Und ich möchte den Leitern helfen, die dieses Buch lesen, damit sie diejenigen mit der Gabe des Gebens besser unterstützen können. Sie sind zu wertvoll für den Leib Christi, als dass wir ihre Gaben unausgereift und unentwickelt brachliegen lassen könnten.

Wenn Sie die Motivationsgabe des Gebens haben, möchte ich Ihnen sagen, dass dies ein wunderbares geistliches Geschenk Gottes ist. Sie sollten sich freuen und dankbar sein, dass Gott Ihnen diese Gabe anvertraut hat. Ich hoffe, dass Sie sie als eine geistliche Gabe betrachten, die Gott einsetzen möchte, um seine Gemeinde und sein Reich aufzubauen.

Wenn Sie Pastor oder Leiter sind, fordere ich Sie heraus, Gott darum zu bitten, Sie in Ihrem eigenen Leben auf eine höhere Ebene des Gebens zu bringen. Es ist sehr schwer für einen Pastor, Geber gut zu leiten, wenn er kein Herz fürs Geben hat oder die biblischen Prinzipien der Haushalterschaft nicht versteht.

Ich möchte alle Pastoren ermutigen, über das Geben zu predigen, ohne sich dafür zu entschuldigen. In 30 Prozent der Gleichnisse, die Jesus erzählte, ging es um das Thema Geld. Ich predige gern übers Geben, weil ich weiß, dass es Menschen hilft. Wenn Menschen die Wahrheit über das vom Heiligen Geist geführte Geben hören und annehmen, wird Gott sie segnen und ihr Leben zum Besseren verändern.

Ganz ehrlich: Wenn ich in meiner Gemeinde übers Geben predige, will ich den einzelnen Zuhörern helfen, nicht der Gemeinde als Institution. Ich gebe aber auch zu, dass ich persönlich manche der Sätze nicht mag, die in Gemeinden häufig in diesem Zusammenhang fallen.

Zum Beispiel stehen hauptamtliche Pastoren oft vor der Gemeinde und sagen: »Wir sammeln jetzt die Kollekte ein.« Das klingt so, als wären die Zuhörer die Geber und der Pastor und die hauptamtlichen Mitarbeiter die Empfänger. Viel besser wäre es zu sagen: »Wir wollen jetzt Gott mit unseren Gaben ehren.« Das deutet darauf hin, dass der Pastor gemeinsam mit der Gemeinde sein Geld für Gott gibt.

In 30 Prozent der Gleichnisse, die Jesus erzählte, ging es um das Thema Geld.

Ich sehne mich auch danach, dass Pastoren Gott um eine Herzensveränderung in Bezug auf das Geben bitten – und dann aus diesem veränderten Herzen heraus mit Begeisterung und Vollmacht predigen. Manche Pastoren tun es nicht, weil sie die Zuhörer nicht beleidigen wollen. Sie geben das ganz offen zu. Doch die einzigen Menschen, die sich beleidigt fühlen, wenn es in der Predigt ums Geben geht, sind diejenigen, die der Geist des Mammons im Griff hat. Diejenigen, die wissen, worum es beim Geben geht, werden sich bei einer entsprechenden Predigt nicht angegriffen fühlen, und diejenigen, die Sklaven des Mammons sind, werden keine Freiheit finden, wenn sie nicht erst einmal die Wahrheit hören.

Christen mit der Gabe des Gebens sind ein großer Gewinn für die Gemeinde. Ein Pastor kann auf einen echten Geber zugehen und ihm ein konkretes finanzielles Anliegen mitteilen, und der Geber wird nicht beleidigt sein. Er wird es sogar zu schätzen wissen, weil es ihm ein Herzenswunsch ist, Bedürfnisse zu stillen.

Ein Mann mit der Gabe des Gebens beschrieb einmal, dass Geber häufig den größten Teil ihrer (über den Zehnten hinausgehenden) Spenden in christliche Organisationen außerhalb ihrer Gemeinde geben. Warum? Weil die Vision der Gemeinde einfach nicht groß genug ist für die Summen, die sie gern geben möchten. Mit anderen Worten, die Pastoren haben entweder keine ausreichend große Vision oder keinen ausreichend großen Glauben, um derartige Spender anziehen zu können.

Solchen Pastoren will ich sagen: »Lasst euch von Gott eine große Vision schenken, denn er hat Menschen in eurer Gemeinde die Gabe des Gebens geschenkt, und diese möchten große Summen spenden, wenn die Vision groß und gut ist.«

Beginnt man jedoch, die Spender als »Quelle« zu betrachten statt Gott (wie ich bereits erklärt habe), wird nichts Großes geschehen. Menschen mit der Gabe des Gebens riechen Manipulation zehn Meilen gegen den Wind. Wer anfängt, in ihrer Gegenwart Andeutungen zu machen, statt direkte Bitten zu äußern, verärgert die Geber und das Geld bleibt in ihrer Tasche. Christen mit der Gabe des Gebens können Tricks und Betrügereien schneller durchschauen als andere, weil sie sich jenseits von menschlichen Fähigkeiten vom Heiligen Geist leiten lassen. Sie geben, weil sie seine Stimme gehört haben.

Ich erinnere mich an ein Mittagessen mit einem relativ neuen Bekannten. Er war reich und ich merkte, dass er die Gabe des Gebens hatte, auch wenn diese zu dem Zeitpunkt noch deutlich unterentwickelt war.

Kurz nachdem wir uns hingesetzt hatten, sagte er: »Eins will ich gleich von Anfang an klarstellen. Ich spende nur für Ihre Arbeit, wenn Gott es mir aufträgt.« Ein bisschen überrascht über seine Direktheit antwortete ich: »Super! Ich möchte auch gleich von Anfang an etwas klarstellen. Ich habe, so wie Sie, die Gabe des Gebens und ich habe Sie nicht zum Essen eingeladen, um Sie um Geld zu bitten. Offen gesagt hat Gott uns reich gesegnet und wir brauchen Ihr Geld nicht. Ich bin hier, weil Gott mir einige Dinge über das Geben klargemacht hat. Er hat mir auch deutlich gemacht, dass Sie diese Prinzipien noch nicht kennen, obwohl Sie die Gabe haben.«

Nun war *er* überrascht. Ich war in Fahrt und redete weiter: »Gott hat mir gezeigt, dass Sie seit einiger Zeit um fünf Dinge beten. Ich kann Ihnen helfen, Ihre Gabe in diesen Bereichen einzusetzen, wenn Sie es möchten.«

Ich umriss kurz die fünf Punkte, die Gott mir gezeigt hatte. Mein Bekannter war nicht nur erstaunt, wie zutreffend ich seine Lage beschrieben hatte, sondern er gab auch zu, dass er tatsächlich Hilfe in diesen Bereichen benötigte.

Seitdem sind wir gute Freunde geworden. Heute versteht er die Gabe des Gebens besser als ich und hilft mir oft, anderen unser Wissen zu vermitteln.

Die Sünde der Parteilichkeit

Die Bibel warnt uns eindringlich davor, Partei zu ergreifen, insbesondere für die Reichen oder Prominenten der Gesellschaft: »Wenn ihr aber einen Menschen bevorzugt, werdet ihr schuldig, denn ihr missachtet dieses Gesetz« (Jak. 2,9).

Ich habe beobachtet, dass es in Beziehungen mit Menschen, die die Gabe des Gebens haben, oft zu Parteilichkeit kommt. Diese äußert sich auf zwei unterschiedliche Weisen.

Natürlich gibt es Situationen, in denen eine Gemeinde sich das sprichwörtliche Bein ausreißt und einen wohlhabenden Gast besser behandelt, als sie es sollte. Meine persönliche Beobachtung ist allerdings, dass Reiche oft viel schlechter behandelt werden als andere, und zwar aus Neid, Eifersucht oder Gier.

Meiner Erfahrung nach wollen Menschen, die treu in ihrer Gabe des Gebens leben – und aufgrund dessen mit finanziellen Mitteln gesegnet wurden – überhaupt nicht anders als alle anderen behandelt werden. Doch oft sind Menschen mit großen finanziellen Ressourcen sehr einsame Menschen.

Im Großen und Ganzen werden wohlhabende Menschen von der Kirche nicht gut behandelt. Sie sitzen in Gottesdiensten, in denen Witze über »die Reichen« gemacht werden. Sie hören Predigtbeispiele von der Kanzel, die Erfolg als Sünde darstellen oder als Grund, sich zu schämen. Und da wundern sich manche Pastoren, warum einflussreiche, wohlhabende Menschen nicht in ihre Gemeinden kommen! Was diese Einstellung angeht, haben viele Pastoren und Christen sich von der Denkweise unserer Gesellschaft anstecken lassen.

Die Abneigung gegen Erfolg und herausragende Leistungen ist ein Kennzeichen des heutigen Weltsystems. Denken Sie einmal an Filme oder Fernsehsendungen, die Sie in letzter Zeit gesehen haben. In wie vielen davon war der »Böse« ein erfolgreicher Geschäftsmann? Der »böse Reiche« und die »gierige Firma« sind zu Hollywood-Klischees geworden.

Wenn man genug von dieser Art Unterhaltung konsumiert, kommt einem bald der Gedanke, dass jeder, dem es im Leben gut geht, dies nur durch Lügen, Betrug und Hinterhältigkeit erreicht hat. Diese Lüge kommt bei Menschen gut an, weil sie den Neid und die Eifersucht in der sündigen menschlichen Natur anspricht.

In Wirklichkeit sind Menschen, die über lange Zeit wohlhabend sind, oft Menschen, die nach Gottes Willen leben (ob sie es nun wissen oder nicht). Denken wir einmal über folgende Bibelverse nach:

> *Der Herr macht arm und er macht reich; er erniedrigt und erhöht. Er erhebt die Schwachen aus dem Staub – ja, den Armen aus dem Aschehaufen.*
>
> 1. Samuel 2,7-8

Faule Menschen werden schnell arm, fleißige Menschen jedoch werden reich.

Sprüche 10,4

Der Segen des Herrn allein macht den Menschen reich, durch eigene Sorge kann er nichts hinzufügen.

Sprüche 10,22

Dem Großzügigen geht es gut und er ist zufrieden; wer anderen hilft, dem wird selbst geholfen werden.

Sprüche 11,25

Nach diesen Bibelversen zu urteilen, ist Wohlstand ein Segen Gottes und eine Folge solcher Eigenschaften wie Fleiß und Großzügigkeit.

Darum frage ich: Warum sollten wir jemanden niedermachen, den Gott gesegnet hat? Warum sollten wir etwas, das aus Gottes Hand gekommen ist, als böse oder schändlich betrachten? Das grenzt an Gotteslästerung.

Ich denke, wir müssen unsere Einstellung zum Geld verändern. Wir müssen unsere Herzen prüfen und überlegen, ob wir Vorurteile gegen Menschen haben, die finanziell gesegnet sind. Neid und Eifersucht sind in unserer Gesellschaft weit verbreitet und leider auch in unseren Gemeinden. Es ist möglich, dass unser Denken vom Zeitgeist vergiftet wird.

Abram wäre in vielen heutigen Gemeinden nicht willkommen. Warum? »Abram besaß große Viehherden und viel Silber und Gold« (1. Mose 13,2).

Viele Personen in der Bibel, die wir als Glaubenshelden verehren und respektieren, waren finanziell von Gott gesegnet. Sie waren gesegnet, weil sie gute Verwalter waren, und Gott wusste, dass er ihnen Wohlstand anvertrauen konnte. Er wusste, dass sie ihre Mittel zum Segen für andere einsetzen und seine Pläne ausführen würden.

Wir müssen prüfen, welche Herzenshaltung und welche

Gefühle wir gegenüber Menschen haben, die ein nach unseren Maßstäben extravagantes Leben führen. Ich will Ihnen ein Beispiel von einem Freund von mir erzählen, der sehr wohlhabend ist.

Mein Freund hat die Fundamente seines Hauses aus Edelsteinen gebaut. Die Einfahrt vor seinem Haus ist aus Gold und seine Tore aus Perlen. Wissen Sie, von wem ich spreche? Ich spreche von Gott. Würden Sie sagen, dass er exzentrisch ist? Würden Sie sagen, dass er ein Problem hat?

Natürlich ist nicht das Geld das Problem, sondern wie wir über Geld denken und über diejenigen, die mehr davon besitzen als wir.

So wie alle anderen suchen auch reiche Menschen nur nach einem Ort, wo man sie akzeptiert. Leider haben wir sie in der Kirche, glaube ich, so schlecht behandelt, dass sie einen großen Teil ihrer Spenden lieber an übergemeindliche Organisationen und christliche Hilfswerke geben als an die Ortsgemeinde.

Bitte verstehen Sie: Ich bin nicht dagegen, dass Menschen mit der Gabe des Gebens an andere christliche Werke als ihre Gemeinde spenden. Ich würde mich allerdings freuen, wenn die Gemeinden alle Mittel bekommen könnten, die Gott ihnen geben möchte.

Ich wünsche mir von Herzen, dass Gemeinden finanziell in der Lage sind, die Missionare auszusenden, die Mitarbeiter einzustellen und die Gebäude zu bauen, die sie brauchen, um Gottes größten Auftrag zu erfüllen. Das kann nur geschehen, wenn Gemeinden aufhören, eine der sieben Gaben des Heiligen Geistes zu ignorieren (oder sogar zu verachten), die er dem Leib Christi schenkt.

Kennzeichen eines Gebers

Natürlich versucht der Teufel, für jede Wahrheit Gottes eine verzerrte Fälschung anzubieten. Zum Beispiel glaube ich, dass

Gott schon in den 1980er-Jahren versuchte, der Gemeinde die Wahrheit über das Geben erneut vor Augen zu führen. Doch der Teufel hat diese Wahrheit verdreht; darum passierte es, dass viele Pastoren Menschen ausnutzten und große Summen an Geld zu ihrem eigenen Vergnügen anhäuften. Der Missbrauch war für die ganze Welt sichtbar. Ja, Gott möchte die Menschen segnen, die zu ihm gehören – aber für die richtigen Ziele.

Wie wir gesehen haben, ist die Gabe des Gebens eine der sieben Motivationsgaben. Wenn diese Gaben gleichmäßig auf alle Christen verteilt sind, haben etwa 15 Prozent der Christen diese Gabe. Doch Erhebungen zeigen, dass nur fünf bis sieben Prozent der Christen glauben, die Gabe des Gebens zu besitzen.

Der Teufel versucht, für jede Wahrheit Gottes eine verzerrte Fälschung anzubieten.

Warum ist das so? Liegt es daran, dass wir sie in Predigt und Lehre nicht als vollwertige Gabe anerkannt haben? Liegt es daran, dass wir Menschen mit dieser Gabe nicht akzeptieren, ausrüsten und ermutigen, sie auszuleben?

Ich möchte die klassischen Anzeichen eines Christen mit der Gabe des Gebens beschreiben und erklären, wie man sie im eigenen Herzen und bei anderen erkennen kann. Zudem möchte ich Pastoren helfen, diese Gabe bei ihren Gemeindemitgliedern zu erkennen, damit sie sie besser für ein Leben mit dieser Gabe ausrüsten können. All das soll zur Erbauung der Gemeinde Jesu dienen.

- *Menschen mit der Gabe des Gebens reagieren auf starke Visionen mit klaren Zielen.* Sie wollen, dass ihr Geld etwas bewirkt. Sie wollen sehen, dass Organisationen und Pastoren nach gesunden finanziellen Prinzipien handeln. Sie wollen in christliche Arbeiten und Pastoren investieren, die gute Verwalter sind und die Mittel, die Gott ihnen gibt, erfolgreich einsetzen. Sie sind buchstäblich *Investoren* für Gottes Reich. Und als gute Investoren wollen sie ihr Geld in gute Arbeiten geben, die effektiv mit den ihnen anvertrauten Mitteln umgehen. Das ist ihnen sehr wichtig.

- *Geber können Männer oder Frauen sein.* In unserer Gemeinde gibt es einen Mann, der finanziell sehr erfolgreich ist, doch seine Frau ist diejenige mit der Motivationsgabe des Gebens. Auch er spendet gern, doch sie ist diejenige, der Gott oft zeigt, wohin sie spenden sollen. Seine Motivationsgabe ist die Leiterschaft, die Gott gebraucht, um finanziellen Segen hervorzubringen. Sie nutzt dann ihre Gabe des Gebens, dieses Geld so zu verteilen, wie Gott es den beiden zeigt. Beide haben noch andere Gaben, aber diese Motivationsgaben sind bei ihnen sehr stark ausgeprägt. Sie sind ein gutes Team.
- *Menschen mit der Gabe des Gebens haben Weisheit, die es ihnen erlaubt, echte Nöte zu erkennen.* Bitte vergessen Sie nicht, dass wir über eine geistliche Gabe sprechen, die von Gott kommt. Daher können Personen mit dieser Gabe Manipulation schneller erkennen, als es mit natürlichen Mitteln möglich wäre. Sie können im Hinblick auf christliche Werke und Missionare einschätzen, wo es echten Bedarf gibt und wie das Geld eingesetzt werden sollte. Menschen mit der Gabe des Gebens leisten gute Arbeit in Missions- und Wohltätigkeitskomitees, weil sie die Fähigkeit besitzen, echte Nöte zu erkennen, die eine Investition der Gemeinde wert sind.
- *Menschen mit der Gabe des Gebens sind sehr sparsam, aber auch sehr großzügig.* Das möchte ich erklären. Vor einer Weile beriet ich einen Mann mit der Gabe des Gebens, bei dem das Verhältnis zwischen beidem aus dem Gleichgewicht geraten war. Er konnte freudestrahlend Tausende Dollar verschenken, wenn Gott es ihm auftrug, doch im nächsten Atemzug brütete er über den Supermarktkassenzetteln seiner Frau, um nach unnötigen Ausgaben zu schauen. Er wollte gar nicht geizig sein; bei ihm war nur die Sparsamkeit, die einem Geber eigen ist, aus dem Lot geraten. Weil

er manche Dinge im Bereich des Gebens nicht verstand, merkte er nicht, dass er Fremden gegenüber großzügig, dem wichtigsten Menschen in seinem Leben gegenüber aber geizig war. Trotzdem achten Menschen mit dieser Gabe darauf, wo ihr Geld bleibt. Sie arbeiten gern mit Budgets und haben eine Ahnung von Finanzprinzipien. Ihre größte Freude ist es, Nöte von Menschen zu lindern.

- *Ein Mensch mit der Gabe des Gebens möchte wertgeschätzt, aber nicht gelobt werden.* Er will nicht, dass sein Name irgendwo erwähnt wird, und möchte auch nicht für seine Spenden vor der ganzen Gemeinde gelobt werden. Er will keine Anerkennung für seine Spende, sondern einfach nur das Signal, dass sowohl sein Gehorsam als auch sein Opfer wertgeschätzt werden. Ein herzliches Dankeschön trägt schon sehr viel dazu bei.
- *Menschen mit der Gabe des Gebens wollen in ein stabiles Schiff investieren, nicht in ein sinkendes.* Wenn ein Fernsehprediger sagt: »Ohne Ihre Spende können wir unsere Arbeit nicht fortsetzen«, werden Menschen mit der Gabe des Gebens diese Arbeit eher disqualifizieren. Sobald ein Fernsehprediger hingegen glaubwürdig vermittelt, dass seine Arbeit tatsächlich Menschen hilft, sie mit geistlicher Nahrung versorgt, sich um ihre Bedürfnisse kümmert und sie dadurch zum Glauben kommen, werden Menschen mit der Gabe des Gebens bereit sein, diese Arbeit zu unterstützen. Ein Mensch mit der Gabe des Gebens will nicht in ein sinkendes Schiff investieren – nicht einmal in eines, das ziellos in der Strömung umhertreibt. Vielmehr möchte er, dass mit seinem Geld sorgfältig umgegangen wird, und er legt Wert auf gute Leistung und Qualität. Ein treuer Geber sagte mir einmal, dass er in keine Arbeit oder Organisation investieren möchte, deren Leiter eine »Armutsmentalität« oder den falschen Blick aufs Geld hat. Er investiert lieber in christliche Werke, deren Leiter ihre Fähigkeit unter Beweis gestellt haben, mit großen Geldbeträgen umsichtig und weise umzugehen.

- *Entgegen der landläufigen Meinung wollen Menschen mit der Gabe des Gebens ihr Geld nicht kontrollieren, nachdem sie es weggegeben haben.* Wenn Sie jemandem begegnen, der durch seine Spende Kontrolle ausüben will, können Sie sich sicher sein, dass derjenige nicht die Geistesgabe des Gebens hat. Menschen mit dieser Gabe wollen großzügig sein und, wie bereits erwähnt, möchten wissen, dass mit ihrem Geld gut umgegangen wird. Doch sie versuchen niemals, etwas durch ihr Geld zu beeinflussen oder zu manipulieren. Meistens spenden sie an christliche Organisationen, die starke Leiter mit einer starken Vision haben. (Hier ein Wort an die Pastoren: Natürlich müssen Sie Menschen mit dieser Gabe respektieren und wertschätzen. Aber jemandem, von dem Sie zu sehr beeindruckt sind oder der Sie einschüchtert, können Sie nicht dienen. Wie ich schon sagte: Wohlhabende Geber wollen genau wie alle anderen behandelt werden.)
- *Menschen mit der Gabe des Gebens haben kein Interesse an Symptombehebung, sondern an Heilung.* Mit anderen Worten, sie wollen nicht, dass ihr Geld nur kurzfristig etwas »repariert«, das sowieso wieder kaputtgeht. Sie wollen, dass es dauerhafte Lösungen für Probleme bringt.
- *Menschen mit der Gabe des Gebens wollen mehr als nur Geld spenden – sie wollen ihre Zeit, ihr Talent und ihre Weisheit zur Verfügung stellen.* Viele Geber sind ziemlich talentiert. Judson Cornwall nennt sie »Apostel in der Geschäftswelt«.[vii] In unserer Gemeinde gibt es einen Mann mit der Gabe des Gebens, der uns Tausende Dollar bei Immobilienkäufen gespart hat. Er besitzt enorme Weisheit und Einsicht auf diesem Gebiet und sein Rat ist sehr wertvoll; doch er besitzt auch enorme Weisheit in vielen anderen Bereichen. Beispielsweise ist er ein sehr begabter Bibellehrer und Leiter – in der Gemeinde ebenso wie in der Mission. Erst vor Kurzem half er einer ukrainischen Gemeinde in Odessa, ihre Verwaltung ganz ähnlich wie unsere zu organisieren. Ich habe festgestellt, dass Menschen mit der Gabe des Gebens ihre

Erfahrungen und Fachkenntnisse gern im Reich Gottes einsetzen. Sie wollen der Gemeinde, die sie lieben und schätzen, ihren Rat anbieten. Wenn man ihre Weisheit, ihren Rat und ihre Erfahrung allerdings ablehnt, werden sie sich wahrscheinlich eine Organisation suchen, die sie gern annimmt.

- *Menschen mit der Gabe des Gebens sind oft begabte Leiter.* Ihre Führungsstärke ist häufig der Grund für ihren Erfolg.
- *Wie bereits erwähnt, möchten Menschen mit der Gabe des Gebens nicht für ihren erfolgreichen Lebensstil abgewertet oder kritisiert werden.* (Wem gefällt es schon, abwertend behandelt oder zu Unrecht kritisiert zu werden?) Wenn wohlhabende Christen ein großes Haus haben, betrachten sie es höchstwahrscheinlich als Investition, die einen Wohlstand aufbaut, der am Ende dem Reich Gottes zugutekommen wird. Das Einkommen, mit dem Gott sie gesegnet hat, ermöglicht es ihnen vielleicht, schöne Autos zu fahren und schöne Kleidung zu tragen. Für sie geht es aber nicht um Extravaganz oder Prahlerei, sondern darum, die Früchte von Gottes Segen zu genießen. Trotzdem habe ich schon oft gehört, wie sich Pastoren über Menschen, die schöne Dinge besitzen, spöttisch, kritisch oder verallgemeinernd äußern. Offenbar ist ihnen nicht klar, dass sie Menschen verspotten, die Gott mit der Gabe des Gebens gesegnet hat. Oft spenden diese so kritisierten Menschen einen viel höheren Teil ihres Einkommens als der Pastor es je selbst tun würde.
- *Erfolgreiche Menschen mit der Gabe des Gebens wollen nicht ständig über Geld reden.* Ich kenne viele Pastoren, die nur über Geld reden wollen, wenn sie mit Menschen zusammen sind, die die Gabe des Gebens haben. Meiner Erfahrung nach ist das aber nicht das Thema, über das sie sprechen wollen. Für sie ist Geld ein Arbeitsmittel – nicht etwas, das man anbetet, mit dem man sich zwanghaft beschäftigt oder das man ständig analysiert. Fragen Sie sie nach ihrer Familie. Finden Sie heraus, was ihre Kinder tun. Sprechen Sie darüber, was Ihnen in letzter Zeit aus der Bibel wichtig geworden

ist. Wenn Sie mit jemandem zusammen sind, der die Gabe des Gebens hat, sprechen Sie über alles außer Geld.

Rat für Geber

Es ist gut möglich, dass Sie sich beim Lesen dieses Buches angesprochen fühlen, weil Sie bei sich Hinweise darauf erkannt haben, dass Gott Ihnen die Gabe des Gebens geschenkt hat. Wenn dem so ist, möchte ich Sie ermutigen, mehr über diese wichtige Gabe zu erfahren. Studieren Sie die Bibel zu diesem Thema. Und wenn Sie bisher nicht den Zehnten geben, beginnen Sie damit in Ihrer Gemeinde. Schauen Sie sich außerdem nach Möglichkeiten um, Ihr Geld bestmöglich in Gottes Reich zu investieren. Halten Sie nach Gelegenheiten Ausschau, gute christliche Werke zu unterstützen, die etwas im Leben von Menschen bewirken und ihnen helfen.

Investieren Sie Ihr Geld dort, wo es die größtmögliche Wirkung für Gottes Reich hat.

Beginnen Sie »wenn andere Gläubige in Not geraten, … ihnen zur Seite [zu stehen] und [zu helfen]« und seien Sie gastfreundlich (siehe Röm. 12,13). Investieren Sie Ihr Geld dort, wo es die größtmögliche Wirkung für Gottes Reich hat.

Wenn unwissende Menschen in der Gemeinde Sie falsch behandelt oder schlechtgemacht haben, vergeben Sie ihnen. Lassen Sie innerlich keine Bitterkeit zu – das könnte den Fluss des Gebens und Segens in Ihrem Leben aufhalten.

Und vergessen Sie nicht: Gott hat Sie dazu begabt, ein Fluss zu sein, nicht ein Stausee. Das Wasser in einem Fluss ist rein und sauber, aber Wasser in stehenden Gewässern verschmutzt leicht. Achten Sie darauf, immer weiter zu geben, so wie Gott

Sie führt – an die Gemeinde und an gute christliche Werke, die etwas für Gottes Reich bewirken.

KAPITEL 9

Gott belohnt gute Verwalter

Viele von uns haben interessante Erinnerungen an Sommer- oder Ferienlager. Ich beispielsweise erinnere mich daran, wie ich am Ende meiner ersten Woche im Sommerlager hörte, dass es eine Preisverleihung geben würde. Ich dachte: *Eine Preisverleihung? Das ist nicht fair! Sie hätten uns gleich am Anfang der Woche sagen sollen, dass es Preise gibt. Wenn ich das gewusst hätte, hätte ich mich mehr angestrengt!*

Diese Erfahrung möchte ich Ihnen ersparen. Jetzt, da Sie noch den Rest des Lebens vor sich haben, möchte ich Ihnen versichern, dass Gott uns belohnen wird. Hebräer 11 sagt es ganz deutlich:

> *Ihr seht also, dass es unmöglich ist, ohne Glauben Gott zu gefallen. Wer zu ihm kommen möchte, muss glauben, dass Gott existiert und* ***dass er die, die ihn aufrichtig suchen, belohnt.***
>
> V. 6; eigene Hervorhebung

Gott belohnt uns. Diese Wahrheit über Gott scheint vielen Christen nicht bewusst zu sein. Er belohnt uns gern, wenn wir seine Gegenwart, seinen Willen und seine Wege aufrichtig suchen. Er belohnt gute Arbeit und er belohnt gute Haushalterschaft.

Gott belohnt uns gern, wenn wir seine Gegenwart, seinen Willen und seine Wege aufrichtig suchen.

In letzter Zeit durfte ich einige Erfahrungen mit diesem Prinzip sammeln. Als ich dieses Buch schrieb, war mein ältester Sohn am College. Er war schon immer sehr fleißig, aber er belegte einen Intensivstudiengang, der so konzentriert war, dass er nebenher unmöglich noch arbeiten konnte. Das bedeutete, dass er fast zu 100 Prozent auf meine finanzielle Hilfe angewiesen war.

Kurz bevor er ans College ging, setzten wir uns hin und entwarfen ein Budget auf Grundlage eines bestimmten Betrags, den ich ihm jeden Monat schicken würde. Zwei oder drei Monate später setzten wir uns wieder hin und schauten uns sein Budget an, um zu sehen, wie er zurechtkam. Es freute mich zu sehen, dass er gut mit seinem Geld haushaltete. Er ging nicht oft auswärts essen oder ins Kino. Er kaufte sich keine neue Kleidung, die über seinem Budget lag. Im Grunde war er ein guter Verwalter des Geldes, das ich ihm schickte.

Was tat ich nun als liebender Vater für meinen treuen Sohn? Ich belohnte ihn! Ich erhöhte den monatlichen Betrag, den ich ihm schickte. Ich sagte: »Mit dem zusätzlichen Geld kannst du machen, was du willst – öfter mit deinen Freunden nach dem Gottesdienst essen gehen oder dir ein paar neue Oberhemden kaufen.«

Einige Monate später rief er mich an und sagte: »Papa, ich habe mir was überlegt. Wenn ich in eine andere Wohnung ziehe, kann ich meine Lebenshaltungskosten senken und dir ein bisschen Geld einsparen.« Natürlich freute es mich riesig zu sehen, dass er darüber nachdachte, wie er helfen könnte. Er wusste, dass seine Mutter und ich an unserem Ende Opfer brachten und sparten, um ihm das College zu ermöglichen. Er hatte ein dankbares Herz.

Wir schauten uns seine Idee näher an, organisierten alle Details und halfen ihm, in die billigere Wohnung umzuziehen. Kurz danach rief er an und sagte: »Es funktioniert alles so, wie wir es uns gedacht haben. Du brauchst mir nicht mehr so viel Geld zu schicken.«

Wissen Sie, was ich daraufhin tat? Ich schickte ihm weiterhin den gleichen Betrag. Ich sagte: »Danke, mein Junge, aber jetzt hast du einfach mehr Geld zum Ausgeben. Du hast gut mit dem gehaushaltet, was du hattest, und ich möchte dich belohnen. Du solltest die Früchte deiner guten Haushalterschaft genießen.«

Warum erwarten wir nicht, dass Gott im Umgang mit uns mindestens so gnädig und zugänglich ist wie ich mit meinem Sohn? Warum sollte es uns überraschen, dass Gott uns belohnt und segnet, wenn wir gute Verwalter sind?

Matthäus 6 zufolge belohnt Gott uns, wenn wir beten, fasten oder die Armen beschenken. Und in 1. Korinther lesen wir:

> *Derjenige, der pflanzt, und derjenige, der bewässert: Beide arbeiten zusammen auf dasselbe Ziel hin.* ***Belohnt aber wird jeder für sich, entsprechend seiner Arbeit.***
>
> 1. Korinther 3,8; eigene Hervorhebung

In seinem wunderbaren Buch *Ein Leben, das Gott belohnt* erzählt Bruce Wilkinson ein Beispiel nach dem anderen, wie Gott uns im Himmel für all die guten Werke belohnen wird, die wir auf der Erde getan haben. Er weist ausdrücklich darauf hin, dass wir zwar nicht *durch* gute Werke gerettet werden, aber dass wir *zu* guten Werken gerettet sind. Und diese guten Werke werden belohnt. Die bekannten Worte aus Epheser 2 sagen uns:

> *Weil Gott so gnädig ist, hat er euch durch den Glauben gerettet. Und das ist nicht euer eigenes Verdienst; es ist ein Geschenk Gottes. Ihr werdet also nicht aufgrund eurer guten Taten gerettet, damit sich niemand etwas darauf einbilden kann. Denn wir sind Gottes Schöpfung.* ***Er hat uns in Christus Jesus neu geschaffen, damit wir zu guten Taten fähig sind,*** *wie er es für unser Leben schon immer vorgesehen hat.*
>
> V. 8-10; eigene Hervorhebung

Wie Bruce in seinem Buch betont, müssen wir zwischen Glaube und Verhalten unterscheiden. Unser Glaube entscheidet darüber, *wo* wir die Ewigkeit verbringen, und unser Verhalten, *wie* wir sie verbringen.

Bruce hat recht. Gott *wird* uns eines Tages für unser Verhalten, das heißt für unsere guten Werke belohnen. Aber genauso gilt, dass Gott uns schon hier auf der Erde belohnt! Die Bibel sagt dies ganz deutlich, zum Beispiel in Markus 10:

> *Jesus erwiderte: »Ich versichere euch: Jeder, der Haus oder Brüder oder Schwestern oder Mutter oder Vater oder Kinder oder Besitz um meinetwillen und um der guten Botschaft willen aufgegeben hat, wird jetzt,* ***in dieser Zeit,*** *alles hundertfach zurückerhalten: Häuser, Brüder, Schwestern, Mütter, Kinder und Besitz – wenn auch mitten unter Verfolgungen. Und* ***in der künftigen Welt*** *wird er das ewige Leben haben.*
>
> V. 29-30; eigene Hervorhebung

Jesus sagt hier: »Gott wird euch belohnen, nicht nur im kommenden Leben, sondern auch schon *jetzt*, in dieser Zeit.«

Wie mehrere Gleichnisse von Jesus veranschaulichen, belohnt Gott gute Verwalter. In Lukas 19 zum Beispiel erzählt Jesus das Gleichnis von den anvertrauten Pfunden. (Ein »Pfund« war eine Geldeinheit mit einem Wert von etwa 50 Schekeln Silber.) Jesus erzählt von zehn Männern, die jeder ein Pfund von einem König oder Herrn erhielten, der ihre Haushalterschaft, ihre Treue und ihre Fähigkeiten auf die Probe stellen wollte. Als der König zur Abrechnung zurückkehrte, belohnte er auf der Stelle den Verwalter, der seine Sache gut gemacht hatte:

> *»Gut gemacht«, rief der König. »Du bist ein vertrauenswürdiger Diener. Du warst mit dem wenigen treu, das ich dir anvertraut habe; deshalb werde ich dich zur Belohnung als Statthalter über zehn Städte setzen.«*
>
> Lukas 19,17

Gott wird uns nicht mehr Geld anvertrauen, wenn wir nicht einmal treu mit dem Geld umgehen können, das er uns bereits gegeben hat. Wenn jemand schon nicht mit 500 Dollar pro Woche umgehen kann, warum sollte Gott ihm dann 5.000 Dollar pro Woche geben?

Gott liegt daran, sein Reich zu bauen. Darum vertraut er solchen Menschen Geld an, die ihm beweisen, dass sie dieses Geld gut verwalten – und geben, wenn Gott es ihnen aufträgt. Sie werden ihre Mittel nicht für nutzlose Dinge verschwenden; sie werden ihr Geld einteilen und Rechenschaft darüber ablegen. Sie werden auch gut mit ihrer Zeit, ihren Beziehungen und ihren Talenten haushalten. Das ist die Botschaft des Gleichnisses von den Pfunden. Eine ähnliche Aussage trifft Jesus im Gleichnis von den anvertrauten Talenten (siehe Mt. 25,14-30). Unseren Fähigkeiten entsprechend gibt Gott jedem von uns Talente und er erwartet, dass wir diese Talente für ihn und die Ziele seines Königreichs einsetzen. Wir werden nicht erleben, dass Gott seine übernatürliche Kraft schlechten Verwaltern anvertraut!

Im Gleichnis von den Pfunden sagte der Herr zu jedem Mann, der ein Pfund erhalten hatte: »Handelt damit, bis ich wiederkomme« (Lk. 19,13; ELB). Genau das erwartet Gott von uns: Wir sollen handeln – in seinem Königreich –, bis er wiederkommt.

In Apostelgeschichte 2 sehen wir, dass die ersten Christen, vom Heiligen Geist erfüllt, Gott so sehr liebten, dass sie ihren gesamten Besitz verkauften und den Erlös großzügig an alle verteilten, die in Not waren. Als Antwort auf ihre Großzügigkeit und Selbstlosigkeit war Gott großzügig mit seinen Wundern. Sie gaben sich ganz Gottes Plänen und Zielen hin und Gott gab seinen »Beifall« dazu vom Himmel, indem er seine Kraft ausgoss.

Warum nahm der König in Jesu Gleichnis von den anvertrauten Pfunden dem schlechten Verwalter das eine Pfund weg und gab es dem, der die zehn Pfund hatte? Weil Jesus gute

Haushalterschaft belohnt! Schlechte Verwalter verlieren ihre Mittel, gute erhalten noch mehr. Ein relativ einfaches Prinzip!

Unser Glaube entscheidet darüber, wo wir die Ewigkeit verbringen, und unser Verhalten, wie wir sie verbringen.

Haben Sie schon einmal beklagt, dass die Reichen anscheinend immer reicher und die Armen immer ärmer werden? Daran sollten wir uns lieber gewöhnen. Wie das Gleichnis zeigt, geschieht etwas Ähnliches im Reich Gottes. Gott gibt denen mehr, die sich als vertrauenswürdig erweisen, so wie mein Sohn es mir während seiner Studienzeit bewies. Umgekehrt wird Gott niemandem mehr geben, der verantwortungslos mit Geld umgeht oder keine Ahnung hat, was mit seinem Geld passiert.

Manche Christen meinen, sie müssten nicht über Haushalterschaft nachdenken, weil sie nicht viel Geld verdienen. Dabei verstehen sie nicht, dass Treue im Kleinen dazu führt, mehr anvertraut zu bekommen.

Wenn in den Nachrichten bekanntgegeben wird, dass jemand im Lotto gewonnen oder viel Geld geerbt hat, höre ich von anderen immer Sätze wie: »Mensch, wenn ich fünf Millionen Dollar erben würde, würde ich eine Million davon meiner Gemeinde schenken. Ehrlich!« Ach, wirklich? Warum meinen diese Leute, sie würden Gott 20 Prozent von einem unerwarteten Geldsegen überlassen, wenn sie ihm jetzt nicht einmal zehn Prozent ihres Einkommens geben? Sie denken wohl, *Es bleibt ja immer noch genug für mich übrig*. Doch ein guter Verwalter sagt: »Mit dem, was ich jetzt habe, werde ich Gott ehren. Ich werde einen Weg finden, schon jetzt 20 Prozent (oder was auch immer Gott sagt) zu geben.« Wer eine solche Herzenshaltung hat, dem wird noch mehr anvertraut.

Schauen wir uns einmal das Gleichnis von den Talenten in Matthäus 25 an. Dort heißt es, dass der Mann »seine eigenen Knechte rief und ihnen seine Habe übergab« (V. 14; ELB). Wir sind wie diese Diener. Gott hat uns seine Habe anvertraut – nicht nur ein gewisses Maß an materiellem Wohlstand, sondern noch viel wertvollere Dinge. Er hat uns Schätze gegeben: das Gebet, die Gute Nachricht von der Rettung und die Vollmacht, Menschen zu helfen. Das sind seine wertvollen Güter, die er uns anvertraut hat, und er erwartet von uns, dass wir sie einsetzen und mit anderen teilen.

Gott erwartet von uns, dass wir gut und verantwortungsvoll mit den Menschen umgehen, die er uns über den Weg schickt. Und wie wir gesehen haben, belohnt er gute Verwalter.

In Matthäus 6 trägt Jesus uns auf, Schätze im Himmel zu sammeln. Darf ich Sie also fragen: Wie viele Schätze sammeln Sie im Himmel? Werden Sie, wenn Sie in den Himmel kommen, zurück auf die Erde schauen und bereuen, wie viele Schätze Sie dort angesammelt haben, statt sie in den Himmel »vorauszuschicken«?

Ein vertrauenswürdiger und kluger Diener?

In Matthäus 24, dem Kapitel vor dem Gleichnis von den Talenten, stellt Jesus, als er von seiner unerwarteten Rückkehr spricht, eine sehr pointierte Frage:

> *»Wer ist also ein vertrauenswürdiger und kluger Diener, dem der Herr sein Haus und die Versorgung seiner Familie anvertrauen kann? Wenn der Herr zurückkommt und feststellt, dass der Diener seine Aufgabe zu seiner Zufriedenheit erfüllt, ist der Diener glücklich zu schätzen. Ich versichere euch: Der Herr wird diesem Diener die Verantwortung für seinen gesamten Besitz übertragen.«*
>
> V. 45-47

Was für eine Frage! »Wer ist also ein vertrauenswürdiger und kluger Diener?« Die gleiche Frage stellt Jesus uns heute. Er sagt, der Herr will bei seiner Rückkehr sehen, dass seine Diener gut mit den Dingen umgegangen sind, die er ihnen anvertraut hat.

Wird Jesus, wenn er wiederkommt, feststellen, dass Sie ein guter und treuer Verwalter gewesen sind? Tun Sie Ihr Bestes mit dem, was Gott Ihnen gegeben hat? Wissen Sie, wo Ihr Geld jeden Monat hingeht? Geben Sie Ihren Zehnten, spenden Sie, geben Sie Zeugnis für Jesus und beten Sie?

Wo ist Ihr Herz?

Wie wir bereits in Kapitel 5 gesehen haben, sagt Jesus: »Wenn ihr bei weltlichem Besitz nicht vertrauenswürdig seid, wer wird euch die wahren Reichtümer des Himmels verwalten lassen?« (Lk. 16,11).

Das zeigt uns, dass Gott tatsächlich Geld als »Prüfmittel« für unsere Herzen verwendet: Geld stellt unsere Haushalterschaft und Vertrauenswürdigkeit auf die Probe. Es ist ein ernüchternder Gedanke, doch Gott sieht jeden Tag, was wir kaufen und was wir spenden.

Die Prüfung besteht in unserem Umgang mit Geld. Das Ergebnis dieser Prüfung entscheidet darüber, ob Gott uns echten Reichtum anvertrauen kann oder nicht. Darum ist Geld für Christen mehr als nur ein Zahlungsmittel. Jesus lehrte aus gutem Grund ein Drittel seiner Zeit zum Thema Geld.

Wie Matthäus 6,21 uns zeigt, weiß Gott, wo unser Herz ist, weil er sieht, wo unser Schatz ist. Wenn Sie behaupten, dass Ihr Herz dem Reich Gottes gehört, wird Ihr Kontoauszug diese Behauptung entweder stützen oder widerlegen.

Wahrscheinlich denkt Gott viel mehr über Haushalterschaft nach als wir. Ich sage das, weil dieses Thema sich durch die ganze Bibel zieht.

Wie wir gesehen haben, bezogen sich schon die ersten Anweisungen Gottes an Adam und Eva auf ihr Verwalteramt: Seid fruchtbar, vermehrt euch, kümmert euch um den Garten und lasst die Finger von diesem Baum! (siehe 1. Mose 1,28; 2,17).

Selbst im Hohelied taucht dieses Thema auf. Dort sagt Sulamith:

> *»[Sie] ließen mich die Weinberge hüten. Doch meinen eigenen Weinberg konnte ich nicht hüten.«*
>
> Hohelied 1,6

Das trifft auch auf viele Christen zu. Wir sind manchmal so beschäftigt mit den Weinbergen anderer Leute – wir kümmern uns um ihre Angelegenheiten und versuchen ihnen vorzuschreiben, wie sie ihr Leben zu führen haben –, dass wir uns nicht um unseren eigenen Weinberg kümmern.

Wir können anderen nicht helfen, solange wir nicht für das sorgen, was Gott uns gegeben hat. Wenn wir keine guten Verwalter sind, ist auch unsere Fähigkeit begrenzt, anderen zu helfen und Gottes Reich voranzubringen.

Der anklagende Zeigefinger

Gott ist unveränderlich, Finanzen nicht. Anders ausgedrückt: Mit Finanzen geht es auf und ab, aber Gott ist immer derselbe. Alle meine Bekannten kennen finanzielle Berg- und Talfahrten. Selbst Menschen mit viel Geld erleben Fluktuationen in ihren Finanzen. Sie könnten genau wie alle anderen in Sachen Geld unruhig werden, sich Sorgen machen und sich stressen lassen.

Manchmal ärgern wir uns über Gott, weil er uns finanziell »nicht hilft«. Wir sagen das, selbst wenn wir nicht einmal darüber gebetet haben, ob wir unser Geld so ausgeben sollten, wie wir es getan haben. Ich will nicht unfreundlich oder schroff klingen, aber wir müssen wissen, dass Gott nicht für Rechnungen verantwortlich ist, die er nicht in Auftrag gegeben hat.

Wir sind diejenigen, die für unsere Finanzen verantwortlich sind. *Wir* sind die Verwalter unseres Geldes. Wir sollten beten und Gott um Rat fragen, bevor wir Geld ausgeben. Fakt ist, dass sich sehr viel Stress, Sorge und Angst in unserem Leben auf schlechte Haushalterschaft zurückführen lässt.

Angenommen Sie haben bis zum nächsten Zahltag noch 500 Dollar übrig und kaufen aus einem Impuls heraus einen 300-Dollar-Grill, sodass Sie in einen finanziellen Engpass geraten. Das ist nicht Gottes Gericht, sondern einfache Mathematik! Eine simple Rechnung sagt uns, dass dieser Kauf eine schlechte Entscheidung ist, die gewisse Folgen nach sich zieht. Oft meinen wir, Gott bestraft uns, wenn wir finanziellen Mangel erleben. In Wirklichkeit bestrafen wir uns selbst, weil wir uns keine Zeit genommen haben, mit Gott im Gebet über diese Anschaffung zu sprechen oder weil wir noch nicht einmal unseren gesunden Menschenverstand eingeschaltet haben.

Sehr viel Stress, Sorge und Angst in unserem Leben lässt sich auf schlechte Haushalterschaft zurückführen.

Wenn Sie erst in zehn Tagen Ihr nächstes Gehalt bekommen, sich auf Ihrem Konto 500 Dollar befinden und Sie noch Lebensmittel, Versicherungen, Strom und Benzin bezahlen müssen, ist die weise und vernünftige Schlussfolgerung, dass der Grill warten muss.

Der springende Punkt ist, dass wir Gott häufig für Wunden anklagen, die wir uns selbst zugefügt haben.

Untersuchungen zufolge sind Probleme in der Kommunikation der Hauptgrund für Scheidungen, dicht gefolgt von Geld. Bei genauerem Hinsehen stellt sich heraus, dass das eine Thema, über das Ehepaare nicht sprechen, die Finanzen sind. Geld scheint also mit ein Hauptgrund für Konflikte in der Ehe zu sein.

Wenn wir die einfachen Prinzipien guter Haushalterschaft

praktizieren würden, hätten wir viel weniger Magengeschwüre, Kopfschmerzen und andere gesundheitliche Probleme, die mit finanziellem Stress einhergehen.

Gott möchte segnen

Gott möchte uns wirklich segnen. Glauben Sie das tief in Ihrem Inneren? Lassen Sie mich diese Frage einmal anders formulieren: Glauben Sie, dass Gott Sie unter einen Fluch stellen will? Sind Sie der Meinung, Gott möchte Ihnen Schaden zufügen? Natürlich nicht!

Es ist nicht schwer zu glauben, dass Gott es nicht auf uns abgesehen hat. Doch viele Christen haben Mühe damit, zu akzeptieren, dass Gott sie segnen möchte.

Ich will es ganz deutlich sagen: Gott möchte uns von Herzen gern segnen, damit wir ein Segen für andere sein können. Genau das sagte er auch zu Abram in 1. Mose 12:

> *»Von dir wird ein großes Volk abstammen. Ich will dich segnen und du sollst in der ganzen Welt bekannt sein. Ich will dich zum Segen für andere machen.«*
>
> V. 2

Es war also Gottes Wunsch, Abram zu segnen, damit er ein Segen sein konnte.

Das Gleiche gilt für Sie und mich heute. Gott möchte große Ressourcen in unsere Hände legen, damit wir Kanäle für seinen Segen sein können. Ist dies nicht genau das, was uns im folgenden neutestamentlichen Vers gesagt wird?

> *Er wird euch großzügig mit allem versorgen, was ihr braucht. Ihr werdet haben, was ihr braucht, und ihr werdet sogar noch etwas übrig behalten, das ihr mit anderen teilen könnt.*
>
> 2. Korinther 9,8

Gott möchte, dass wir mehr als genug haben. Warum? Damit wir in der Lage sind, Gutes zu tun. Doch wie wir gesehen haben, ist das nur möglich, wenn wir den Segen, den Gott uns schenkt, gut verwalten.

Vertrauen auf den Gott, der belohnt

Bisher habe ich mehrmals betont, dass die *Belohnung* nicht unsere Hauptmotivation fürs Geben sein darf – und das ist absolut wahr. Gleichzeitig dürfen wir nicht ignorieren, dass Gott uns dazu erschaffen hat, Belohnungen zu mögen. Es ist in unsere Natur hineingelegt. Gott hat uns dazu erschaffen, auf Belohnungen zu reagieren, weil er gern belohnt. Sehr gern sogar!

Es ist nicht falsch zu glauben, dass Gott uns belohnen wird, wenn wir geben. Natürlich sollten wir es erwarten. Gott hat es so gesagt und er kann nicht lügen.

Das Vertrauen, dass Gott uns für unser Geben belohnen wird, ist einfacher, kindlicher Glaube. Doch wir dürfen nicht zulassen, dass die Belohnung die Hauptmotivation für unser Geben wird.

Wenn wir Gott erlauben, an unseren Herzen zu arbeiten, werden wir geben, weil es so viel Freude macht; wir werden helfen, weil es einfach befriedigend ist; und wir werden andere segnen, denn darin eifern wir dem himmlischen Vater nach, den wir lieben und verehren.

Vertrauen Sie unter allen Umständen darauf, dass Gott Sie belohnen wird. Und anders als in meinem Sommerlager als Kind wartet Gott mit der Preisverleihung nicht bis zum Ende. Er belohnt uns ständig. Und jetzt wissen Sie es – Gott belohnt gute Haushalterschaft.

KAPITEL 10

Die Gesetzmäßigkeiten von Saat und Ernte

Es ist schier unmöglich, ein auf der Bibel basierendes Buch zum Thema Geben zu schreiben, ohne sich mit 2. Korinther 9 zu befassen. Hier handelt es sich um einen der großartigsten Bibelabschnitte über die Kraft und die Segnungen, die mit dem Lebensstil des – vom Heiligen Geist geführten – Gebens einhergehen. In diesem Text stecken revolutionäre Wahrheiten. Ich möchte Ihnen einige Hintergründe zu diesem Kapitel erläutern.

Paulus war drauf und dran, einige seiner Helfer zu den Korinthern zu schicken, um eine besondere Kollekte abzuholen, die für die Not leidende Gemeinde in Jerusalem gedacht war.

In den ersten Versen sagt Paulus (mit meinen eigenen Worten umschrieben): »Leute, ihr habt gesagt, dass ihr eine großzügige Kollekte geben wollt, und ich habe schon bei anderen Gemeinden mit euch geprahlt. Jetzt blamiert euch (und mich) nicht, indem ihr nicht Wort haltet!«

Im Grunde lobt Paulus sie für ihre Bereitschaft zu geben und er nutzt die Gelegenheit, um ihnen einiges über das Geben beizubringen. Er schreibt:

> *Denkt daran: Ein Bauer, der nur wenig Samen aussät, wird auch nur eine kleine Ernte einbringen. Wer aber viel sät, wird auch viel ernten. Jeder von euch muss selbst entscheiden, wie viel er geben möchte. Gebt jedoch nicht widerwillig oder unter Zwang, denn Gott liebt den Menschen, der gerne gibt. Er wird euch großzügig mit allem versorgen, was ihr braucht. Ihr werdet haben, was ihr braucht, und ihr werdet sogar noch etwas übrig behalten, das ihr mit anderen teilen könnt.*
>
> 2. Korinther 9,6-8

Vergessen wir dabei nicht, dass diese Worte an Menschen gerichtet waren, die eine großzügige Spende geben wollten. Sie waren Geber.

Paulus schreibt unter der Leitung des Heiligen Geistes zunächst über das grundlegendste Gesetz des Gebens: »Ein Bauer, der nur wenig Samen aussät, wird auch nur eine kleine Ernte einbringen. Wer aber viel sät, wird auch viel ernten« (V. 6). Das Gleiche sagt Jesus in Lukas 6,38:

> *»Wenn ihr gebt, werdet ihr erhalten. Was ihr verschenkt, wird zusammengepresst und gerüttelt, in einem vollen, ja überreichlichen Maß zu euch zurückfließen. Nach dem Maß, mit dem ihr gebt, werdet ihr zurückbekommen.«*

Wie bereits erwähnt, wurde uns dieses Versprechen nicht gegeben, um uns zum Geben zu *motivieren*, sondern um uns von Angst zu befreien und uns den *Lohn* des Gebens vor Augen zu halten.

Paulus' nächster Satz ist ein wichtiger, denn in diesem Vers erhalten wir die Hauptrichtlinie fürs Geben. Jeder soll so geben, wie er es sich vorgenommen hat (siehe 2. Kor. 9,7). Sie sind der einzige Mensch auf Erden, der entscheiden kann, in welchem Maß Sie geben wollen. Das ist eine Sache zwischen Ihnen und dem Heiligen Geist. Lesen wir den gleichen Vers noch einmal nach einer anderen Bibelübersetzung:

> *Jeder gebe, wie er sich in seinem Herzen vorgenommen hat:* ***nicht mit Verdruss oder aus Zwang, denn einen fröhlichen Geber liebt Gott.***
>
> 2. Korinther 9,7; ELB; eigene Hervorhebung

Gott will keinen Zehnten, keine Opfer und Spenden, die widerwillig oder gezwungenermaßen gegeben werden. Ein Leben voller Segen ist eine natürliche Frucht von »fröhlichem« Geben.

Wie werden wir zu fröhlichen Gebern? Da gibt es nur eine

Möglichkeit: Gott muss etwas in unserem Herzen bewirken. Wie bei jeder anderen Wahrheit, die wir bisher betrachtet haben, geht es auch hier um unser Herz.

In der bemerkenswerten Phase von 18 Monaten, in der wir neun Autos verschenkten, lernte ich eine wertvolle Lektion über fröhliches Geben. Einmal kam jemand, der wusste, dass wir eine Reihe Fahrzeuge verschenkt hatten, auf uns zu und sagte: »Wir haben ein Auto übrig und würden es gern anonym einer bestimmten Familie schenken.«

Wir willigten ein, das Auto zu der Familie zu bringen, also ließen wir den Fahrzeugschein auf uns überschreiben. Als ich das Auto zu der Familie fahren wollte, ging unterwegs der Motor kaputt. Ich musste mich zu einer Werkstatt schleppen lassen und für einen neuen Motor bezahlen.

Ich erinnere mich, dass ich mich ein bisschen bei Gott darüber beschwerte: »Herr, warum konnte der Motor nicht ein paar Tage früher kaputtgehen, als das Auto noch den anderen gehörte – oder ein paar Tage später, nachdem wir es der neuen Familie übergeben haben? Warum musste der Motor in den drei Tagen kaputtgehen, in denen das Auto zufällig mir gehörte?«

Sie sind der einzige Mensch auf Erden, der entscheiden kann, in welchem Maß Sie geben wollen.

Gott antwortete mir sehr deutlich. »Ich habe das so geplant, mein Sohn. Die Person, die das Auto verschenkt hat, hatte kein Geld, um einen neuen Motor einbauen zu lassen. Die Familie, die das Auto bekommen soll, hat definitiv auch nicht das Geld dafür. Aber dich habe ich finanziell gesegnet. Du hast das Geld und du sagst ja, dass sowieso alles Geld mir gehört. Ich habe die Einzelheiten perfekt geplant.«

Dann sagte Gott noch etwas anderes. »Mein Sohn, du solltest dankbar sein, dass ich dich finanziell gesegnet und dir das Vorrecht gegeben habe, einen neuen Motor in das Auto für diese Familie einbauen zu lassen.«

Zum Schluss gab mir Gott eine behutsame Warnung: »Wenn du es leid bist, ein Segen für andere Menschen zu sein, kann ich diese finanziellen Mittel auch jemand anderem zukommen lassen.«

Natürlich tat ich Buße und sagte: »Vater, vergib mir. Es ist alles dein Geld. Danke, dass du mich gesegnet und mir die Gelegenheit und Möglichkeit geschenkt hast, einen neuen Motor in dieses Auto einbauen zu lassen.« Und ganz schnell wurde aus dem widerwilligen, gezwungenen Geber ein fröhlicher.

Der *natürliche* Zustand des menschlichen Herzens ist, ein eher widerwilliger Geber zu sein. Erst wenn wir die »Herztransplantation« bekommen, über die wir in Kapitel 6 gesprochen haben – und dankbar, selbstlos und großzügig werden – können wir fröhliche Geber sein.

Schauen wir uns nun den letzten Vers aus dem Abschnitt in 2. Korinther an. Es fällt auf, dass Paulus schreibt »Gott aber kann …« (2. Kor. 9,8; Luther 2017). Dort muss jeder Glaubensschritt beginnen. Wir müssen glauben, dass Gott *kann*. Dass er *was* kann? »Gott aber kann machen, dass alle Gnade unter euch reichlich sei« (V. 8; Luther 2017).

Ich möchte kurz etwas zu den Nuancen und Feinheiten des Altgriechischen sagen. Das griechische Wort, das hier mit »alle« übersetzt wird, bedeutet tatsächlich »alle«. Ist das nicht wunderbar?

Wir dürfen wissen: Gott kann uns »großzügig mit *allem* versorgen« (V. 8; eigene Hervorhebung), was wir brauchen. Wie oft? Immer! Nicht manchmal, nicht an den Tagen, an denen die Börse mit Gewinnen schließt und nicht, wenn der Zinssatz niedrig ist. Immer!

Gott kann alle Gnade allezeit reichlich unter uns sein lassen. Wenn wir reichlich säen, schenkt Gott uns reichlich Gnade; im Überfluss.

Und was folgt aus diesem Überfluss an Gnade? Wir haben

»in allen Dingen allezeit volle Genüge« (V. 8; Luther 2017). Wie viel Genüge? Volle Genüge. Und Genüge in wie vielen Dingen? In allen Dingen.

Das ist wirklich ein erstaunlicher Bibelvers. Wenn wir fröhlich geben, kann Gott uns *alle* Gnade im Überfluss schenken, damit wir *immer* in *allen* Dingen genug haben. Warum? Damit wir »noch etwas übrig behalten«, das wir »mit anderen teilen« können (V. 8).

Vers 8 ist ein Versprechen, das an Vers 6 und 7 gebunden ist. Alle Gnade, Überfluss und Genüge folgen, wenn wir mit einem fröhlichen Herzen reichlich aussäen.

Brauchen oder wollen?

Ich möchte noch ein paar Worte zu dem Ausdruck »alle Genüge« sagen. Ich glaube, dass es sich auf die Dinge bezieht, die wir brauchen. Wir werden ein *ausreichendes* Maß davon haben.

Wenn jemand vorhat, eine größere Spende zu geben, ist es nicht ungewöhnlich, von der Angst vor Mangel attackiert zu werden: *Habe ich dann noch genug? Was ist, wenn ich meine Arbeit verliere? Was ist, wenn mein Auto kaputtgeht?*

Sobald solche Gedanken auftauchen, sollten wir uns zuerst daran erinnern, dass unser Leben nicht vom Geld abhängt, sondern von Gott. Wenn wir beginnen, unser Vertrauen auf irgendetwas anderes als Gott zu setzen, ist das Götzendienst und diese Sache ist dann ein Götze.

Wenn wir fröhlich geben, kann Gott uns alle Gnade im Überfluss schenken, damit wir immer in allen Dingen genug haben.

Es ist wertvoll, dass Gott uns in diesem Abschnitt daran erinnert, fröhlich zu geben und auf ihn zu vertrauen; dann *werden* wir genug von allem haben, was wir brauchen. »[Gott] wird euch großzügig mit allem versorgen, was ihr braucht« (2. Kor. 9,8).

Natürlich besteht ein großer Unterschied zwischen dem, was wir brauchen, und dem, was wir wollen. Anders als manche es lehren, verspricht Gott nicht, jede Laune oder Fantasie zu befriedigen.

Auf die Stufe der Genügsamkeit folgt die Stufe namens Überfluss. Hier werden wir alle auf die Probe gestellt.

Es ist eine Sache, gerade genug von allem zu haben, was man braucht. Die echte Prüfung erfolgt, wenn man ein wenig darüber hinaus bekommt. Das ist der Punkt, an dem ein Bedürfnis in Gier umschlagen kann.

Dies geschieht zum Beispiel, wenn jemand, der um Freiheit von seinen Schulden gebetet hat, eine unerwartete Bonuszahlung bei der Arbeit erhält. Oft kommt dem Betreffenden nicht einmal der Gedanke, das zusätzliche Geld zu nehmen und etwas von seinen Schulden abzubezahlen. Mit dem zusätzlichen Geld in den Händen denkt er vielmehr sofort: *Jetzt kann ich mir etwas kaufen, das ich wirklich »brauche« – zum Beispiel diese neuen Golfschläger!*

Das meine ich, wenn ich sage, dass wir in dem, was wir brauchen, und dem, was wir wollen, auf die Probe gestellt werden. Der »Das-brauche-ich«-Test kommt, wenn wir auf Gottes Versorgung vertrauen müssen. Mit dem »Das-will-ich«-Test sind wir konfrontiert, sobald wir über das »Genug« hinaus zum »Mehr-als-genug« kommen.

Die höchste Stufe

Geht es um den Einsatz von Geld, gibt es neben dem Brauchen und Wollen noch eine höhere Stufe, nämlich das Säen. Paulus drückt es in 2. Korinther 9,6 so aus: »Ein Bauer, der nur wenig Samen aussät, wird auch nur eine kleine Ernte einbringen. Wer aber viel sät, wird auch viel ernten.« Das ist die Sprache der Saat.

Wie sehen Sie das Geld, das Ihnen zur Verfügung steht? Als etwas, mit dem Sie Ihre Bedürfnisse stillen? Als etwas, das Ihre Wünsche befriedigt? Oder als Samen?

Sie werden besser verstehen, was ich damit sagen will, wenn Sie sich die folgenden Bibelstellen angeschaut haben.

Bewahre mich davor, andere zu belügen oder zu betrügen. Und lass mich weder arm noch reich werden, sondern gib mir gerade so viel, wie ich brauche. Denn wenn ich reich werde, könnte ich dich verleugnen und sagen: »Wer ist der Herr?« Und wenn ich zu arm bin, könnte ich stehlen und so den heiligen Namen Gottes in den Schmutz ziehen.

Sprüche 30,8-9

Es fällt auf, dass der Verfasser sagt: »Lass mich weder arm noch reich werden.« Damit sind im Grunde Brauchen (Armut) und Wollen (Reichtum) gemeint. Wie gesagt werden wir alle in diesen beiden Punkten auf die Probe gestellt. Der weise Verfasser der Sprüche verstand das. Er sagte: »Ich wünsche mir, immer genau richtig von dir versorgt zu werden.«

Ist es möglich, dass Gott uns ohne Einsatz von Geld gibt, was wir brauchen? Er hat es Elia auf jeden Fall bewiesen:

Die Raben brachten ihm morgens und abends Brot und Fleisch und er trank aus dem Bach.

1. Könige 17,6

Gott brauchte kein Geld, um Elia zu versorgen, sondern nur ein paar Vögel. Und das Erstaunliche ist: Die Vögel brachten Elia nicht nur trockenes altes Brot. Er bekam sogar Fleisch!

Später, in Kapitel 19, lesen wir etwas ebenso Bemerkenswertes:

Dann legte [Elia] sich hin und schlief unter dem Strauch ein. Doch plötzlich berührte ihn ein Engel und sagte zu ihm: »Steh auf und iss!« Er blickte um sich und sah ein Stück auf heißen Steinen gebackenes Brot und einen Krug Wasser bei seinem Kopf stehen. Also aß und trank er und legte sich wieder hin. … Er erhob sich, aß und trank, und das Essen gab ihm genug Kraft, um 40 Tage und Nächte bis zum Berg Gottes, dem Horeb, zu wandern.

1. Könige 19,5-6.8

Frisch gebackenes Brot! Engel backten Brot für den Menschen! Gott sorgte nicht nur für Brot und Fleisch, sondern auch für ein warmes Essen! So gut ist unser himmlischer Vater.

Gott kümmert sich hingebungsvoll um unsere Bedürfnisse. Sind wir wiederum bereit, unser Geld hingebungsvoll als Samen einzusetzen? Stellen wir uns einmal einen Bauern vor, der einen Sack Saatgut hat. Er hat nun verschiedene Möglichkeiten: Er könnte das gesamte Saatgut zu Brotmehl verarbeiten und hoffen, dass jemand ihm mehr Samen zur Aussaat gibt. Er könnte aber auch einen Teil davon zum Brotbacken verwenden und den Rest als Saatgut. Wenn er den Samen aussät, wird die Ernte viel größer ausfallen als die ursprüngliche Saatmenge.

Wir haben in 2. Korinther 9,6 bereits gesehen, dass Paulus den Samen als Bild für Geld gebraucht. Schauen wir uns nun an, was er einige Verse später sagt:

Denn es ist Gott, der dem Bauern Saatgut und Brot zu essen gibt. Genauso wird er auch euch viele Gelegenheiten geben, Gutes zu tun, und eure Großzügigkeit wird viele Früchte tragen. Ihr werdet empfangen, damit ihr umso großzügiger geben könnt. Und wenn wir eure Gabe denen bringen, die sie nötig haben, werden sie Gott von Herzen danken.

2. Korinther 9,10-11

Es fällt auf, dass es hier nicht heißt: »Gott gibt dem Sammler Samen.« Nein, der Bauer bekommt den Samen – derjenige, der ihn ausstreut.

Ich habe schon öfter den Satz gehört: »Klar, der Mann ist ein Geber, aber er kann sich das auch leisten, er hat Geld.« Wer so redet, hat die Sache falsch verstanden. Der Mann hat Geld, *weil* er ein Geber ist. Gott vertraut das Saatgut dem Sämann an.

Ich sage es nur ungern, aber manche kostbaren Menschen, die Gott gern segnen würde, werden nie Geld haben, weil ihre Herzen nicht in Ordnung sind. Gott gibt dem Sammler keinen Samen; und nach diesem Vers gibt er dem Bauern mehr als nur Saatgut.

> *Denn es ist Gott, der dem Bauern Saatgut und Brot zu essen gibt.*
>
> V. 10

Gott achtet immer auf unsere materiellen Bedürfnisse (damit wir es nicht tun müssen). Er möchte, dass wir einen Teil des Samens, den er uns geschenkt hat, nehmen und zu Nahrung verarbeiten. Den Rest aber sollen wir aussäen. Gott fügt sogar noch eine Verheißung hinzu:

> *Genauso wird er auch euch viele Gelegenheiten geben, Gutes zu tun, und eure Großzügigkeit wird viele Früchte tragen.*
>
> V. 10

Versorgen und vermehren. Gott ist der Einzige, der uns Samen geben kann; er ist außerdem der Einzige, der ihn vermehren kann. Und wenn er das tut, wird er auch dafür sorgen, dass unsere Großzügigkeit viel Frucht bringt.

Ich darf Ihnen sagen: Wenn Sie in bestimmten Lebensbereichen zu kämpfen haben, werden sich die ersten Erfolge einstellen, sobald Gott in diesem Bereich Ihres Herzens etwas bewirkt.

Ich glaube, Geber führen ein rechtschaffeneres Leben als

Nehmer. Warum? Weil Gott, wie versprochen, die Früchte ihrer Gerechtigkeit vermehrt. Sie säen nicht mehr Egoismus oder Gier, sondern Großzügigkeit, Güte und Liebe. Wie Jesus sagte: Wenn wir diese Dinge geben, werden wir sie zurückbekommen, und zwar »zusammengepresst und gerüttelt, in einem vollen, ja überreichlichen Maß« (Lk. 6,38).

Das bringt mich zu den drei Grundprinzipien von Saat und Ernte, die wir kennen sollten. Das erste habe ich bereits genannt: Was man sät, das erntet man.

Was man sät, das erntet man

Ich weiß, es klingt nach einer Binsenweisheit, aber Sie wären überrascht, wie oft ich Menschen beobachte, die erwarten, dass es in ihrem Fall irgendwie anders läuft.

Fakt ist: Wer Mais sät, wird Mais ernten; wer Weizen sät, wird Weizen ernten; und wer, wie Paulus es sagt, Geld sät, wird Geld ernten. Das ist ein Gesetz, das schon seit der Schöpfung gilt:

> *Dann sprach [Gott]: »Auf der Erde soll Gras wachsen und sie soll Pflanzen hervorbringen, die Samen tragen, und Bäume voller unterschiedlichster Früchte, in denen ihr Same ist.« Und so geschah es. Auf der Erde wuchs Gras sowie Pflanzen und Bäume, die Samen trugen. Und Gott sah, dass es gut war.*
>
> 1. Mose 1,11-12

Die Dinge vermehren sich entsprechend ihrer eigenen Art. Was man sät, wird man ernten. Können Sie sich vorstellen, wie ein Bauer auf einem Feld steht, auf dem er Weizen gesät hat, und sich jetzt ärgert, weil kein Mais wächst? Das wäre töricht. Doch genau so verhalten sich viele Christen. Sie erwarten eine Ernte von Dingen, die sie nicht gesät haben.

Ich möchte noch einmal betonen, dass dies keine fromme

Reich-über-Nacht-Masche ist. Wir geben kein Geld, um mehr Geld zu bekommen; doch finanzielles Wachstum ist ein Nebenprodukt einer großzügigen Aussaat. Das Prinzip ist klar: Was man sät, ganz gleich was es ist, wird man ernten.

Die richtige Reihenfolge

Das zweite Prinzip von Saat und Ernte ist: Man erntet, *nachdem* man gesät hat. Auch das klingt so einfach, dass es schon fast dumm ist; aber es ist unglaublich, wie viele Menschen Dinge sagen wie: »Irgendwann wenn ich mehr Geld habe, werde ich auch großzügig geben.«

Das wird nicht passieren. Man kann nicht ernten, *bevor* man gesät hat. Auch das ist ein Prinzip, das Gott in die natürliche Ordnung der Dinge hineingelegt hat:

> *»Solange die Erde besteht, wird es Saat und Ernte geben, Kälte und Hitze, Sommer und Winter, Tag und Nacht.«*
>
> 1. Mose 8,22

Von Anfang an ist diese Reihenfolge gültig. Bevor es eine Ernte geben kann, muss es eine Aussaat gegeben haben. Jesus bestätigte das:

> *»Ich erzähle euch noch ein Gleichnis für das Reich Gottes: Ein Bauer streute Saatgut auf einem Feld aus und ging dann wieder an seine andere Arbeit. Die Zeit verging, die Saat keimte und wuchs ohne das Zutun des Bauern heran, denn die Erde bringt das Getreide ganz von selbst hervor. Zuerst sprießt ein Halm, dann bilden sich die Ähren und zum Schluss reift das Korn heran. Und sobald das Korn reif ist, kommt der Bauer und erntet es mit der Sichel.«*
>
> Markus 4,26-29

Stellen Sie sich nun einmal den törichten Bauern von vorhin vor, wie er auf dem Feld steht und auf eine Ernte wartet, für die er nie etwas ausgesät hat. »Wenn ich erst mal die Ernte eingebracht habe, werde ich ordentlich aussäen«, sagt er zuversichtlich. »Ich werde ein ganz großer Sämann, wenn aus dieser Ernte etwas wird.«

Derjenige, der mit wenigem treu ist, wird viel erhalten.

Natürlich ist das absurd. Doch ich habe schon von vielen Christen ganz Ähnliches gehört, zum Beispiel: »Wenn Gott mir hilft, dieses große Geschäft abzuschließen, werde ich richtig anfangen, an die Gemeinde zu spenden.«

Derjenige, der mit wenigem treu ist, wird viel erhalten. Wir müssen dort anfangen, wo wir stehen.

Vervielfachung

Das dritte Prinzip von Saat und Ernte, das wir kennen sollten, lautet: Man erntet *mehr*, als man sät. Der Kern dieser Botschaft ist im folgenden Bibeltext zu finden:

> *Die mit Tränen säen, werden mit Jubel ernten. Weinend gehen sie hinaus und streuen ihre Samen, jubelnd kehren sie zurück, wenn sie die Ernte einholen. (Psalm 126,5-6)*

Die indirekte Aussage dieser Verse ist: Die Ernte ist ein Vielfaches der Saat, sodass – selbst wenn man seine wenigen wertvollen Samenkörner unter Tränen ausstreut – aus den Tränen Freude wird, wenn man anfängt, die Ernte einzubringen.

Es ist einfach aber wahr: In Gottes Königreich, so wie in Gottes natürlicher Schöpfung, erntet man *mehr*, als man sät.

Einige wenige Maiskörner, die man aussät, werden zu einem Stängel mit mehreren Maiskolben. Und jeder Kolben enthält Hunderte Körner (etwa 400). Das ist ziemlich gut, oder? Man bekommt immer mehr, wenn man auf Gottes Art und Weise aussät.

Ein Mensch, dem Gott vertrauen kann

Ich habe einen Freund, der vor vielen Jahren ein jährliches Einkommen von 37.500 Dollar hatte. Damals gab er konsequent 10 Prozent seines Bruttoeinkommens. Dann sprach Gott ihn an und sagte: *Gib 15 Prozent. Wenn du dieses Jahr 15 Prozent gibst, werde ich dein Einkommen verdoppeln. Und wenn du nächstes Jahr 20 Prozent gibst, werde ich es wieder verdoppeln. Und wenn du im darauffolgenden Jahr 25 Prozent gibst, werde ich es erneut verdoppeln.* Mein Freund hatte den starken Eindruck, dass dieser Gedanke wirklich von Gott kam.

Daraufhin sagte er nicht zu Gott: *Wie wärs, wenn du mein Einkommen verdoppelst, und dann fange ich an 15 Prozent zu geben?* Nein. Er nahm Gott beim Wort und ergriff die Gelegenheit, einen Glaubensschritt zu wagen und etwas zu tun, das Gott gefiel. Sofort begann er, 15 Prozent seines Einkommens in das Reich Gottes zu investieren. In dem Jahr stieg sein Einkommen von 37.500 auf 75.000 Dollar. Da nahm er Gott erneut beim Wort und begann, 20 Prozent zu geben. Im darauffolgenden Jahr lag sein Einkommen bei 150.000 Dollar. Zu dieser Zeit lernte ich ihn kennen. Wir wurden gute Freunde, und er erzählte mir von diesem Erlebnis.

Im nächsten Jahr erhöhte er seine Spenden auf 25 Prozent und sein Einkommen stieg auf 300.000 Dollar. Ich weiß, es klingt unglaublich, aber ich weiß auch, dass es wahr ist. Dieser Mann ist ein guter Freund von mir.

In dem Jahr, nachdem er seine Spenden auf 30 Prozent seines Einkommens erhöht hatte, stieg dieses auf 600.000 Dollar.

Im Jahr darauf gab er 35 Prozent und verdiente 1,2 Millionen Dollar. Heute spendet er durchweg 40 Prozent seines Einkommens für das Reich Gottes.

Das Beste an diesem Zeugnis ist aber nicht, wie viel mein Freund spendet oder verdient, sondern was Gott in seinem Herzen bewirkt hat. Er ist ein Mann Gottes. Er fing nicht an zu spenden, weil er reich sein wollte, sondern gehorchte, weil er Gott eine Freude machen und sich von ihm gebrauchen lassen wollte.

Gott schaute sich ihn an und sagte: »Ich will der Arbeit in meinem Reich Geld zur Verfügung stellen und hier ist jemand, dem ich vertrauen kann.« Genau das wünscht sich Gott. Er sucht nach Menschen, denen er Reichtum anvertrauen kann.

Wir müssen die Prüfung des Brauchens bestehen und darauf vertrauen, dass Gott uns versorgt. Wir müssen die Prüfung des Wollens bestehen und unseren Überfluss weise und im Gehorsam gegenüber Gottes Führung verwenden. Außerdem müssen wir die Prüfung der Saat bestehen – das großzügige Aussäen –, und dabei die drei Prinzipien von Saat und Ernte beachten.

KAPITEL 11

Gott belohnt Großzügigkeit

Joe hatte ein Problem, also fragte er seinen Pastor um Rat. »Herr Pastor, ich habe in letzter Zeit Schwierigkeiten, meinen Zehnten zu geben«, gestand er. »Und wo genau liegt die Schwierigkeit?«, fragte der Pastor.

»Also, früher, als ich 50 Dollar die Woche verdiente, gab ich fünf Dollar. Das war leicht. Als ich 500 Dollar die Woche verdiente, gab ich 50 Dollar, und das war auch okay. Aber jetzt verdiene ich 5.000 Dollar in der Woche, und das ist schwer – immerhin sind 500 Dollar als Zehnter viel Geld! Könnten Sie bitte für mich beten?«

»Klar!«, sagte der Pastor. »Beten wir. ›Vater im Himmel, bitte reduziere Joes Einkommen wieder auf 500 Dollar pro Woche, damit er dir mit dem Zehnten die Ehre geben kann.‹«

Das ist natürlich ein Witz. Aber es ist ein Witz, der eine gedankliche Falle aufzeigt, in die viele Menschen mit ihren Überlegungen zum Spenden geraten.

Es ist immer sinnvoll, Gott gegenüber großzügig zu sein, weil er immer großzügig ist. Genau genommen ist er *mehr* als großzügig in seiner Liebe zu uns – er ist verschwenderisch!

Ich möchte Ihnen die Geschichte von einer Person zeigen, die in ihrer Liebe zu Jesus ebenfalls verschwenderisch war:

> *Sechs Tage vor Beginn der Passah-Feierlichkeiten kam Jesus nach Betanien, in die Heimatstadt von Lazarus – jenes Mannes, den er von den Toten auferweckt hatte. Dort wurde zu seinen Ehren ein Festessen gegeben. Marta bediente die Gäste, und Lazarus saß mit ihm am Tisch.* ***Da nahm Maria ein zwölf Unzen fassendes Fläschchen mit kostbarem Nardenöl, salbte Jesus mit dem Öl die Füße*** *und trocknete sie mit ihrem Haar.*

Der Duft des Öls erfüllte das ganze Haus. Da sagte Judas Iskariot, einer seiner Jünger – der, der ihn später verriet: »Dieses Parfüm war ein kleines Vermögen (*300 Denarii) wert. Man hätte es verkaufen und das Geld den Armen geben sollen.« Doch es ging ihm gar nicht um die Armen – er war ein Dieb und führte die Kasse der Jünger und entwendete hin und wieder etwas Geld für den eigenen Bedarf. Jesus erwiderte: »Lass sie. Sie hat es als Vorbereitung für mein Begräbnis getan. Die Armen habt ihr immer bei euch, aber ich werde nicht mehr lange bei euch sein.«*

Johannes 12,1-8; eigene Hervorhebung

Was für eine wunderbare Begebenheit! Und was für ein krasser Gegensatz zwischen zwei Herzen. Einerseits haben wir das Herz von Maria und andererseits das von Judas. Uns werden hier in einem Ereignis sowohl Großzügigkeit als auch Egoismus vor Augen geführt.

Doch beim Lesen kommen mir einige Fragen. Warum hat Maria das getan? Warum beschenkte sie Jesus so überschwänglich und großzügig? Die 300 Denarii, die das Öl gekostet hatte, waren sehr viel Geld – im Grunde ein ganzes Jahresgehalt. Natürlich ist »viel Geld« ein relativer Begriff. Was für mich viel erscheint, mag für einen Multimillionär nicht viel sein. Doch ein Jahresgehalt ist ein Jahresgehalt, ganz gleich wer man ist.

Um ein Gefühl für die Größe dieses Geschenks zu bekommen, denken Sie an Ihr Bruttojahreseinkommen und stellen Sie sich vor, diesen Betrag für Parfümöl auszugeben. Nun stellen Sie sich vor, es jemandem über die Füße zu gießen. Sie werden es nie wiederbekommen. Es ist ausgegossen, dahin. Was für eine außergewöhnliche Handlung! Da stellt sich zwangsläufig die Frage: Warum?

Noch eine andere Frage kommt mir beim Lesen dieses Abschnitts. Warum hat es Judas so sehr gestört? Es war doch nicht sein Geld?

Überall, wo Großzügigkeit zu finden ist, versucht der Egoismus die Oberhand zu gewinnen, wie man hier deutlich sehen kann. Das galt für jene Situation und es gilt für unser eigenes Herz. Jeder von uns muss einen kritischen Blick in sein Innerstes werfen und sich fragen: Bin ich großzügig oder egoistisch? Was hat die Oberhand in meinem Leben?

Im Herzen von Judas herrschte haarsträubender Egoismus, der sich in seinen Äußerungen über Marias Geschenk zeigte. Schauen Sie noch einmal, was das Wort Gottes über Judas sagt:

Doch es ging ihm gar nicht um die Armen – er war ein Dieb und führte die Kasse der Jünger und entwendete hin und wieder etwas Geld für den eigenen Bedarf.

Johannes 12,6

Die Armen waren ihm egal. Er war ein Dieb! Judas gab vor, an andere zu denken, während er in Wirklichkeit an niemanden außer sich selbst dachte. Das ist eine Taktik, die viele andere in der Menschheitsgeschichte imitiert haben. Es ist der älteste Verschleierungsversuch von Egoismus, den es gibt. Darum kommt er uns auch so bekannt vor.

Ich erinnere mich, dass ich einmal mit jemandem im Auto an einem großen, schönen Haus vorbeifuhr. Der Eigentümer, den ich kannte, war ein engagierter Christ, dem es so gut ging, weil er biblischen Prinzipien gefolgt war und großzügig gegeben hatte.

Ich wies meinen Mitfahrer auf das Haus hin und erwähnte den gläubigen Eigentümer. Die Antwort: »Dann sollte er es verkaufen und das Geld den Armen geben.« Natürlich lebte derjenige, der diese Bemerkung machte, in einem schöneren Haus als 90 Prozent der Weltbevölkerung es sich je erträumen könnte. Und raten Sie mal – er hatte keineswegs die Absicht, sein eigenes Haus zu verkaufen und das Geld an *Life Outreach International* zu spenden.

Die hässliche Wahrheit ist, dass ihm die Armen gleichgültig waren. Er ärgerte sich nur, dass jemand ein schöneres Haus besaß als er. Nicht Barmherzigkeit war der Hintergrund seiner Bemerkung, sondern Neid.

Diese falsche Geistlichkeit äußert sich in verschiedenen, aber ähnlichen Aussagen. Kommt Ihnen einer der folgenden Sätze bekannt vor? »Wie kann jemand guten Gewissens so ein teures Auto fahren?« »Mit dem, was sie für diesen Mantel ausgegeben hat, hätte sie vielen Menschen helfen können.« Oder, mein persönlicher Lieblingsspruch: »Ich könnte viel Gutes tun mit dem Geld, das er/sie für (Luxusartikel XYZ) ausgegeben hat.« Solche Bemerkungen deuten auf Haltungen wie Egoismus und Eifersucht hin, die sich hinter religiösen Überlegenheitsgefühlen verstecken. Sie sind einfach nur hässlich.

So war es auch bei Judas an jenem Tag. Er sah, wie ein Jahresgehalt »verschwendet« wurde, statt durch seine Kasse zu fließen, aus der er sich dann hätte bedienen können. Judas betrachtete Marias wunderbare Tat der aufopfernden Anbetung als – Verschwendung.

Ich habe mich oft gefragt, ob Judas zu diesem Zeitpunkt bereits erkannt hatte, dass Jesus nicht beabsichtigte, ein irdisches Königreich aufzurichten und ihn zu einem »hohen Tier« darin zu machen. Wenn dem so war und Judas bereits im Hintergrund mit den Religionsvertretern zusammenarbeitete, die Jesus tot sehen wollten, konnte Judas durchaus gewusst haben, dass Jesus bald sein Leben verlieren würde. Möglicherweise nahm Judas deshalb an, dass er am Ende *alles* Geld in der Kasse behalten könnte.

Ich möchte das Wort Kasse durch ein anderes Wort ersetzen: Klingelbeutel. Die Kasse, die sie mit sich herumtrugen, enthielt die Spenden, die die Menschen für den Dienst von Jesus gaben. Im Gegenzug verwendete Jesus das Geld, um andere Menschen zu segnen – und Judas stahl davon!

Natürlich finden wir das unerhört. Wir können uns nicht vorstellen, dass jemand die Unverfrorenheit besitzt, Jesus zu bestehlen. Aber denken Sie noch einmal an Maleachi 3, wo es um den Zehnten ging. Dort sahen wir, dass Gott diejenigen tadelte, die ihn »mit dem Zehnten und den Abgaben« betrogen (Mal. 3,8).

Ist es möglich, dass, so wie Judas Jesus beraubte, indem er etwas aus dem Klingelbeutel nahm, auch wir uns des Diebstahls schuldig gemacht haben, indem wir *nicht* in den Klingelbeutel getan haben, was Gott sowieso rechtmäßig gehört?

Ich weiß, es klingt hart, aber es ist leicht möglich, dass auch Christen sich mehr wie Judas verhalten statt wie Maria.

Ich vermute, dass Judas Jesus nachfolgte, weil er dachte, Jesus könnte etwas für ihn tun. Als Mitglied der antirömischen Zelotenpartei suchte er nach einem prominenten Posten in dem neuen Königreich, das die Ketten Roms abschütteln würde. Natürlich war es bei den meisten anderen Jüngern genauso, wie ihr häufiges Gerangel um gute Posten zeigte.

Doch vor allem blieb Judas wegen des »Was ist für mich drin?«-(WIFMD)-Prinzips bei Jesus. Sobald ihm klar wurde, dass Jesus sich nicht so für ihn einsetzen würde wie erhofft, verriet er ihn.

Natürlich unterscheidet sich das nicht so sehr von dem, was viele Menschen heutzutage tun. Sie folgen Gott aufgrund des WIFMD-Prinzips statt sich darauf zu konzentrieren, was sie für ihn tun können. Und sobald er sie »enttäuscht« – weil er nicht so handelt, wie sie es sich vorstellen – sind sie verstimmt und kommen nicht mehr in die Gemeinde.

Die Versuchung setzt immer an unseren Schwachpunkten an.

Der Egoismus kümmert sich von Natur aus um nichts und niemanden außer um das eigene Ich. Egoisten würden sogar ihre Freunde verraten, wenn es ihnen hilft zu bekommen, was sie wollen. Egoisten finden immer gute Gründe, nicht großzügig sein zu müssen.

Genau so war es bei Judas. »Hey, verschwende doch nicht

dieses teure Parfüm für Jesus. Wir können es zu Geld machen und das dann den Armen geben.«

So wie Judas versucht der Egoismus, den Blick weg vom Egoisten und hin auf die »Extravaganz« der anderen zu lenken. Der Egoismus fährt an schönen Häusern vorbei und kritisiert die guten Dinge, mit denen andere gesegnet wurden. Der Egoismus dreht sich immer um das eigene Ich, indem er mit dem Finger auf andere zeigt.

Im Kampf gegen die eigene Schwäche

Wer übertrug Judas die Verantwortung für die Kasse? Jesus natürlich. Wusste Jesus, dass Judas ein Dieb war, als er ihm diese Aufgabe anvertraute? Na klar! Das bringt mich zu einer weiteren wichtigen Lektion aus dieser Begebenheit.

So sehr es manche Christen überraschen mag: Die Versuchung setzt immer an unseren Schwachpunkten an. Jesus übertrug Judas – dem Mann mit der Schwäche für Geld und Prestige – die Verantwortung für die Kasse. In vergleichbarer Weise wird Gott auch uns im Bereich *unserer* Schwachpunkte Verantwortung übertragen.

Vielleicht denken Sie jetzt: *Warum? Will Gott, dass wir versagen?* Nein! Er will, dass wir siegen. Doch das können wir nur, indem wir uns unseren Schwächen stellen und sie überwinden.

Wenn Gott uns eine kleine Aufgabe an unserem Schwachpunkt gibt, führt er uns auf diese Weise durch einen Wachstumsprozess, der notwendig ist, damit wir vorankommen:

> *Vergesst nicht, dass die Prüfungen, die ihr erlebt, die gleichen sind, vor denen alle Menschen stehen. Doch Gott ist treu. Er wird die Prüfung nicht so stark werden lassen, dass ihr nicht mehr widerstehen könnt.*
>
> 1. Korinther 10,13

Die Bibel sagt, dass wir noch nie eine Versuchung erlebt haben, der wir nicht hätten widerstehen können. Wir treffen immer die bewusste Entscheidung zu sündigen. Doch Gott möchte uns helfen, den Bereich unserer potenziell größten Niederlage in den Bereich des größten Sieges zu verwandeln.

Darum gibt Jesus einem Dieb Verantwortung für Geld und damit die Gelegenheit, seinen Egoismus und seine Habgier zu überwinden. Doch Judas schaffte es nicht.

Geld ist eine größere Prüfung, als wir meinen. Genau genommen stellt es Sie in diesem Augenblick auf die Probe. Sie müssen verstehen: Das Ausmaß der Verantwortung, die Sie im Reich Gottes haben werden, steht im direkten Verhältnis zu Ihrem Umgang mit Geld.

Wenn Sie an dieser Aussage zweifeln, schauen Sie sich noch einmal an, was Jesus in Lukas 16 sagt:

> *»Wenn ihr bei weltlichem Besitz nicht vertrauenswürdig seid, wer wird euch die wahren Reichtümer des Himmels verwalten lassen? Und wenn ihr mit dem Geld anderer Leute nicht treu seid, warum sollte man euch eigenes Geld anvertrauen?«*
>
> Lukas 16,11-12

Sie werden in diesem Moment auf die Probe gestellt. Der Preis, wenn Sie die Prüfung bestehen, ist wahrer Reichtum. Doch was ist eigentlich wahrer Reichtum?

Es sind Menschen. Es ist das Vorrecht zu erleben, wie die Menschen, die Sie lieben, heil werden und in ihrer Beziehung zu Gott wachsen. Wahrer Reichtum sind die Worte der Erkenntnis, die Heilung, der Glauben und die Wunder, die Menschen helfen.

Wahrer Reichtum bedeutet, Menschen, die ihr Leben bisher in der Gefangenschaft von Depression oder Bedrückung verbracht haben, helfen zu können, zum ersten Mal Freiheit zu erleben. Wahrer Reichtum sind Seelen.

Ich möchte nicht hart klingen, aber ich muss Ihnen die

Wahrheit sagen. Gott wird Ihnen keine Verantwortung in seinem Königreich oder auch nur in seiner Gemeinde übertragen, wenn Sie nicht einmal mit Ihrem eigenen Portemonnaie umgehen können. Das kann er nicht!

Als Pastor folge ich bewusst Gottes Vorbild. Es mag manche schockieren, aber ich gebe niemandem eine Leitungsposition in der Gemeinde, der nicht mit Geld umgehen kann.

Ich weiß, dass ich eines Tages vor Gott Rechenschaft für die Menschen ablegen muss, die zu leiten er mir aufgetragen hat. Die Bibel sagt, Hirten müssen dem obersten Hirten (Jesus) Rechenschaft darüber ablegen, wie sie die Schafe versorgt und beschützt haben. Darum übertrage ich niemandem Verantwortung für kostbare Schafe, der nicht mit seinen persönlichen Finanzen auf biblische Weise umgehen kann.

Maria kam mit einem Herzen zu Jesus, das vor Dankbarkeit und Liebe überfloss. Diese Liebe äußerte sich in Anbetung mittels einer sehr teuren Spende.

Ganz ähnlich zeigen wir Gott jede Woche, wie erfüllt von Dankbarkeit und Liebe unsere Herzen sind. Ich möchte Ihnen einmal folgende Fragen stellen: Was sagt Ihre Kollekte über die Dankbarkeit und Liebe zu Gott aus, die Sie im Herzen tragen? Was sagen Ihre Ausgaben darüber aus, was Ihnen auf dieser Erde wirklich wichtig ist?

Judas wollte alles behalten, was er konnte, um sein eigenes Königreich aufzubauen. Maria war bereit, alles zu geben, was sie hatte, um den König zu ehren.

Extravaganz für Gott

Wie bereits erwähnt, tobt in jedem von uns ein Kampf. Es ist ein Kampf zwischen Egoismus und Großzügigkeit – und es ist ein Kampf, den die Großzügigkeit gewinnen muss.

Ich möchte Ihnen etwas zu Großzügigkeit sagen, das Ihnen helfen wird, sie zu erkennen, wenn Sie sie sehen: Großzügigkeit ist extravagant. An jenem Tag ergoss sich ein Jahresgehalt aus Marias Ölgefäß. Das war fraglos ein extravagantes Geschenk an Jesus. Doch wie bewerten wir, was heute ein extravagantes Geschenk ausmacht?

Bevor Sie darauf antworten, möchte ich Sie an etwas erinnern. Alles gehört Gott. Aller Reichtum im Himmel und auf Erden gehört ihm. Richtig? Also wie groß muss ein Geschenk sein, damit es Gott beeindruckt? Ist eine Million ein extravagantes Geschenk für ihn? Oder ein Geschenk über 100 Milliarden? Wie ist es überhaupt möglich, dem Gott des Universums ein extravagantes Geschenk zu machen?

Es gibt nur eines, was man Gott schenken kann, das ein extravagantes Geschenk darstellen würde – das eigene Leben. Alles, was man ist und je sein wird. Das ist ein extravagantes Geschenk. Genau das tat Maria im Grunde an jenem Tag. Das Parfümöl war nur ein Symbol dafür, dass ihr ganzes Herz Jesus gehörte. Das war das extravagante Geschenk, das Maria Jesus an jenem Tag machte.

Es ist ein Geschenk, das ein selbstsüchtiger Mensch wie Judas nie geben oder auch nur verstehen könnte.

Die Stufen des Gebens

Mittlerweile predige ich schon seit 20 Jahren über das Geben. Doch vor wenigen Monaten fiel mir etwas in der Bibel auf, das ich zuvor noch nicht gesehen hatte. Mir wurde bewusst, dass es für Christen drei Stufen des Gebens gibt. Ich werde sie gleich näher beleuchten, aber zunächst möchte ich sie einmal nennen:

1. der Zehnte
2. Spenden
3. aufopferndes Geben

Kurz nach dieser für mich bahnbrechenden Entdeckung rief ich voller Begeisterung einen Freund von mir an, einen Mann, der eine große Gabe des Gebens hat. Ich wollte ihm davon erzählen und sagte am Telefon zu ihm: »Gott hat mir etwas gezeigt, das mir bisher noch nie aufgefallen ist. Wusstest du, dass es drei Stufen des Gebens gibt?« Er erwiderte ganz sachlich: »Ja, das wusste ich, und ich kann sie dir sogar nennen.«

Ich dachte: *Falsch, Mr Superschlau. Ich habe diese Offenbarung frisch vom Himmel bekommen. Ich habe noch nie jemanden darüber predigen oder lehren hören. Du kannst gar nicht wissen, was ich sagen will.* Also ließ ich es drauf ankommen. »Na gut. Und wie heißen sie?« Er antwortete: »Der Zehnte, Spenden und schmerzhafte Opfer.«

Er formulierte es etwas weniger sacht als ich, aber er wusste es tatsächlich! (Ich hätte wissen sollen, dass ein reifer Christ, der seine Gabe des Gebens auslebt, diese Erkenntnis bereits gewonnen hat.)

Leider erreichen die meisten Christen nicht einmal die erste Stufe. Jede Studie zeigt, dass nur ein kleiner Teil der Menschen, die sich Christen nennen, konsequent den Zehnten geben.

Viele Menschen, die beabsichtigen den Zehnten zu geben und meinen den Zehnten zu geben, tun es in Wirklichkeit nicht.

Ich kann das nur schwer nachvollziehen, aber Tatsache ist, dass die meisten Christen ein Problem damit haben, den Zehnten zu geben. Sind Sie auch am Anfang des Jahres überrascht, wenn Sie die jährliche Spendenbescheinigung von Ihrer Gemeinde bekommen, welchen Prozentsatz Ihres Bruttoeinkommens Sie gegeben haben? Die meisten schon. Viele Menschen, die *beabsichtigen*, den Zehnten zu geben, und meinen, den Zehnten zu geben, tun es in Wirklichkeit nicht.

Wie gesagt erreichen nur wenige Christen überhaupt die erste Stufe; demzufolge erhalten sie nie auch nur einen kleinen Einblick in die Freude und den Segen, der mit den höheren Stufen verbunden ist.

Über die Jahre habe ich allerdings beobachtet, dass diejenigen, die die erste Stufe erreichen, auch meistens auf die nächste Stufe gelangen. Warum? Weil der Zehnte den Fluch außer Kraft setzt und die Fenster des Himmels öffnet. Wenn wir anfangen, den Zehnten zu geben, werden wir wahrscheinlich auch mehr spenden, so wie Gott es uns aufträgt.

Trotzdem werden nur sehr wenige Christen die dritte Stufe des Gebens erreichen – das aufopfernde Geben –, und das ist eine Tragödie. Der Gedanke, dass viele Christen nie erleben werden, wie viel Freude eine aufopfernde Spende hervorruft, macht mich traurig. Doch Sie können es – ebenso wie die bemerkenswerten Menschen in der Bibel.

Beispielsweise gab König David eine aufopfernde Spende, um seinem Sohn Salomo den Weg zum Tempelbau zu ebnen. Wissen Sie, wie viel von seinem eigenen Geld David für den Tempelbau beiseitelegte? In unsere heutige Währung umgerechnet, wären es 21 Milliarden Dollar. Das ist eine aufopfernde Gabe, selbst für einen König.

Hier ist ein weiteres biblisches Beispiel für eine aufopfernde Gabe: Davids Sohn Salomo wurde auf der ganzen Welt als äußerst weise bekannt. Wissen Sie noch, wie Salomo zu dieser Weisheit kam? (Sie können es in 1. Könige 3 nachlesen.)

Salomo war gerade als König eingesetzt worden. Der Tradition folgend, musste er Gott ein Opfer bringen, einen Stier. Wissen Sie, was Salomo am festgesetzten Tag tat? Er opferte 1.000 Stiere.

Können Sie seine Berater hören? »Ähm … hör mal … wir wissen, dass du neu bist und so, aber … ähm … wusstest du, dass du nur ein Opfer bringen sollst? Aber, hey, wir verstehen, dass du begeistert bist, also wenn du ein bisschen extravagant sein willst, kannst du doch zehn Stiere opfern … oder sogar hundert? Aber tausend? Überleg doch mal, Salomo … dann sind wir die ganze Nacht hier!«

Salomo gab an jenem Tag persönlich 1.000 Stiere für das Opfer. Und in der gleichen Nacht begegnete ihm Gott und sagte: »Bitte, um was du willst, und ich werde es dir schenken.«

Wissen Sie, warum Gott sagte: »Bitte mich, um was du willst«? Weil Salomo unter Beweis gestellt hatte, dass er von Herzen großzügig war, nicht egoistisch. Salomo war ein Geber.

Ich kann Ihnen versichern, dass ein Mensch, der kein Geber auf der höchsten Stufe ist, wahrscheinlich nicht erleben wird, wie Gott zu ihm kommt und sagt: »Bitte mich, um was du willst.« Er kann es nicht, weil er keine Gelegenheit hatte, an diesem Herzen zu arbeiten. Er könnte dem Menschen nicht den gleichen Blankoscheck anvertrauen, den er Salomo gab.

Ich möchte Ihnen von einer aufopfernden Gabe erzählen, die ebenfalls in der Bibel erwähnt wird und die es mit den Spenden von David und Salomo aufnehmen kann. Wir finden sie in Lukas 21:

> *Während Jesus im Tempel war, sah er zu, wie die reichen Leute ihre Spenden in den Opferkasten legten. Da kam eine arme Witwe und warf zwei kleine Münzen ein.*
>
> V. 1-2

Sie haben richtig gelesen. Eine arme Witwe mit ihren zwei kleinen Münzen gab eine aufopfernde Spende, weil diese Münzen Jesus zufolge alles waren, was sie hatte. Sie brauchte genauso viel – oder noch mehr – Glauben, um diese zwei Münzen zu geben, wie David für die 21 Milliarden Dollar in Gold. Es geht nicht um den Betrag, sondern ums Herz. Zwei Cent stellen eine aufopfernde Gabe dar, wenn sie alles sind, was man hat.

Es gibt noch ein anderes biblisches Beispiel für eine aufopfernde Gabe: Auf einem entlegenen Hügel, auf dem eines Tages die Stadt Jerusalem stehen sollte, bereitete ein Mann namens Abraham sich darauf vor, seinen einzigen, durch ein Wunder geborenen Sohn zu opfern (siehe 1. Mose 22). Das nenne ich aufopfernd!

Und noch ein besseres Beispiel: Nicht weit von jenem Hügel entfernt opferte 2.000 Jahre später Gott selbst seinen einzigen, schuldlosen Sohn für uns und unsere Freiheit. Das ist wirklich ein extravagantes Geschenk und ein schmerzhaftes Opfer.

Gott ist der größte aufopfernde Geber. Er ist großzügig und er möchte in unseren Herzen wirken, damit wir ihm ähnlicher werden.

Ein Zweck für jedes Geschenk

Wie wir gesehen haben, ist der biblische Bericht über Marias aufopferndes Geschenk in Johannes 12 zu finden. Wer erfahren möchte, was sie zu einer aufopfernden Geberin machte, muss nur ein Kapitel zurückblättern.

Wissen Sie noch, was in Johannes 11 geschah? Jesus weckte Marias und Martas Bruder Lazarus von den Toten auf. Ein Kapitel später gab Maria Jesus ihren wertvollsten Besitz.

Ist es möglich, dass die Ereignisse in Kapitel 11 Maria eine neue Perspektive geschenkt hatten? Könnte es sein, dass sich Marias Werte und Prioritäten verändert hatten, nachdem sie zuerst ihren Bruder begraben und vier Tage im Grab wissen musste und ihn dann auf Jesu Wort hin plötzlich ins Leben zurückgeholt sehen durfte? Vielleicht erschien ihr materieller Besitz auf einmal nicht mehr so wertvoll. Uns wird es genauso gehen, wenn wir nur ansatzweise begreifen, was Jesus für die Menschen tun kann, die wir lieben.

Vielleicht muss auch unsere Perspektive sich verändern. Denn immerhin sind wir selbst von den Toten auferweckt worden, wenn wir Jesus kennen.

Doch Gott ist so barmherzig und liebte uns so sehr, dass er uns, die wir durch unsere Sünden tot waren, mit Christus neues Leben schenkte, als er ihn von den Toten auferweckte. Nur durch die Gnade Gottes seid ihr gerettet worden! Denn er hat uns zusammen mit Christus von den Toten auferweckt und wir gehören nun mit Jesus zu seinem himmlischen Reich.

Epheser 2,4-6

Sollten wir nicht auch Marias Perspektive einnehmen? Ein großzügiges Herz entspringt einem dankbaren Herzen.

Matthäus und Markus dokumentieren die Begebenheit mit Maria und ihrem aufopfernden Geschenk ebenfalls. Sie schreiben sogar, dass Maria das Öl nicht nur auf Jesu Füße, sondern auch auf seinen Kopf goss. Markus zitiert einige Worte von Jesus, die Johannes nicht aufgezeichnet hat. Nachdem Judas sich über die »Verschwendung« des kostbaren Öls beklagt hat, antwortet Jesus:

»Sie hat getan, was in ihrer Macht stand, und meinen Körper im Voraus zum Begräbnis gesalbt.«

Markus 14,8

Wenn wir an die Kreuzigung denken, wird unter anderem berichtet, dass der Leichnam von Jesus kurz vor Beginn des Sabbats bei Sonnenuntergang vom Kreuz genommen wurde. Das bedeutete, sie mussten den Leichnam rasch in Leinentücher hüllen und ins Grab legen. Es war keine Zeit, den Leichnam mit duftendem Öl und Kräutern zu salben, wie es normalerweise Brauch war. Genau aus diesem Grund ging eine Gruppe von Frauen drei Tage später zum Grab. Sie wollten das Versäumte nachholen – doch da begegneten sie den Engeln, die ihnen sagten, dass Jesus auferstanden war (siehe Lk. 24,1-6).

Stellen Sie sich das einmal vor: Der einzige Mensch auf Erden, der das Vorrecht hatte, Jesus für sein Begräbnis zu salben, war Maria. Sie wusste nicht, dass sie das tat, bis Jesus sagte: »Sie hat ... meinen Körper im Voraus zum Begräbnis gesalbt« (Mk. 14,8).

Manchmal, wenn wir gehorsam und aufopferungsvoll geben, wie der Heilige Geist es uns aufträgt, haben wir keine Ahnung, wie bedeutsam unsere Gabe wirklich ist. Doch Gott weiß es. Er hat einen Zweck für jede Gabe.

In diesem Zusammenhang fällt mir ein befreundetes Ehepaar ein. Vor 30 Jahren waren sie frisch verheiratet, bis über beide Ohren verliebt und total pleite – kein Geld, keine Ersparnisse, nichts.

Im ersten Ehejahr erhielt mein Bekannter überraschenderweise eine Sonderzahlung von seinem Arbeitgeber. Es war die größte Summe, die die beiden in einem einzelnen Betrag jemals gesehen hatten. Für sie war es eine Unmenge Geld, vor allem weil sie eigentlich nichts hatten.

Als sich die erste Euphorie legte, fingen sie an zu spüren, dass trotz ihrer eigenen Bedürfnisse und vielen Möglichkeiten, diesen unerwarteten Geldsegen einzusetzen, das Geld nicht für sie selbst bestimmt war. (Die beiden sind von Herzen großzügige Menschen.)

Sie gingen zum Pastor ihrer Gemeinde und sagten: »Wir wissen nicht konkret, für wen oder was dieses Geld ist, aber wir wollen es verschenken.« Da erklärte ihr Pastor: »Ich habe mich gestern mit einer Witwe aus unserer Gemeinde getroffen und erfahren, dass sie ihr Haus verliert, wenn sie nicht einen bestimmten Geldbetrag aufbringen kann. Der Betrag, den sie braucht, ist auf den Cent genau die Summe dieses Schecks.«

Gott hat einen Zweck für jede Gabe.

Unvermeidliche Belohnungen

Eine Sache sollten Sie noch über Großzügigkeit wissen: Sie wird belohnt.

Matthäus 26 zufolge sagte Jesus etwas Interessantes, nachdem er gehört hatte, wie Judas Maria für ihr aufopferungsvolles Geschenk kritisierte.

> *Doch Jesus erwiderte: »Warum fallt ihr über sie her? Sie tut mir etwas Gutes. Die Armen werdet ihr immer bei euch haben, aber ich werde nicht mehr lange bei euch sein. Sie hat dieses Parfümöl über mir ausgegossen, um meinen Körper zum Begräbnis vorzubereiten.* ***Ich versichere euch: Überall auf der Welt, wo man die gute Botschaft verbreiten wird, wird man auch davon sprechen, was diese Frau getan hat.«***
>
> Matthäus 26,10-13; eigene Hervorhebung

Als Maria mit ihrem Öl zu Jesus kam, um ihn zu salben, sagte sie sich bestimmt nicht: *Ich wette, damit werde ich berühmt. Die Leute werden noch jahrelang darüber reden!* Sie dachte nur daran, Jesus zu beschenken und wie sehr sie ihre Liebe zu ihm zum Ausdruck bringen wollte.

Großzügigkeit gibt nicht, um zu empfangen, aber Großzügigkeit wird *immer* von Gott belohnt. Wer gibt, den wird Gott segnen. Keine Macht der Welt kann das verhindern. Es tut mir leid, wenn Ihnen das Mühe macht. Sie werden sich damit abfinden müssen. Ich weiß, dass Sie einfach geben, um zu geben – nicht um zu empfangen. Trotzdem ist Segen ein Nebenprodukt des Gebens. So ist das halt. Daran kommen Sie nicht vorbei!

Ansonsten würde das nicht dem Wesen Gottes entsprechen. Gott belohnt; das haben wir in Hebräer 11 gesehen. Wie alle guten Eltern will Gott seine Kinder belohnen.

Erinnern Sie sich an meinen Freund, der ärgerlicherweise schon die drei Stufen des Gebens kannte, bevor ich ihn aufklären konnte? Eines Abends vor vielen Jahren saß er über seiner Buchhaltung. Wie viele andere Leute benutzt auch er dazu ein Computerprogramm. Als er alle seine Rechnungen bezahlt hatte, sah er, dass sein Girokonto immer noch ziemlich gut in den schwarzen Zahlen war. Dankbar betete er: *Herr, du hast mich wirklich gesegnet. Es ist wunderbar, so viel Geld auf dem Konto zu haben. Danke.*

Dann wurde er neugierig und wollte wissen, wie viel Geld er auf seinen anderen Konten hatte. Also warf er einen Blick auf sein Sparkonto und sah auch dort eine große Summe. Wieder betete er: *Herr, du bist so gut zu mir gewesen. Dein Segen ist einfach wunderbar. Danke.*

Nun fragte er sich, wie viel Geld er wohl insgesamt hatte. Er schaute sich sein Festgeldkonto und sein Rentenkonto an. Dann rechnete er alles zusammen.

Als er an jenem Abend zu Bett ging, wusste er auf Dollar und Cent genau, wie viel Geld er besaß, und es war eine erstaunliche Menge. Mit einem Herzen voller Dankbarkeit und Staunen schlief er ein.

Am nächsten Morgen, als er während seiner Stillen Zeit betete, hörte er, wie Gott ihn fragte: »Wie viel Geld hast du?« Sofort dachte er: *O, jetzt habe ich ein Problem. Ich hätte niemals alle Kontostände zusammenrechnen sollen. König David bekam auch Probleme, als er nachzählte.*

Natürlich wusste er auf den Cent genau, wie viel Geld er besaß. Er hatte am Abend zuvor immerhin mit viel Mühe sein Kapital zusammengerechnet. Und obwohl er es besser wusste, versuchte er, sich aus der Affäre zu ziehen. »Also, Herr … ähm … was meinst du? … Meinst du, wie viel Geld ich im Portemonnaie habe?« Wieder kam die Frage: »Wie viel Geld hast du?« Mein Freund antwortete: »Wie viel ich auf meinem Girokonto habe? Meinst du das?« Noch einmal hörte er die Frage: »Wie viel Geld hast du?«

Schließlich sagte er: »Herr, du weißt, dass ich es gestern Abend zusammengerechnet habe. Ich habe …«, und er nannte die Summe. Dann fragte Gott: »Würdest du es mir geben?«

In jenem Moment dachte er, er hätte nicht richtig gehört. *Das kann nicht wahr sein. Das ist unglaublich. Gott verlangt von mir, alles Geld wegzugeben, das ich über die letzten 20 Jahre angesammelt habe.* Doch dann erinnerte er sich, wie es Menschen mit der Gabe des Gebens oft tun, dass alles Gott gehört. Er spürte eine überwältigende, unaussprechliche Freude und Begeisterung in sich aufsteigen. »Herr«, antwortete er, »ich würde es dir liebend gern geben.« Und das tat er auch. Er verschenkte jeden Cent, den er besaß, so wie Gott es ihm zeigte.

Im Lauf der nächsten zwölf Monate segnete Gott seine Firma auf eine Weise, wie er es noch nie erlebt hatte. Ein Jahr, nachdem er all sein Geld verschenkt hatte, besaß dieser Mann mehr als zuvor. In diesem einen Jahr hatte er mehr angesammelt, als in 20 Jahren, in denen er hart gearbeitet und gespart hatte. Jedes Konto war nicht nur wieder bis zum ursprünglichen Stand gefüllt, sondern darüber hinaus. Was ihn 20 Jahre gekostet hatte, schaffte Gott in nur einem Jahr. Großzügigkeit Gott gegenüber wird immer belohnt.

Wenn man aufopfernd gibt …

Ich möchte dieses Kapitel beenden, indem ich Ihnen sage, welchen Prozess wir fast immer durchlaufen, wenn der Geist Gottes uns auffordert, ein extravagantes Geschenk zu machen. Der erste Schritt ist das *Hören*. Wir sollten nicht aus eigenen Überlegungen oder Plänen heraus aufopfernd geben, sondern wir müssen hören, was Gott sagt.

Gottes Stimme zu hören ist nicht schwer oder kompliziert. Der Heilige Geist will, dass wir Gottes Willen und seine Wege kennen. Er spricht immer. Die Stimme des Heiligen Geistes ist selten laut oder donnernd, sondern meist ein leiser Eindruck. Offen gesagt können wir uns an dieser Stelle leicht herausreden.

Die zweite Phase ist die *Begeisterung*. Wenn Gott uns ein aufopferndes Geschenk ans Herz legt, ist es ganz natürlich, dass wir begeistert sind. Diese Begeisterung dauert allerdings nicht endlos an.

An ihre Stelle tritt fast immer die dritte Phase: *Angst*. So wie bei meinem Freund, werden höchstwahrscheinlich viele Gedanken auf Sie einstürmen: *Das ist verrückt! Das ist total wahn-*

sinnig! Andererseits ist fast alles, was zum Leben als Christ gehört, für jemanden, der nicht glaubt, total verrückt.

Nach der Angst kommt die vierte Phase: *Logik*. In der Logik-Phase denken wir uns allerhand Gründe aus, warum wir nicht tun sollten, was wir Gott haben sagen hören. Uns fallen viele alternative Pläne und Programme ein.

Hatte Abram »logische« Ideen, als Gott von ihm verlangte, seinen Sohn Isaak zu opfern? Hatte die Logik vielleicht ein oder zwei Dinge zu sagen, bevor Petrus aus dem Boot stieg? Ich meine damit nicht, dass Logik falsch ist, sondern dass, wenn die Logik das eine sagt und Gottes Stimme etwas anderes, Gottes Stimme gewinnt.

Auf die Logik folgt stets der *Zweifel*. Habe ich Gott wirklich richtig verstanden? Vielleicht war das nur meine blühende Fantasie? Und was ist, wenn es der Teufel war?!!! Allerdings reizt der Teufel seine Karten immer zu sehr aus, denn an diesem Punkt können wir uns fragen: *Würde der Teufel wirklich versuchen, mich dazu zu bewegen, Geld für die Verkündigung des Evangeliums zu geben, damit noch mehr Menschen zum Glauben an Jesus kommen? Sicher nicht!*

An dieser Stelle tritt die letzte Phase ein, die zu einem aufopfernden Geschenk führt: *Glauben*. Sobald wir wieder zum Glauben gelangen, kehrt die Begeisterung zurück, und dann können wir handeln und gehorchen.

Stellen Sie sich einmal die folgende Frage: *Bin ich großzügig, oder ist der Egoismus immer noch die treibende Kraft in meinem Herzen?*

Wie viel von Ihnen hat Gott? Hat er Sie ganz? Hat er Ihre Träume, Ihre Wünsche, Ihren Besitz?

Gott möchte an unseren Herzen arbeiten. Er möchte uns großzügig machen.

KAPITEL 12

Garantierte finanzielle Ergebnisse

Bisher habe ich einige wichtige biblische Prinzipien zum Thema Geben, Haushalterschaft und dem Leben voller Segen beleuchtet. Diese Wahrheiten habe ich mit zahlreichen Zeugnissen (von mir und anderen) untermauert, die diese Prinzipien wunderbar in Aktion zeigen.

Im letzten Kapitel möchte ich Ihnen nun zeigen, wie diese Wahrheiten, wenn man sie treu in die Tat umsetzt, garantierte finanzielle Ergebnisse hervorrufen. Sie haben richtig gelesen: »garantierte finanzielle Ergebnisse«. Diese Worte habe ich mit Bedacht gewählt.

Natürlich gibt es im Wirtschaftssystem dieser Welt so etwas wie garantierte Ergebnisse nicht. Wenn Werbung für Kapitalanlageprodukte gemacht wird, muss laut Gesetzgeber darauf hingewiesen werden, dass vergangene Erfolge keine Garantie für zukünftige Ergebnisse sind.

Dennoch kann ich Ihnen ohne Zögern versprechen, dass Sie, wenn Sie die Prinzipien anwenden, die ich in den vorangegangenen Kapiteln dargestellt habe, bemerkenswerte, positive finanzielle Ergebnisse erzielen werden – garantiert.

Dieses Versprechen kann ich Ihnen geben, weil Gott treu ist. Seine Taten in der Vergangenheit *sind* Hinweise auf künftige Ergebnisse. Wie wir wiederholt festgestellt haben, segnet Gott, wenn seine Leute gehorsam und treu sind.

Ich möchte Sie an die zentrale Wahrheit in diesem Buch erinnern: Geben ist wichtig, weil dadurch ein übernatürliches Werk in unserem Herzen geschieht – und eben um unser Herz geht es Gott. Es geht ihm nicht ums Geld. Das braucht er nicht. Doch unser Schatz ist an unser Herz gebunden. Somit *benutzt* Gott unseren Schatz, um an unser Herz zu kommen. Und deshalb kann ich Ihnen »garantierte finanzielle Ergebnisse« versprechen: Wenn Sie mit einem Herzen geben, das von Gott verändert wurde, sind die Ergebnisse garantiert. Gott steht zu seinem Wort.

Gott ist kein Mensch und kann daher nicht lügen. Er kann es einfach nicht, ohne seine eigene Natur zu missachten, die das Universum zusammenhält.

Wenn Gott ein Versprechen gibt, hält er es, sofern wir uns an die Bedingungen dieses Versprechens halten. Ein Beispiel für ein Versprechen, das an eine Bedingung geknüpft ist, lautet: »Jeder, der den Namen des Herrn anruft, wird gerettet werden« (Apg. 2,21; siehe auch Joel 3,5). Rettung ist ein Versprechen, das Gott treu bei jedem einhält, der die Bedingung dieses Versprechens erfüllt – den Namen des Herrn anzurufen.

Ein weiteres großartiges »bedingtes« Versprechen finden wir in 2. Chronik 16:

> *Die Augen des Herrn blicken über die ganze Erde, um die zu stärken, deren Herzen ganz ihm gehören.*
>
> V. 9

Herzen, die ganz Gott gehören, sind großzügige Herzen. Und die sucht Gott, um ihnen Wohlstand und Mittel anzuvertrauen.

Dies ist das große Paradox eines Lebens voller Segen: Wenn wir geben, ohne daran zu denken, ob wir etwas dafür bekommen werden, werden wir etwas bekommen.

Gott stehen alle Ressourcen des Universums zur Verfügung. Gleichzeitig sieht er arme Menschen, die Nahrung brauchen, bereitwillige Missionare, die ausgerüstet und ausgesendet werden sollen, und Gemeinden, die aufgebaut werden müssen. So blicken seine Augen über die ganze Erde und suchen nach treuen Verwaltern, durch die er finanzielle Mittel in sein Reich fließen lassen kann.

Haben Sie ein solches Herz? Ich kann Ihnen versichern, dass Gott sich gut um Sie und Ihre Familie kümmern wird, wenn Sie zum Kanal für die Mittel werden, die Gott anderen zukommen lassen will. Wie wir eben gelesen haben, liegt es Gott sehr am Herzen, solche Menschen zu unterstützen.

Gott hat es auf unser Herz »abgesehen« und der Beweis, dass er unser Herz hat, ist: Wir geben einfach, um zu geben, statt zu empfangen. Und wir geben, weil wir anderen Menschen Gottes Segen vermitteln, ihnen helfen und mit an Gottes Reich bauen wollen. Das – und nicht der Wunsch nach einer Belohnung – ist unser Hauptmotiv.

Natürlich wird es Belohnungen geben. Das haben wir immer wieder anhand der Bibelstellen und der Zeugnisse gesehen, die ich bisher angeführt habe. Wenn wir aus einem veränderten Herzen heraus geben, wird Gott uns segnen, damit wir noch mehr geben können. Guten Verwaltern wird mehr anvertraut. Treue Diener erhalten wahre Reichtümer.

Ich weiß, es klingt wie ein unlösbares Dilemma. Dies ist das große Paradox eines Lebens voller Segen: Wenn wir geben, ohne daran zu denken, ob wir etwas dafür bekommen werden, werden wir etwas bekommen (ein gutes, gedrücktes, gerütteltes und überfließendes Maß). Mit anderen Worten, solange wir aus den richtigen Beweggründen geben, wird Gott uns dafür belohnen.

Das ist die wesentliche Wahrheit, die oft in Predigten zum Thema Geben fehlt. Wir hören nur: »Gib, und Gott wird dich segnen.« Aber was ist mit unserem Herz? Mit unserem Egoismus und unserer Habgier? Versucht Gott denn nicht, diese Charakterzüge aus unserem Leben zu entfernen? Doch, natürlich!

Wenn wir dahin gelangen, dass wir sagen: »Herr, ich möchte dir einfach etwas geben, weil ich dich liebe«, antwortet Gott uns auf die gleiche Art und Weise: »Ich beschenke und segne dich, weil ich dich liebe und weil du bewiesen hast, dass ich dir Mittel anvertrauen kann.«

Das ist wie beim Fangenspielen in der Kindheit. Ich hatte immer das Gefühl, dass ich an der Reihe war. Ich rannte und rannte, bis ich schließlich jemanden fing, und sobald ich ihn berührte, drehte sich derjenige schnell um und schlug mich ab, und dann war ich wieder dran. Aus dem Grund wollte ich immer, dass die Regel »ohne Widerschlag« auch wirklich eingehalten wird.

Beim Segnen und Geben hält sich Gott nie an eine derartige Regel. Wir können froh sein, dass Gott immer zurückgibt, erwidert und vergilt. Wenn ich Gott berühre, berührt er mich im Gegenzug gleich wieder.

Darum ist mir Anbetung auch so wichtig. In der Anbetung berühre ich Gott und er erwidert meine Berührung. Doch das Gleiche gilt beim Geben. Sobald ich ihm mit der richtigen Herzenseinstellung und Motivation gebe, gibt Gott mir zurück. Dann habe ich sogar noch mehr zum Geben.

Gott möchte uns belohnen, so wie wir unsere Kinder belohnen wollen, wenn sie das Richtige mit der richtigen Einstellung tun. Sehnen wir uns nicht danach zu erleben, dass unsere Kinder gütig, liebevoll und mitfühlend sind?

Allerdings will der Feind, dass wir eher die Segnungen anbeten als den, der segnet. Satan will, dass wir uns auf die Segnungen konzentrieren, die Gott uns geschenkt hat. In diese raffinierte Falle geraten wir leicht, wenn wir anfangen, eine Segnung aus Gottes Hand nach der anderen zu suchen, statt sein Angesicht zu suchen. Wir dürfen nicht zulassen, dass Segnungen unser Herz gefangen nehmen. Unser Herz muss ganz Gott gehören.

Andererseits wird Gott uns ohne Zögern belohnen, wenn wir mit reinen Beweggründen und reinem Herzen geben. Er wird uns sogar noch mehr schenken, damit wir noch mehr geben können. Ich kann also voller Zuversicht sagen, dass die finanziellen Ergebnisse des Gebens garantiert sind. Gottes Wort bürgt dafür.

Ja, wir sammeln Schätze im Himmel, doch Gott garantiert uns auch finanzielle Ergebnisse auf der Erde, wenn wir mit reinem Herzen geben. Gott ist der Einzige, der uns diese Einsicht schenken und dies in unseren Herzen bewirken kann.

Gott kann aus Nehmern Geber machen. Wir alle werden als Nehmer geboren; wir werden als Geber wiedergeboren. Nun ist unsere Aufgabe, unser Denken zu erneuern. Gott will, dass wir großzügig, gnädig, gütig und mitfühlend sind. Wenn Gott das in unseren Herzen bewirkt – wenn wir anfangen zu geben, einfach weil wir es wollen – dann werden wir belohnt, damit wir noch mehr in das Reich Gottes investieren können.

Was immer Gott sagt

Ich habe diese Botschaft über die Jahre in vielen Gemeinden gepredigt. Als Hauptpastor der Gateway Church in Southlake/Texas konnte ich diese Wahrheiten auch mit den Mitgliedern unserer Gemeinde teilen. Als das Buch 2002 in der ersten Auflage erschien, waren wir in vielerlei Hinsicht eine junge Gemeinde. Unser erster Gottesdienst war erst vier Jahre her. Seitdem hat Gott uns großes Wachstum geschenkt. Heute sind wir eine der größten Gemeinden in den Vereinigten Staaten.

Immer wieder darf ich erleben, wie Menschen in unserer Gemeinde eine Erkenntnis zu diesem Thema empfangen. Gott verändert ihr Herz und sie kommen unter Tränen nach vorn und wollen geben. Sie kommen, um zu geben statt zu nehmen. Sie geben einfach, um zu geben, und Gott segnet sie reichlich dafür.

Während ich dieses Buch vorbereitete und schrieb, begann unsere Gemeinde gerade mit dem Bau des ersten Gemeindehauses. Wir wollten, wenn möglich, für den Bau keine Schulden machen, und so nahmen wir uns ein Wochenende für ein »Opferwunder«.

Wir nannten es »Opferwunder«, nicht weil wir einen übernatürlichen Geldbetrag empfangen wollten, sondern weil wir den Wunsch hatten, dass Gott ein Wunder an unseren Herzen tun würde. Unsere haupt- und ehrenamtlichen Mitarbeiter wünschten sich, von Gott auf eine neue Stufe der Selbstlosigkeit und Großzügigkeit gestellt zu werden. Wir wollten von Nehmern zu Gebern werden. Gott legte uns ans Herz, diese Sonderkollekte als Gelegenheit zu betrachten, dass er dieses Wunder in uns tun konnte.

Darum bat ich die Gemeindemitglieder, den größtmöglichen Betrag zu spenden, den sie geben konnten. Ich ermutigte sie zu dem, was ich im vorigen Kapitel als »aufopferndes Geschenk an Gott« bezeichnet habe.

Als die Weisen aus dem Orient zu Jesus kamen, brachten sie keine kleinen Geschenke, sondern aufopfernde Gaben, weil sie den Herrn anbeten wollten.

Ich wusste, dass ich als Pastor nicht von diesem Aufruf ausgeschlossen war. Im Gegenteil, ich konnte auf keinen Fall von der Gemeinde etwas erwarten, wozu ich selbst nicht bereit war. Also begannen meine Frau und ich darüber zu beten, was wir geben sollten.

Eine Woche vor dem angesetzten Wochenende für das »Opferwunder« war Pastor Jimmy Evans aus der Trinity Fellowship Church in Amarillo als Gastprediger bei uns. Die Trinity Fellowship spielte bei der Gründung unserer Gemeinde eine wesentliche Rolle, und Gott hat Jimmy Evans immer wieder vollmächtig gebraucht – als Mentor für mich und als Botschafter für unsere Gemeinde.

An jenem Wochenende hielt Jimmy eine wunderbare Predigt mit dem Titel »Was Maria über Wunder wusste«. Es ging um Johannes 2, wo Jesus in Gegenwart seiner Mutter sein allererstes Wunder tat und Wasser in Wein verwandelte. Der Hauptpunkt seiner Predigt beschäftigte sich mit der Anweisung, die

Maria den Dienern bei der Hochzeit gab: »Tut, was immer er euch befiehlt« (Joh. 2,5).

Pastor Evans stellte zu Recht heraus, dass diese Anweisung im Grunde der Schlüssel ist, wenn wir von Gott ein Wunder erbitten. Ganz gleich was Jesus zu uns sagt – wir sollten es tun. Das gilt natürlich auch für finanzielle Wunder. Wenn es ums Geben geht, sollten wir tun, was Jesus sagt – ganz gleich was es ist. Wenn er sagt: »Spende 1.000 Dollar« – tun wir es. Wenn er sagt: »Spende 100.000 Dollar« – tun wir es!

Ganz gleich was Jesus zu uns sagt – wir sollten es tun.

Jesus nahm die natürlichen Mittel, die in der Situation zur Verfügung standen (Wasser), und verwandelte sie in etwas Übernatürliches (Wunderwein). Das tut Gott auch mit unseren Finanzen. Er nimmt das Natürliche und verwandelt es in etwas Übernatürliches.

Ganz gleich was Jesus sagt: Tun Sie es. Das ist der Schlüssel. Es ist im Grunde das gleiche Prinzip, das ich an früherer Stelle als S.-G.-Prinzip bezeichnet habe (S. G.: sofortiger Gehorsam). Sobald wir es Gott sagen hören, sollten wir es tun.

In der folgenden Woche und noch unter dem Eindruck des Wasser-zu-Wein-Wunders von Kana stellten wir große Wasserkübel als »Kollektenkästen« im Altarraum auf.

Nach meiner Predigt an dem Tag beobachtete ich, wie Menschen nach vorn kamen und ihre aufopfernden Spenden in diese Wasserkübel aus Ton legten. Viele Ehepaare und einzelne Personen standen dort und unter Tränen und Gebet stellten sie sich und ihr Geld Gott zur Verfügung. Es war eine ernste Versammlung an jenem Tag.

Ich sah, wie das Herz von Menschen berührt und verändert wurde. Ich sah, wie Bindungen an die vergänglichen Dinge dieser Welt durchtrennt wurden und Gottes Kinder aus freien Stücken in das Ewige investierten. Ich sah, wie Seelen von Freude erfüllt wurden, die erkannt hatten, dass wir unseren Schatz »vorausschicken« können, statt ihn auf dieser Erde zu lassen.

Ich sah Familien, von denen ich wusste, dass sie sich in einer schwierigen Lage befanden, nach vorne kommen und sagen: »Vater, im Glauben erkennen wir an, dass du der Herr bist und wir selbst in dieser Situation darauf vertrauen können, dass du in unserer Familie ein Wunder tun wirst.«

In den Wochen und Monaten, die diesem bemerkenswerten Wochenende folgten, berichteten immer mehr Gemeindemitglieder von ihren Erlebnissen mit Gott. Eine Familie nach der anderen erfuhr, wie Gott sich treu erwies und die fröhlichen, dankbaren, großzügigen Geber belohnte.

Eines der vielen Zeugnisse, die diesem Wochenende folgten, ist mein eigenes.

Ein neuer Aufbruch in meinem Herzen

Etwa einen Monat vor unserem »Opferwunder«-Wochenende predigte ich in der Calvary Assembly in Orlando/Florida, der Gemeinde von Pastor Clark Whitten, einem guten Freund von mir. An jenem Abend kurz vor der Kollekte trat Pastor Whitten vor die Gemeinde und sagte: »Auf dieser Kollekte heute Abend liegt ein besonderer Segen.«

Ich kenne Clark Whitten und weiß, dass er eine solche Aussage nicht leichtfertig oder manipulativ trifft. Als er sagte: »Auf dieser Kollekte heute Abend liegt ein besonderer Segen«, sprach er prophetisch durch Gottes Geist und ich wusste es.

Als ich seine Worte hörte, dachte ich bei mir: *Wenn es ein besonderer Segen ist, dann will ich alles geben, was ich geben kann. Ich möchte, dass das Geld, das ich gebe, gesegnet ist und das Meistmögliche für Gottes Reich bewirkt.*

Als mir dieser Gedanke durch den Kopf schoss, hörte ich, wie Gott zu mir sagte: »In deiner eigenen Gemeinde liegt auf dem Opfer, das ihr geben wollt, ebenfalls ein besonderer

Segen.« In diesem Augenblick wusste ich, was Gott sich von Debbie und mir wünschte. Wir sollten alle Konten abräumen, die wir hatten, und das Geld Gott geben. Girokonten, Sparkonten, Tagesgeldkonten und selbst unser Rentenkonto – alles.

Wie ich bereits erwähnt habe, hatten wir schon mehrere Situationen erlebt, in denen Gott uns aufforderte, alles Geld zu verschenken, das wir besaßen. Die meisten dieser Begebenheiten hatten sich allerdings früh in unserer Ehe ereignet. Ich will gar nicht kleinreden, was wir damals taten. Jedes Mal war ein riesiger Glaubensschritt notwendig. Doch wie Sie vielleicht selbst bemerkt haben, werden die Risiken größer und die Dinge komplizierter, je älter man wird.

Ich wusste, dass Gott uns ansprach, denn meine erste Reaktion war nicht Angst oder Zögern. Im Gegenteil, ich war innerlich sehr aufgeregt. Natürlich ist es eine Sache, ob *ich* von Gott höre, dass wir jeden Cent, den wir haben, verschenken sollen; doch es ist eine andere Sache, ob meine Frau es auch hört. So ging ich zu Debbie und sagte: »Schatz, ich denke ich weiß, was Gott im Zusammenhang mit dem Opferwunder von uns möchte.« »Und das wäre?«, fragte sie. Also erzählte ich ihr, was Gott gesagt hatte. Wollen Sie wissen, wie Debbie darauf reagierte? »Ich glaube, das ist seit Langem das Aufregendste, was ich gehört habe!« Das war meine Bestätigung. Debbie war begeistert und ich auch.

Mehrere Wochen später war der Zeitpunkt gekommen, den Gedanken in die Tat umzusetzen. In unserer Gemeinde haben wir Gottesdienste am Samstagabend und am Sonntagmorgen. Am Samstagabend des »Opferwunder«-Wochenendes gingen Debbie und ich mit einem Scheck in der Hand, auf dem jeder Cent stand, der uns gehörte, zu einem der großen Wasserkübel. Wir hatten unser gesamtes Vermögen liquidiert. Sehr aufgeregt gaben wir unseren Scheck in die Kollekte. Über die Jahre haben wir gelernt, dass Gott, wenn er Menschen zu etwas Außergewöhnlichem auffordert, immer auch etwas Außergewöhnliches vorhat.

Im Morgengottesdienst am nächsten Tag sprach Gott mir etwas zu, das mich tief berührte. Von Zeit zu Zeit frage ich meine Gemeinde, wenn ich auf die Kanzel trete, etwas scherzhaft: »Wie viele von Ihnen wären heute lieber hier als im Gefängnis?« Es ist einfach ein heiterer Einstieg in den Gottesdienst. Nun, an jenem Morgen während eines Liedes stellte mir Gott die gleiche Frage – nur meinte er sie ernst. Der Heilige Geist fragte mich: »Wärst du lieber hier als im Gefängnis?«

Die kostbarsten und dauerhaftesten Segnungen, die wir empfangen, sind oft die, die niemand sehen kann.

Dann erinnerte er mich an den Weg, auf dem ich mich befand, bevor Jesus in mein Leben kam. Ich war 19 Jahre alt, als ich Jesus mein Leben anvertraute. Davor war ich in ein paar üble Dinge verwickelt. In jenem Augenblick zeigte Gott mir das Leben, vor dem er mich gerettet hatte, und erinnerte mich behutsam daran, wie gütig er mit mir umgegangen war. Ich begann zu weinen und konnte nicht mehr aufhören, bis ich nach vorne musste, um zu predigen. Als ich vor meine Gemeinde trat, war ich immer noch ziemlich aus der Fassung.

Wie ich in diesem Buch versucht habe aus allen möglichen Blickwinkeln zu zeigen, arbeitet Gott an unserem Herzen, wenn wir geben. Auch an jenem Wochenende hatte unser aufopferndes Geschenk Gott die Tür geöffnet, um eine tiefe Dankbarkeit in meinem Herzen zu bewirken, die ich für kein Geld der Welt eintauschen möchte.

Ja, Gott belohnt und segnet uns, wenn wir geben. Doch die kostbarsten und dauerhaftesten Segnungen, die wir empfangen, sind oft die, die niemand sehen kann.

Der Rest der Geschichte

Weniger als sechs Wochen nach dem Tag, an dem Debbie und ich jeden Cent verschenkt hatten, den wir besaßen, hatte Gott in seiner Gnade uns alles wiedergegeben, und noch etwas darüber hinaus. Verstehen Sie – binnen 40 Tagen erhielten wir mehr Geld als wir besaßen, bevor wir alles in die Kollekte getan hatten. Es war menschlich nicht zu erklären. Gott garantiert finanzielle Ergebnisse. Er ist der Einzige, der das kann.

Geben, wenn Gott es uns zeigt. Menschen helfen, die Liebe und Güte Gottes kennenzulernen. Den Blick auf Gott gerichtet halten statt auf Dinge. Großzügig sein und Gott erlauben, an unserem Herzen zu arbeiten. Das alles sind Schlüsselfaktoren, die unsere Reise auf dieser Erde zu einem Abenteuer voller Freude und Sinn machen. Es sind die Schlüssel zu einem *Leben voller Segen*.

Nachwort: Gottes Plan für ein Leben voller Segen

Gottes Plan für ein Leben voller Segen entfaltet sich von der Schöpfung bis zur Offenbarung. Jeder Wegweiser dorthin markiert ein neues, tieferes Verständnis, wie wir Gottes Prinzipien auf unser tägliches Leben anwenden sollen. Seinem Tempo und Plan entsprechend lernen wir, mit den Kurven und Stolpersteinen auf dem Weg umzugehen, der uns höher auf den Berg führt, hin zur Erfüllung unseres von Gott geschenkten Lebensziels.

Dieser Prozess erschließt sich Schritt für Schritt, so wie ein Buch sich Kapitel für Kapitel entwickelt. Jeder Autor kann Ihnen sagen, dass ein Buch nie wirklich zu Ende ist. Sobald es auf der Druckerpresse landet, tut sich eine neue Erkenntnis auf, die eigentlich noch hineingehört hätte. Genau das geschah auch bei der ersten Veröffentlichung von *Ein Leben voller Segen.* Normalerweise hebt sich ein Autor die Ergänzungen einfach bis zum nächsten Buch auf, doch ich hatte das Gefühl, dass dieses Nachwort bei der zweiten Auflage von *Ein Leben voller Segen* hinzugefügt werden sollte.

Ein Herz für Israel

Um die Prinzipien des Gebens, die in diesem Buch dargestellt sind, erfolgreich anwenden zu können, muss man unbedingt verstehen, dass Gott sich um das jüdische Volk sorgt (so wie jeder Christ es tun sollte) und dass sein Plan eine festgelegte Reihenfolge hat. Es geht nicht nur um unsere persönliche Belohnung, sondern auch um die Erfüllung von Gottes Plänen für sein Reich in dieser kritischen Zeit. Bevor Sie weiterlesen, fragen Sie sich bitte: »Liegt mir das jüdische Volk am Herzen?« Seien Sie ehrlich, denn es handelt sich um eine Herzensangelegenheit. Gott hat mich ganz neu angesprochen und es kann sein, dass er Sie im weiteren Verlauf um einen Sinneswandel bittet.

Ich möchte Ihnen erklären, was es mit meiner Liebe zu Israel auf sich hat. Ich möchte darüber sprechen, wozu Gott uns meines Erachtens aufgerufen hat.

Eines Morgens Anfang der 1990er-Jahre, während meiner Stillen Zeit, fragte ich Gott, was ich in der Bibel lesen sollte. Er sagte: »Psalm 122.« Als ich Vers 6 las, sagte er plötzlich: »Bete um Frieden für Jerusalem!« Ich begann zu beten – und zwar für die Gemeinde. Gott unterbrach mich: »Nein; ich sagte, bete für Jerusalem. Das ist nicht das Gleiche!«

Eine falsche Lehre, die *Ersatztheologie*, hat sich in die Kirche eingeschlichen. Sie besagt, dass die Gemeinde Jesu Israel ersetzt hat. Dieser Irrglaube lässt sich nicht biblisch begründen. Die Menschen, die an Jesus Christus glauben, haben Israel nicht ersetzt. Vielmehr wurden wir – als Nichtjuden, die an Jesus glauben – in den Bund des gläubigen Israel mit hineingenommen (»eingepfropft«). *Wir sind jetzt Bürger Israels.* Daraus ergeben sich aber ganz andere Konsequenzen als aus der falschen Ersatztheologie. Wer das nicht begreift, dem entgeht die Bedeutung von Gottes wunderbaren Verheißungen für sein Volk. Wenn Gott seine Verheißungen an das jüdische Volk nicht erfüllt, warum sollte er dann seine Verheißungen an uns erfüllen? Gott ist entweder ein Gott, der seine Verheißungen erfüllt, oder nicht.

Lesen Sie Jeremia, Hesekiel, Jesaja, den Römer- und den Epheserbrief und Sie werden verstehen, dass es ein Land und ein Volk Israel gibt, das von Gott auserwählt wurde. Es wurde nicht erwählt, weil es etwas Besonderes war – Gott sagt: »Der Herr hat euch nicht erwählt und hält an euch fest, weil ihr größer oder bedeutender wärt als die anderen Völker« (5. Mose 7,7). Israel ist kleiner als der US-Bundesstaat Rhode Island und genau aus diesem Grund hat Gott das winzige Israel auserwählt. Er wusste: Wenn aus dem kleinsten Land und Volk das stärkste werden könnte, würde der Rest der Welt wissen, dass Israels Gott der wahre Gott ist. Das bedeutet nicht, dass das jüdische Volk Gott wichtiger ist als andere Völker, sondern dass es zu Gottes Plan in der Geschichte gehört, zu der auch wir heute gehören. Satan versteht diesen Plan; darum versucht er seit Jahrhunderten, die Gemeinde zum Judenhass zu verführen.

Gottes Plan ist der Grund, warum er mir ans Herz gelegt hat, für den Frieden Jerusalems zu beten. Er ist besorgt um das jüdische Volk und wünscht sich das Gleiche von mir. Als ich an jenem Morgen zu beten begann, legte Gott mir sein Volk ans Herz wie noch nie zuvor. Es war völlig unerwartet.

Später am gleichen Tag hatten wir eine Ältestensitzung in der Gemeinde. Zu der Zeit war ich Assistenzpastor und Ältester in der Shady Grove Church in Grand Prairie/Texas. Unsere regelmäßigen Sitzungen begannen meist gegen neun Uhr morgens und waren um die Mittagszeit zu Ende; anschließend aßen wir gemeinsam Mittag. Doch an jenem Tag hatte Gott andere, unerwartete Pläne. Während unserer Gebetszeit begann jemand für Israel zu beten – gerade, als ich am gleichen Morgen einen intensiven Impuls in Bezug auf Israel bekommen hatte. Ich begann zu beten und dann sprach ein anderer Ältester, Wayne Wilks (der inzwischen das *Messianic Jewish Bible Institute* gegründet hat), über Hesekiel, Jesaja und Jeremia.

An jenem Tag dauerte unsere Sitzung bis 17 Uhr. Alles »Geschäftliche« blieb liegen. Wir taten nichts weiter, als in der Bibel über Israel nachzulesen und zu beten. Es war eine von Gott geschenkte Situation. Mein Herz veränderte sich und mir wurden die Augen geöffnet.

Als Christen zeigt Gott uns immer wieder neue Wahrheiten. Eigentlich sind es keine *neuen* Wahrheiten – sie standen schon immer in der Bibel –, aber sie sind uns neu. Viele Christen erleben diese von Gott geschenkten Aha-Momente, wenn sie plötzlich die Gaben des Heiligen Geistes verstehen oder die Erlösung oder wie man den Feind überwindet. Ebenso ist es, wenn uns die Augen für Gottes tiefe Liebe und Sorge für Israel geöffnet werden und wir verstehen, wie eng dies mit allem verbunden ist, was Gott in der Welt tut. Genau das erlebte ich an jenem Tag. Ich sah Gottes Plan.

Vor jener Sitzung hatte unser Ältestenkreis für einen göttlichen Plan gebetet, um Muslime mit dem Evangelium zu erreichen. Während unserer Gebetszeit zeigte Wayne uns in Römer 11,15, dass es eine weltweite Erweckung geben wird, wenn das jüdische Volk seinen Messias annimmt. Wir lasen in Hesekiel 36: »Und wenn ich vor ihren Augen meine Heiligkeit an euch [Israel] offenbare, spricht Gott, der Herr, dann werden die Völker erkennen, dass ich der Herr bin« (V. 23). Der Ausdruck »die Völker [zu denen ihr gekommen seid]« (siehe V. 22) erscheint drei Mal in diesem Kapitel, und uns dämmerte, dass die Völker, die um Israel herum leben, hauptsächlich islamisch geprägt sind. Gott hatte uns die Antwort auf unsere Gebete gegeben, wie wir Muslime mit dem Evangelium erreichen können.

Gottes Reihenfolge: »Zuerst zu den Juden«

Im Gründungsjahr der Gateway Church begannen wir den Spenden für die Evangelisation unter Juden einen besonderen Stellenwert einzuräumen. Bevor wir an andere christliche Werke oder Missionare geben, geben wir zuerst für die Evangelisation unter Juden. Das ist mir so wichtig, dass ich unseren Buchhalter anwies: »Bitte stelle an jedem Ersten des Monats einen Scheck an die jüdische Organisation XYZ aus – am 1. Januar, 1. Februar, 1. März, 1. April und das ganze Jahr hindurch. Bitte achte darauf, dass dieser Scheck vor allen anderen rausgeht, noch bevor du die Stromrechnung oder sogar die Gehälter der hauptamtlichen Mitarbeiter bezahlst. Der erste Scheck, den wir ausstellen, geht an die Evangelisation unter Juden.«

In der Folge hat Gott uns als Gemeinde gewaltig gesegnet. Als wir zehn Monate alt waren, zahlten wir den Preis für sechs Hektar Land in bar. Wir bezahlten unser erstes Gemeindehaus in bar. Auch einen Anbau zahlten wir in bar und heute gehören uns 77 Hektar Land neben dem Freeway, zehn Minuten westlich des Dallas/Fort-Worth-Flughafens. Gott hat uns mit Mitteln gesegnet und ich glaube, das liegt daran, dass wir versuchen nach seinem Willen zu leben – wir spenden zuerst an das jüdische Volk.

In unserem Team haben wir einen Rabbi und einen weiteren jüdischen Geistlichen und jede Woche schalten wir in der Zeitung eine Anzeige mit dem Titel »Frag den Rabbi«.

Wir haben einmal im Monat einen messianisch-jüdischen Gottesdienst und jedes Mal kommen Juden mit der Zeitung in der Hand zu unserem Rabbi, um lautstark mit ihm zu diskutieren. Erst vor wenigen Monaten kamen sechs Juden vor einem Gottesdienst zu ihm, um ihm ordentlich die Meinung zu sagen, und alle sechs nahmen an jenem Abend *Jeschua* als ihren Messias an. Alle sechs!

Dieser Teil unseres Gemeindelebens ist uns radikal wichtig. Unser jüdischer Gottesdienst findet an jedem ersten Freitag des Monats statt. Wir haben je drei regelmäßige Gottesdienste am Samstagabend und Sonntagmorgen, doch *der erste Gottesdienst im Monat* ist für Menschen jüdischen Glaubens. Wir haben Gottes Prioritäten für uns an die erste Stelle gesetzt und ich glaube, aus diesem Grund segnet Gott uns. Schon vor langer Zeit hat er es uns ans Herz gelegt, das Evangelium zuerst zu den Juden zu bringen (siehe Röm. 1,16). Wir sorgen uns um das jüdische Volk und nehmen Gottes Anweisung ernst und deshalb hat Gott unsere Gemeinde gesegnet. Er hat uns enorme Mittel in die Hände gelegt, weil wir nach seinem Willen handeln.

Gott ist ein Gott der Ordnung. Gott meint nicht, dass seine Ordnung der »richtige Weg« oder der »beste Weg« ist – nein, sie ist der *einzige Weg!* Und das segnet er. Wenn Sie gesegnet werden wollen, dann leben Sie nach Gottes Willen. Er hat eine Ordnung dafür, wie wir bestimmte Dinge angehen sollen, und er möchte, dass seine Ordnung umgesetzt wird. Im Alten Testament lesen wir, dass Gott eine Ordnung für die Stiftshütte hatte.

Er hatte eine Ordnung für den Tempel. Er hatte eine Ordnung für die Zubereitung und den Verzehr von Speisen. Er hatte eine Ordnung für Opfer und Gebet und Gottesdienst. Meinen Sie nicht, dass Gott auch eine Ordnung für die Weltevangelisation hat?

Bevor wir weitergehen, ist es wichtig zu verstehen, dass Gott in Gegensätzen arbeitet: Sein Plan ist oft das Gegenteil von unserem menschlichen Plan. Wenn jemand uns Unrecht tut, wollen wir ihn zur Ordnung rufen. Wir gehen das Gespräch im Kopf durch und planen genau, was wir dem Betreffenden sagen wollen. Aus Gottes Sicht ist derartiges Planen verschwendete Zeit und Energie, denn sein Plan – das Gegenteil von unserem – ist, dem Übeltäter zu vergeben und ihn zu segnen. Gottes Gesetz der Gegensätze besagt, dass wir, wenn wir Autorität haben wollen, uns auch Autoritäten unterstellen müssen. Wenn wir empfangen wollen, müssen wir geben. Wenn wir an erster Stelle stehen wollen, müssen wir den letzten Platz einnehmen. Wenn wir leben wollen, müssen wir für unser Ego tot sein.

Schauen wir einmal, wie diese Gesetzmäßigkeit sich in der Evangelisation anwenden lässt. Die Täuschungen des Feindes haben viele in der Kirche zu dem Gedanken verleitet, dass sie, wenn sie beispielsweise Muslime mit dem Evangelium erreichen wollen, Juden hassen müssen, da der radikale Islam die Juden hasst. Doch was sagt das Gesetz der Gegensätze? Wer Muslime erreichen will, muss die Juden *lieben!* Ich weiß, dass dies Gottes Plan ist, weil es der Bibel entspricht – und weil es das Gegenteil von dem Plan ist, den ich mir ausgedacht hätte. Es ist völlig unlogisch, aber Gottes Wort sagt, der beste Weg, der Welt liebevoll zu begegnen und ihr das Evangelium zu bringen, besteht darin, den Juden liebevoll zu begegnen und ihnen das Evangelium zu bringen. Erinnern Sie sich an Hesekiel 36 und Römer 11,15? Wenn Gott sich durch das jüdische Volk als heilig erweist, werden Israels Nachbarn sich ihm zuwenden.

Viele Pastoren zitieren Römer 1,16, aber nur den ersten Teil: »Denn ich schäme mich nicht für die gute Botschaft von Christus. Diese Botschaft ist die Kraft Gottes, die jeden rettet, der glaubt …« – und dann hören sie auf. Aber beim Apostel Paulus geht der Vers noch weiter: »… die Juden zuerst, aber auch alle anderen Menschen.«

Gott segnet jede Gemeinde und jeden Menschen, der das Evangelium in die Welt trägt, weil er möchte, dass die ganze Welt gerettet wird. Die Bibel sagt: »Wie wunderbar ist es, die Boten kommen zu hören, die gute Nachrichten bringen!« (Röm. 10,15). Das Wort »wunderbar« bedeutet eigentlich »zum perfekten Zeitpunkt«, wie eine Frühlingsblume in voller Blüte. Damit sagt Gott: *Wer die gute Nachricht bringt, kommt immer zum richtigen Zeitpunkt.* Wer aus der Kraft des Heiligen Geistes lebt, wer in seinem Leben anderen Menschen das Evangelium bringt, für den ereignen sich ständig »göttliche Zufälle«.

Gott segnet diejenigen, die das Evangelium verkünden, das ist wahr. Doch die ganze Wahrheit ist, dass Gott diejenigen segnet, die das Evangelium zuerst den Juden, und dann auch allen anderen Menschen bringen. Es ist wie beim Zehnten: Wenn man den ersten Teil seines Einkommens Gott weiht, ist der Rest gesegnet. Wenn man den ersten Teil seiner evangelistischen Bemühungen jüdischen Menschen widmet, ist der Rest gesegnet. Das ist Gottes Reihenfolge.

Jesus hielt während seiner Zeit auf Erden diese Reihenfolge ein. Er sagte: »Ich bin gesandt worden, um dem Volk Israel zu helfen – Gottes verlorenen Schafen – und nicht denen, die keine Juden sind« (Mt. 15,24). Er brachte das Evangelium zuerst zu den Juden. Ebenso wurden die Apostel durch den Heiligen Geist ausgesandt und predigten Gottes Wort in den Synagogen (siehe Apg. 13,1-5.14; 14,1; 17,10).

In Apostelgeschichte 18,5-8 lesen wir, dass die Juden, unter denen Paulus predigte, ihn ablehnten und beschimpften. Daraufhin schüttelte er den Staub von seinen Kleidern (als Zeichen dafür, dass er sie Gottes Urteil überließ) und begann sich den Nichtjuden zuzuwenden. Eine Fehlinterpretation dieses Vorfalls hat dazu geführt, dass manche in der Kirche fälschlicherweise meinen, Paulus habe anschließend *nur noch* unter Nichtjuden gearbeitet. Ja, Paulus war zwar berufen, unter den Nichtjuden zu predigen – doch nichts hielt ihn davon ab, zuerst unter den Juden zu arbeiten.

In Apostelgeschichte 18,7-8 lesen wir, dass Paulus in einem Haus neben der Synagoge wohnte und den Synagogenvorsteher für Jesus gewann. In Apostelgeschichte 18,19 und 19,8 sehen wir, dass Paulus in die Synagogen ging, um zu predigen. Paulus wusste, dass es Gottes Reihenfolge entsprach, zuerst unter den Juden zu predigen. Gott will, dass jeder gerettet wird, doch seine Ordnung für die Weltevangelisation verlangt, dass wir beim jüdischen Volk beginnen. Dann wird auch der Rest unserer Weltevangelisation gesegnet sein.

Die kommende Erweckung

Ist Gott um das jüdische Volk besorgt? Paulus beantwortet diese wichtige Frage in Römer 11:

> *Ich frage nun: Hat Gott sein Volk, die Juden, etwa verstoßen? Natürlich nicht! Vergesst nicht, dass ich selbst ein Jude bin, ein Nachkomme Abrahams vom Stamm Benjamin … Sind sie so tief gefallen, dass sie hoffnungslos verloren sind? Nein, auf keinen Fall! Sondern ihr Ungehorsam führte dazu, dass auch die anderen Völker gerettet werden, um damit zugleich auch die Eifersucht der Juden zu wecken. Wenn nun die anderen Völker so reich beschenkt wurden, weil die Juden Gottes Angebot der Erlösung ablehnten, wie viel größeren Segen wird es dann für die Welt bedeuten, wenn die Juden es schließlich annehmen … Denn wenn die Verwerfung der Juden bedeutete, dass Gott der übrigen Welt die Versöhnung anbot, wie herrlich wird es dann erst sein, wenn Gott sein Volk wieder annimmt. Dann werden Menschen, die tot waren, wieder lebendig!*
>
> V. 1; V. 11-12; V. 15

Wenn es Rettung und Segen für die Nichtjuden bedeutete, dass die Juden Jesus abgelehnt haben, wie viel mehr wird ihre Rückkehr zu Gott bedeuten? Ihre Annahme heißt, dass »Menschen, die tot waren, wieder lebendig« werden – ein anderer Ausdruck dafür wäre »Auferweckung der Toten«. Und was meint die Bibel, wenn sie von der »Auferweckung der Toten« spricht? Die Wiederkunft Jesu Christi! Bevor das Ende kommt, kommt ein Tag, an dem Israel den Messias annehmen wird. Jesus sagte es in Matthäus 23,37-39 voraus:

> *»O Jerusalem, Jerusalem, du Stadt, die Propheten ermordet und Gottes Boten steinigt! Wie oft wollte ich deine Kinder zusammenrufen, wie eine Henne, die ihre Küken unter ihren Flügeln birgt, doch ihr habt es nicht zugelassen. Und nun seht, euer Haus ist euch überlassen, leer und verödet. Denn ich sage euch, ihr werdet mich nicht wieder sehen, ehe ihr nicht sagt: ›Gelobt sei, der da kommt im Namen des Herrn.‹«*

Vor dem Ende der Welt wird es eine weltweite Erweckung geben und der Auslöser wird sein, dass das jüdische Volk den Messias annimmt. Mir gefällt sehr, wie die Bibelübertragung *The Message* Paulus' Begeisterung und Dringlichkeit in dem Abschnitt von Römer 11 einfängt:

> Die nächste Frage ist: »Sind sie k. o. geschlagen? Sind sie endgültig aus dem Rennen?« Und die Antwort ist ein klares Nein. Es ist schon eine Ironie, dass sie beim Hinausgehen die Tür offen gelassen haben und die Außenstehenden hereinkommen konnten. Doch schon bald begannen die Juden sich zu fragen, ob es wirklich so gut war, dass sie gegangen waren. Wenn nun ihr Abgang dazu geführt hat, dass auf der ganzen Welt nicht jüdische Außenseiter in Gottes Reich kamen, dann stellt euch nur vor, was passiert, wenn sie zurückkommen! Was für eine Heimkehr!

> Aber ich will nicht die ganze Zeit über sie reden. Ihr, die Außenstehenden, seid es, mit denen ich mich jetzt befasse. Weil mein persönlicher Auftrag sich auf die sogenannten Außenstehenden konzentriert, nutze ich jede Gelegenheit, wenn ich unter meinen israelitischen Verwandten bin, den sogenannten »Insidern«, in der Hoffnung, dass sie erkennen, was ihnen entgeht, und auch bei dem dabei sein wollen, was Gott tut. Wenn ihr Zerwürfnis zu dieser weltweiten Zusammenkunft führte, wird ihre Rückkehr etwas noch viel Besseres in Gang setzen: eine Massenrückkehr! Wenn das Erste, was die Juden taten – auch wenn es für sie falsch war –, sich doch zu eurem Besten gewendet hat, dann stellt euch nur einmal vor, was passieren wird, wenn sie es kapieren!

Wow! Ist es nicht spannend sich vorzustellen, wie es an jenem Tag sein wird? Können Sie sich ausmalen, wie sehr die Welt sich verändern wird? Seit dem Tag, als mir die Augen geöffnet wurden und Gott mir ans Herz legte, für Jerusalem zu beten, habe ich ein prophetisches Wort erhalten: Eines Tages wird Gott mich gebrauchen, um Muslime zu erreichen, und die Mauern des Islam werden niedergerissen, so wie die Berliner Mauer – *an einem Tag*. Ich glaube, dass die Mauer, die die Muslime in Unterdrückung und Täuschung gefangen hält, so fallen wird wie die kommunistische Mauer der Unterdrückung in Ostdeutschland – *an einem Tag!* Das mag nach Wunschdenken klingen, doch es glaubte auch niemand, dass es in Deutschland, Polen, der Tschechoslowakei oder der Sowjetunion passieren könnte!

Satan weiß, dass für diese massive Umkehr erst das jüdische Volk Jesus annehmen muss – also tut er alles in seiner Macht Stehende, um die Kirche zum Judenhass zu bewegen. Das jüdische Volk leidet seit Jahrhunderten unter Verfolgung – nicht durch Muslime (das begann erst 1920), sondern durch die Kirche. Im Namen der Kirche wurden jüdische Häuser abgebrannt, jüdische Frauen vergewaltigt und jüdische Väter ermordet, nachdem man sie gezwungen hatte, ihre eigenen Gräber zu schaufeln. Die Kirche, mit Kreuzen auf der Brust, hat Juden gefoltert und ihnen entgegengeschrien: »Das ist für das, was ihr unserem Herrn angetan habt!« Viele Juden haben mehr Angst vor einem Kreuz als vor einem Hakenkreuz, weil sie in der Geschichte so viel grausame Verfolgung durch die Kirche erlitten haben.

Doch in den letzten Jahrzehnten hat Gott die Herzen von Christen berührt. Wir haben angefangen Israel zu lieben und zu sehen, dass Gott noch einen Plan mit seinem Volk hat. In den letzten 40 Jahren haben mehr Juden Jesus angenommen als in den circa 1.960 Jahren zuvor. Überall auf der Welt finden Juden zu Jesus. Jeden Monat nehmen Juden im messianisch-jüdischen Gottesdienst der Gateway Church Jesus als ihren Retter an. Vor einigen Jahrzehnten war das noch undenkbar. Die Erweckung hat begonnen.

Doch nun verbreitet Satan seine neuste Lüge. Er redet der Kirche ein, dass Juden Jesus nicht annehmen müssen – sie werden sowieso gerettet. Es werden Bücher veröffentlicht, die diese Lüge verbreiten, und einige bekannte Bibellehrer vertreten sie ebenfalls.

Ich glaube fest daran, dass Israel gerettet wird, aber nicht ohne Jesus. Jesus schaute einen jüdischen Gelehrten namens Nikodemus an und sagte: »Niemand kommt in das Reich Gottes, der nicht aus Wasser und Geist geboren wird. Menschen können nur menschliches Leben hervorbringen, der Heilige Geist jedoch schenkt neues Leben von Gott her. Darum wundere dich nicht, wenn ich sage, dass ihr von neuem geboren werden müsst« (Joh. 3,5-7). Jesus sagte zu den jüdischen Aposteln: »Ich bin der Weg, die Wahrheit und das Leben. Niemand kommt zum Vater außer durch mich« (Joh. 14,6).

Auch Juden müssen Jesus annehmen. Der Teufel sagt: »Ihr werdet sie beleidigen.« Dann beleidige ich sie lieber vorübergehend, als sie einer Ewigkeit in der Hölle auszuliefern.

Dieses Jahr hat die Gateway Church drei Millionen Dollar in die Mission gespendet. Von diesem Betrag ging eine Million an die Evangelisation unter Juden und zwei Millionen an die Evangelisation unter Nichtjuden. Ich sage nicht, dass man nicht in der ganzen Welt evangelisieren sollte. Wir unterstützen auch arabisch-palästinensische Gemeinden. Unser Geld geht in 36 Länder in aller Welt. Wir bringen *allen* das Evangelium, aber wir bringen es dem jüdischen Volk *zuerst*.

Das ist die von Gott vorgegebene Ordnung. Wenn wir unsere Mittel zuerst für das jüdische Volk geben, ist der Rest gesegnet. Ich glaube, darum hat Gott uns als Gemeinde auch so beschenkt: Vor langer Zeit haben wir uns entschieden, zuerst für das jüdische Volk zu geben.

Das Vaterhaus: ein Gleichnis

Nach einer Frage-und-Antwort-Runde bei einer Konferenz kam ein Pastor auf mich zu und fragte: »Warum ist die Gateway Church so gesegnet?« und ich gab ihm die erste Antwort, die mir einfiel.

Am nächsten Morgen in meiner Stillen Zeit sagte Gott zu mir: »Deine Antwort war falsch.«

»Und was ist die richtige Antwort, Herr? Warum ist unsere Gemeinde so gesegnet?« Da antwortete Gott mir mit einem Gleichnis:

> Es war einmal ein Waisenhaus mit tausend Kindern. Der Direktor war ein harter, gemeiner Mann. Mit den Kindern wurde schrecklich umgegangen.
>
> In der Nähe lebte ein reicher, liebevoller Vater, der beschloss, zehn von den Kindern zu adoptieren. Sein Plan war, diese zehn zu segnen und so wunderbar mit ihnen umzugehen, dass die anderen 990 auch gern adoptiert werden wollen würden. Und genau das geschah. Viele (nicht alle)

der 990 Kinder sahen, wie schön das Leben bei einem liebevollen Vater sein konnte, und manche von ihnen liefen aus dem Waisenhaus fort und gingen in das Haus des Vaters.

Doch dann geschah etwas sehr Trauriges. Als so viele der übrigen 990 Kinder anfingen in das Haus des Vaters zu kommen, wurden die ursprünglichen zehn eifersüchtig und gingen.

Was nun geschah, war noch trauriger: Einige der neu adoptierten Kinder fingen an die zehn zu verfolgen, die gegangen waren, bewarfen sie mit Steinen und beleidigten sie – und trieben sie auf diese Weise immer weiter weg von zu Hause.

Dann sagte Gott zu mir: »Und eines Tages kamst du, Robert, mit Tränen in den Augen zu mir und sagtest: ›Vater, mir sind die ursprünglichen zehn Kinder wichtig geworden, die gegangen sind. Wenn du nichts dagegen hast, möchte ich versuchen, sie wieder nach Hause zu holen.‹ Da habe ich in die Tasche gegriffen, das Portemonnaie herausgezogen und gefragt: ›Wie viel brauchst du?‹«

Darum ist die Gateway Church so gesegnet: weil wir das Evangelium der ganzen Welt bringen, aber auf Gottes Art und Weise, nämlich den Juden zuerst.

Meine Frage an Sie ist nun: Was denken Sie über Gottes Kinder, die nicht mehr zu Hause leben? Was sagt Ihnen der Heilige Geist zu dem, was Sie gerade gelesen haben? Vielleicht antwortet er Ihnen morgen in Ihrer Stillen Zeit; vielleicht gibt er Ihnen in einem Monat eine vollständigere Antwort. Aber ich glaube, er wünscht sich, dass Sie sich jetzt auf seinen Weg machen.

Gott hat einen Plan für Sie und möchte, dass Sie ein Leben voller Segen haben. Jetzt, da Sie Gottes Reihenfolge verstehen, werden Ihnen die in den vorangegangenen Kapiteln dargestellten Prinzipien die Mittel dafür an die Hand geben.

Wie hat Ihnen das Buch gefallen? Teilen Sie Ihre Eindrücke, Kommentare oder Erlebnisse auf der Internet-Seite, die speziell für dieses Buch angelegt wurde: www.vollersegen.de .

Für Gemeinden und Hauskreise gibt es das Buch besonders günstig auch im 10er-Pack.

Anhang: Arbeitshilfe

Kapitel 1: Ein unerwartetes Abenteuer

Bibeltext: 5. Mose 28,1-14

Zum Nachdenken:

- Gesegnet sein bedeutet, dass sich eine übernatürliche Macht für uns einsetzt.
- Das Leben eines gesegneten Menschen ist angefüllt mit göttlichen »Zufällen« und himmlischer Bedeutung.

Zum Weiterdenken:

1. In diesem Kapitel erzähle ich, wie Gott einer Frau an einer Tankstellenkasse sagte, dass ich Evangelist bin und sie meine Tankfüllung bezahlen sollte. Der Gedanke, dass Gottes Geist eine Person ansprechen und sie beauftragen würde, etwas zu spenden, ist zu einem zentralen Bestandteil meines Dienstes und meines Lebens als Christ geworden. Wie würden Sie auf einer Skala von 1 bis 10 Ihre Fähigkeit einschätzen, Gottes Stimme zu hören?
2. Ich erzähle in mehreren Geschichten davon, wie viel Freude es machte, Autos zu verschenken, besondere Missionsspenden zu geben oder Menschen anderweitig zu segnen. Welches Geschenk, das Sie einmal gemacht haben, hat Ihnen die meiste Freude bereitet?
3. Beschreiben Sie die Unterschiede zwischen den folgenden Erfahrungen. In welchen Fällen sollten Sie geben?

- Gott sagt Ihnen, Sie sollen geben.
- Ihr Pastor oder ein wohlmeinender Ehrenamtlicher bittet Sie um eine Spende für Ihre Gemeine oder einen anderen guten Zweck.
- Ein christlicher Freund oder Verwandter bittet für einen persönlichen Notfall um Geld.

- Ein nicht christlicher Freund oder Verwandter bittet für einen persönlichen Notfall um Geld.

Kapitel 2: Zuallererst Gott

Bibeltext: 2. Mose 13,12-13

Zum Nachdenken:
- Geld ist eine Prüfung von Gott.
- Den Zehnten zu geben bedeutet, Gott etwas zu geben, noch bevor man weiß, ob man genug hat.
- Beraube ich Gott?

Zum Weiterdenken:
1. In unserer Kultur haben wir das Sprichwort »Zeit ist Geld«. Stimmen Sie zu, dass wir das Prinzip der »Erstlinge« sowohl auf unsere Zeit als auch auf unser Geld anwenden sollten? Nennen Sie ein Beispiel, wie es Ihren Einsatz von Zeit und Geld verändern würde, wenn Sie nach diesem Prinzip leben würden.
2. Dieses Kapitel spricht davon, dass das Prinzip der »Erstlinge« bedeutet, Gott etwas zu geben, bevor man weiß, ob man genug hat. Wie wohl ist Ihnen bei dem Gedanken an solch eine Art des Gebens?
3. In Sprüche 3,9 werden wir aufgefordert: »Ehre den Herrn mit deinem Besitz.« Ich habe erklärt, dass dies für uns hauptsächlich bedeutet, Gott durch unseren Zehnten und unsere Spenden zu ehren. Welche anderen Möglichkeiten gibt es, Gott mit unserem Besitz zu ehren?
4. Satan möchte uns davon abhalten, finanziell treu zu handeln, indem er uns Angst macht. Was können Sie tun, wenn Sie eine solche »Angstattacke« in Bezug auf das Geben des Zehnten erleben? Welche Bibelstellen könnten Sie auswendig lernen und sich in der entsprechenden Situation ins Gedächtnis rufen? Welches Anbetungs- oder Loblied könnten Sie singen?

Haben Sie beispielsweise einen Zweierschaftspartner, den Sie anrufen und bitten könnten, dass er für Sie betet?

Kapitel 3: Leben, nicht Gesetz

Bibeltext: Matthäus 6

Zum Nachdenken:

- Wir müssen anerkennen, dass wir Verwalter sind, nicht Eigentümer.
- Den Zehnten zu geben, ehrt Gott. Im Gegenzug segnet er denjenigen, der den Zehnten gibt. So entsteht ein aufsteigender Kreislauf von Segen und Überfluss.
- Das wahre Geben des Zehnten kommt aus dem Herzen – nicht aus einem gesetzlichen Denken.
- Der Zehnte ist nicht Gesetz, sondern Leben.
- Gott wehrt dem, der uns berauben will.
- Die Gerechtigkeit der Gnade übersteigt immer die Gerechtigkeit des Gesetzes.

Zum Weiterdenken:

1. An der Bergpredigt sehen wir, dass Gott das alttestamentliche Gesetz benutzt, um einen höheren Maßstab zu setzen. Statt »Du sollst nicht töten« (Mt. 5,21) sagt Jesus, wir sollen nicht einmal wütend aufeinander sein (siehe V. 22). Inwiefern ist dieses Prinzip auf den Zehnten anzuwenden?
2. In 1. Mose 28 spricht Gott Jakob in einem Traum an und zeigt ihm, wie er geplant hat, ihn zu segnen. Daraufhin betet Jakob Gott an und verspricht, ihm ein Zehntel von allem zu geben, was er empfängt. Listen Sie einmal auf, wie Gott Sie gesegnet hat. Nehmen Sie sich Zeit, Gott anzubeten und ihm für das zu danken, was er in Ihrem Leben getan hat und noch tun wird. Wie tragen Dankbarkeit und Anbetung dazu bei, unser Herz auf das Geben vorzubereiten?

3. In 1. Korinther 13,3 sagt Paulus: »Wenn ich alles, was ich besitze, den Armen geben ... würde ... aber keine Liebe hätte, wäre alles wertlos.« Was hat dieser Vers mit meiner Aussage zu tun, dass das Herz das Entscheidende beim Geben des Zehnten ist?
4. Haben Sie schon einmal miterlebt, dass eine Spendenaktion nicht nur ihr Ziel erreichte, sondern es sogar übertraf? Welchen psychologischen Effekt hatte dieser Erfolg und Überfluss auf die Mitglieder der Organisation? Stellen Sie sich vor, wie es Ihrem Pastor gehen würde, wenn diesen Sonntag die Kollekte deutlich über dem wöchentlichen Budget läge. Welche Auswirkungen hätte das in der kommenden Woche auf seine Einstellung als Pastor?

Kapitel 4: Das Prinzip der Vervielfachung

Bibeltext: Lukas 9,12-17

Zum Nachdenken:
- Bevor sich etwas vermehren kann, muss es gesegnet sein.
- Nur was weggegeben wird, kann sich vermehren.

Zum Weiterdenken:
1. Stimmen Sie zu, dass Sorgen unsere Art und Weise sind, schon vorher zu überlegen, wie Gott uns versorgen wird? Ist Gott immer ausgeklammert, wenn Sie sich Sorgen machen?
2. In Lukas 9,12-17 lesen wir, dass es nicht nur genug Nahrung für die ganze Menschenmenge gab, sondern dass auch viel übrig blieb. Lesen Sie nun Epheser 3,14-21. Wie verhält sich dieser Abschnitt zu einer inneren Haltung des Überflusses? Was können Sie dazu beitragen, um sich eine solche innere Haltung den Tag über zu bewahren?
3. In der Begebenheit vom »Scherflein der Witwe« (Lk. 21,1-4) sagt Jesus, dass die Witwe mehr gegeben hat als all die reichen

Leute vor ihr – obwohl sie nur zwei kleine Münzen in den Opferkasten legte. Inwiefern erweitert diese Geschichte Ihr Verständnis des Prinzips der Vervielfachung? Ist es möglich, dass kleine Gaben von Menschen, die einen größeren Teil ihres Einkommens geben, der Person und der Gemeinde mehr nützen als große Spenden von reichen Leuten, die im Verhältnis weniger geben?

Kapitel 5: Die Macht des Mammons brechen

Bibeltexte: 5. Mose 8,18; Matthäus 6,24

Zum Nachdenken:

- Der Mammon sagt: »Du brauchst Gott nicht. Vertrau auf deinen Reichtum.«
- Gier, Habsucht und Egoismus sind Ausdrucksformen des Geistes des Mammons.
- Wenn wir so geben, wie der Heilige Geist uns führt, wird dadurch Satans Reich geschwächt. Außerdem werden wir unserem himmlischen Vater ähnlicher.

  Geben ist kein Reich-über-Nacht-Programm, sondern eine Aufforderung, unser Leben loszulassen.
- Der Hochmut sagt: »Reichtum kommt von harter Arbeit.« Armut sagt: »Reichtum kommt vom Teufel.«

Zum Weiterdenken:

1. Der Mammon sagt uns, dass Geld die Antwort auf jedes Problem ist. Wir sprechen oft davon, einem Problem »Geld hinterherzuwerfen«, wenn wir sagen wollen, dass Geld möglicherweise die einfache Lösung, aber nicht immer die beste Lösung ist. Fallen Ihnen Beispiele ein, bei denen die Bereitstellung von mehr Geld zu enttäuschenden Ergebnissen geführt hat?
2. Welche Aspekte des Geldes jagen Ihnen Angst ein? Werden Sie nervös, wenn Sie an den Ruhestand denken? Vermeiden Sie

den Blick aufs Girokonto? Welche Verhaltensweisen fallen Ihnen ein, die zeigen, dass Sie Angst vor Geld haben?
3. Ich sage, dass es zu Segen führt, ein Geber zu sein. Würden Sie weiterhin Ihren Zehnten geben und spenden, selbst wenn Ihre einzige Belohnung die Rettung durch Jesus Christus wäre? Lesen Sie Hebräer 11,13 und überlegen Sie, was das praktisch bedeutet.
4. In diesem Kapitel nenne ich mehrere Warnzeichen dafür, dass wir uns eher auf Menschen verlassen, statt von Gott das zu erwarten, was wir zum Leben brauchen. Wie würden Sie in folgenden Situationen reagieren?
a) Es war ein finanziell schwieriger Monat und zu allem Überfluss braucht das Auto eine ungeplante Reparatur.
b) Sie haben in den letzten sechs Monaten hart gearbeitet und erwarten eigentlich einen Bonus von Ihrem Arbeitgeber. Ein wirtschaftlicher Abschwung macht es Ihrem Arbeitgeber unmöglich, Ihnen diesen Bonus zu zahlen.
c) Sie waren großzügig mit Ihrer Gemeinde und haben außerdem umsichtig für Ihren Ruhestand vorgesorgt, indem Sie Aktien Ihrer Firma gekauft haben. Aus der Zeitung erfahren Sie, dass das Missmanagement der Rentenkasse dazu geführt hat, dass die Aktie nur noch halb so viel wert ist.

Wenn solche finanziellen Rückschläge erfolgen, wie können wir unsere Versorgung von Gott erwarten statt von Menschen?

Kapitel 6: Notwendige Herztransplantation

Bibeltexte: 5. Mose 5,29; 5. Mose 15,15; Sprüche 16,2; Lukas 6,38; Jakobus 4,3

Zum Nachdenken:

- Man erhält immer mehr zurück, als man gibt.

  Gott will nicht, dass wir einen Blick fürs Empfangen haben. Er will, dass wir einen Blick fürs Geben bekommen.

Fast jeder ist ein fröhlicher »Empfänger«. Gott möchte, dass wir fröhliche Geber sind.

Wer die richtige Herzenseinstellung hat, freut sich mehr am Geben als am Empfangen.

Egoismus kann uns *vor* dem Geben angreifen, aber *nach* dem Geben kann sich Verdruss einstellen.

- Wenn wir dankbar sind, sind wir großzügig.
- Unsere Einstellung zum Besitz hat die bemerkenswerte Fähigkeit, die wahre Natur unseres Herzens aufzudecken.

Zum Weiterdenken:

1. Ich glaube, richtige Beweggründe stellen sich erst dann ein, wenn wir unser Denken erneuern und begreifen, dass egoistische Gedanken mehr als nur unfreundlich sind; sie sind böse (siehe 5. Mose 15,9). Ist eine selbstlose Einstellung ein Willensakt, eine Frage der Übung, eine geistliche Disziplin oder ein Werk der Gnade in unserem Leben?
2. Entwickeln Sie drei »Vorbeugungsstrategien« gegen den Verdruss nach dem Geben.
3. Denken Sie an eine Situation, in der Sie Geld verloren haben. Vielleicht war es ein Kurseinbruch an der Börse, vielleicht ein verlegtes Portemonnaie oder ein schlechter Kauf. Was hat Ihnen diese Erfahrung über die Bedeutung von Geld in Ihrem Leben gezeigt?
4. Wie lässt sich 1. Timotheus 6,5 (Paulus' Kritik an Menschen, die Frömmigkeit als Mittel zur finanziellen Bereicherung sehen) auf unsere Betrachtung der Beweggründe beim Geben anwenden?

Kapitel 7: Das Richtige tun

Bibeltext: Matthäus 6,21

Zum Nachdenken:

- Zahlen Sie Ihre Schulden ab.
- Manipulieren Sie niemals andere Menschen.
- Geben Sie.
- Wenn Sie das Richtige tun, stellt Gott sich immer dazu.
- Wenn Sie als Geber leben wollen, werden Sie einige Veränderungen an Ihrem Lebensstil vornehmen müssen, die Ihnen das Geben ermöglichen.
- S. G. steht für »sofortiger Gehorsam«.

Zum Weiterdenken:

1. Lesen Sie 5. Mose 15,6 und 28,12. In beiden Versen sagt Gott, dass das Volk Israel nicht leihen, sondern verleihen wird. Manche Christen meinen, es sei immer falsch sich Geld zu leihen, selbst für einen Hauskredit. Was ist in Ihren Augen eine ausgewogene biblische Position?
2. In der Eheberatung gibt man Paaren manchmal den Rat, sich so zu verhalten, als würden sie einander lieben und darauf zu vertrauen, dass sich das Gefühl der Liebe wieder einstellt. Wenn Sie anfangen würden, Ihr Geld für Dinge zu geben, die Gottes Reich dienen (zum Beispiel Ihre Ortsgemeinde), glauben Sie, dass Ihr Herz »nachziehen« würde? Was werden Sie in dieser Woche tun, um Gott im finanziellen Bereich zu gehorchen?
3. Wann hat Gott einmal Ihren Gehorsam auf die Probe gestellt? Wie ging die Prüfung aus?

Kapitel 8: Die Gabe des Gebens

Bibeltext: Römer 12,6-8

Zum Nachdenken:

- Gott hat die Gabe des Gebens solchen Menschen in der Gemeinde geschenkt, die den Wunsch haben, große Summen zu spenden, wenn die Vision groß und sinnvoll ist.
- Menschen mit der Gabe des Gebens riechen Manipulation zehn Meilen gegen den Wind.
- Menschen mit der Gabe des Gebens folgen beim Geben der Stimme des Heiligen Geistes.
- Reichtum kann ein Segen von Gott sein und ein Ergebnis von Fleiß und Großzügigkeit.
- Menschen mit der Gabe des Gebens sind sehr sparsam, aber auch sehr großzügig.
- Wenn Sie mit jemandem zusammen sind, der die Gabe des Gebens hat, reden Sie über alles außer Geld.
- Menschen mit der Gabe des Gebens wollen nicht Symptome behandeln, sondern die Krankheit heilen.

Zum Weiterdenken:

1. Ich schreibe, dass Menschen mit der Gabe des Gebens sich vor undankbaren, unsensiblen und manipulativen Menschen hüten sollen. Fallen Ihnen dazu Leute aus Ihrem Bekanntenkreis ein? Wie sollten wir reagieren, wenn Menschen uns ausnutzen?
2. Glauben Sie, dass es sich bei der Gabe des Gebens, die in Römer 12 erwähnt wird, konkret um finanzielles Geben handelt oder ist diese Gabe in einem allgemeineren Sinn zu verstehen?
3. Haben Sie Gott um die Gabe des Gebens gebeten? Ist das eine Gabe, die Sie sich für Ihre Kinder wünschen würden?
4. Ich glaube, reiche Menschen fühlen sich oft in Gemeinden nicht willkommen. Fällt Ihnen ein Beispiel ein, wie Wohlstand

(oder dessen Abwesenheit) es jemandem schwer gemacht hat, Beziehungen zu anderen zu pflegen?

Kapitel 9: Gott belohnt gute Verwalter

Bibeltexte: 1. Korinther 3,8; Hebräer 11,6

Zum Nachdenken:
- Gott belohnt gern.
- Unser Glaube entscheidet darüber, *wo* wir die Ewigkeit verbringen, und unser Verhalten, *wie* wir sie verbringen.
- Wir werden nicht erleben, dass Gott seine übernatürliche Kraft schlechten Verwaltern anvertraut.
- »Handelt damit [für das Reich Gottes], bis ich wiederkomme!« (Lk. 19,13; ELB)
- Schlechte Verwalter verlieren ihre Mittel, gute erhalten noch mehr.
- Gott sieht jeden Tag, was wir kaufen und was wir spenden.
- Wir können anderen nicht helfen, solange wir nicht für das sorgen, was Gott uns gegeben hat.

Zum Weiterdenken:
1. Nach dem Gleichnis von den Talenten hat Gott uns seine Habe anvertraut (siehe Mt. 25,14). Er hat uns natürliche Fähigkeiten und geistliche Gaben gegeben, die wir für sein Königreich einsetzen sollen. Listen Sie einmal alle natürlichen Fähigkeiten und geistlichen Gaben auf, die Gott Ihnen geschenkt hat. Setzen Sie diese für Gottes Reich ein? Wenn nicht, was hindert Sie daran?
2. Würden Sie auch sagen, dass schlechte Haushalterschaft uns daran hindern kann, uns effektiv für das Reich Gottes einzusetzen? Wir wissen, dass Gott seine Pläne mit unvollkommenen Menschen umsetzt, aber fällt Ihnen ein Beispiel aus dem Alten

oder Neuen Testament ein, in dem Gott einem finanziell verantwortungslosen Menschen eine verantwortungsvolle Position übertragen hat?

3. Ich spreche in diesem Kapitel von den Konsequenzen schlechter Haushalterschaft und stelle die Frage, ob Sie sich einen neuen Grill für 300 Dollar kaufen würden, obwohl Sie noch viele laufende Rechnungen zu bezahlen haben. Wenn Sie, statt den Grill zu kaufen, 300 Dollar für die Gemeinde spenden würden und nun Geldprobleme hätten, was würden Sie sich raten lassen? Ist es möglich, dass wir unverantwortlich geben?

Kapitel 10: Die Gesetzmäßigkeiten von Saat und Ernte

Bibeltext: 2. Korinther 9,6-11

Zum Nachdenken:

- Es geht immer um unser Herz.
- Gott kann.
- Gnade, Überfluss und Genüge folgen, wenn wir mit einem fröhlichen Herzen reichlich aussäen.
- Wir alle werden auf die Probe gestellt, wenn wir genug oder sogar mehr als genug haben.
- Finanzielles Wachstum ist ein Nebenprodukt von reichlicher »Aussaat«.
- Man erntet erst *nach* der Aussaat.
- Man muss dort anfangen, wo man steht.

Zum Weiterdenken:

1. Welche konkreten Verhaltensweisen stehen im Zusammenhang damit, dass man sich im Herzen vorgenommen hat, wie viel man geben will?

2. Ich glaube, wir können nur fröhlich geben, wenn Gott an unserem Herzen wirkt. Was können wir dazu beitragen, um Gott diese Arbeit an unserem Herzen zu ermöglichen?
3. In 2. Korinther 9,10-11 heißt es, dass ein Zusammenhang zwischen dem Aussäen von Samen und dem Hervorbringen von Früchten der Gerechtigkeit besteht. Glauben Sie, dass unsere Fähigkeit, die Frucht des Geistes hervorzubringen, an unsere Haushalterschaft gebunden ist? Erklären Sie Ihren Gedankengang.
4. Worin besteht jeweils die Prüfung der Brauchens, des Wollens und der Saat?

Kapitel 11: Gott belohnt Großzügigkeit

Bibeltext: Johannes 12,1-8

Zum Nachdenken:

- Wo Großzügigkeit zu finden ist, da versucht der Egoismus die Oberhand zu gewinnen.
- Egoisten finden immer gute Gründe, nicht großzügig sein zu müssen.
- Der Egoismus dreht sich immer um das eigene Ich, indem er mit dem Finger auf andere zeigt.
- An unserem schwächsten Punkt werden wir oft auf die Probe gestellt.
- Gott möchte uns helfen, den Bereich unserer potenziell größten Niederlage in den Bereich des größten Sieges zu verwandeln.
- Seelen sind der wahre Reichtum.
- Großzügigkeit ist verschwenderisch.
- Es geht nicht um den Betrag, sondern um das Herz.
- Gott hat einen Zweck für jede Gabe.

Zum Weiterdenken:

1. Stellen Sie sich selbst einmal die grundlegenden Fragen, die ich in diesem Kapitel anschneide: Sind Sie egoistisch oder großzügig? Was von beidem hat die Oberhand in Ihrem Leben?
2. Jesus übertrug Judas die Verantwortung für die Kasse, obwohl Geld Judas' größter Schwachpunkt war. Fällt Ihnen eine vergleichbare Situation in Ihrem Leben ein? Denken Sie an die Bereiche, in denen Sie Verantwortung tragen. Gibt es da einen Zusammenhang mit Ihren Schwachpunkten?
3. Definieren Sie die drei Stufen des Gebens:
   – der Zehnte
   – Spenden
   – aufopferndes Geben
4. Wenn möglich, finden Sie ein Beispiel aus Ihrem Leben oder dem Leben eines Bekannten, bei dem eine Spende an die Gemeinde genau zu einem konkreten Bedürfnis passte, ohne dass der Geber davon wusste.

Kapitel 12: Garantierte finanzielle Ergebnisse

Bibeltext: Johannes 2,5

Zum Nachdenken:

Wenn ich Gottes Herz berühre, berührt er mich im Gegenzug gleich wieder.

- Der Feind will, dass wir eher die Segnungen anbeten als den, der segnet.
- Wir alle wurden als Nehmer geboren und werden als Geber wiedergeboren.
- Sobald Gott etwas sagt: Tun Sie es.
- Wenn wir geben, einfach um zu geben, sind die Ergebnisse garantiert.

Zum Weiterdenken:

1. Warum sucht Gott nach Herzen, die ganz ihm gehören?
2. Wie können Sie verhindern, dass Sie nur die Segnungen suchen, die aus Gottes Hand kommen, statt sein Angesicht zu suchen?
3. Was ist der Schlüssel zu garantierten finanziellen Ergebnissen?

Quellennachweis

[i] Mike Hayes (Vortrag bei der »Zion Conference«, Trinity Fellowship Church, Amarillo/Texas, Januar 2000).

[ii] *The New Unger's Bible Dictionary* (Chicago, IL: Moody Press, 1988), »holy« (»heilig«).

[iii] International Standard Bible Encyclopaedia (Biblesoft, 1996), CD-ROM.

[iv] Jimmy Evans in einem Telefonat mit dem Autor.

[v] *International Standard Bible Encyclopaedia* (Biblesoft, 1996), CD-ROM.

[vi] Ebd.

[vii] Quelle unbekannt.